CONTENTS 目 录

目 录

编委会及编辑部成员名单

（一）编委会
主　任：李景源
副主任：贾旭东　吴尚民
成　员：李晓琳　王　莹　陈　刚
　　　　李景源　贾旭东　胡文臻
　　　　李　河　张晓明　章建刚
　　　　吴尚民

（二）编辑部
主　编：贾旭东
成　员：何博超　祖春明　宋革新
　　　　何圣捷　朱立通　朱经朝
　　　　李志慧　王　颖　云　帆

关注

1　转型期当代中国文化的四重矛盾
　　　　　　　　　　　　　　付秀荣

特集·地方文化与文化产业创新发展研究

案例研究

10　聊城市文化旅游产业发展的现状、问题与对策
　　　　　　　　　　　　　　唐明贵

焦点探析

18　区域文化资源产业化开发存在的问题及对策分析
　　　　　　　　　　　　　　高　磊

问题

25　经济全球化视阈下中国文化安全问题的思考
　　　　　　　　　　　　　　王建平

33　试论现代中国的国家文化认同　　刘　飞

41　中国电影完片保险现状初探　　何圣捷

目录 CONTENTS

对策

48　文化强国视野中的中国少数民族文化发展战略　　惠　鸣

59　新媒体运用与治理的再思考——基于网络文化管理的新视阈　　王　浩

观察

65　文化创意产业的实践品格　　韩宝华

77　网络叙事与文化建构　　周志雄

案例

85　贤良港海祭妈祖民俗非物质文化遗产的价值初探　　林菲菲　林能杰

93　数字媒体环境中传统文化传播与保护——以 ahage.net 为例　　秦　枫

100　环境、行为、文化韵味：历史上鄂伦春人和外界的交往　　何　群

趋势

117　信息社会语境下的中国设计文化产业发展趋向研究　　郑杨硕

理论

文化与经济

125　当收益递增遭遇行政性市场分割——文化创意产业发展的中国政治经济学　　赵春晓　付敏杰

文化与哲学

135　从佛法的"禅定"视角探究直觉的本质　　吴　恺

142　道教内丹三教合一思想对文化发展的启示　　丁常春

149　梁启超早期文化思想的营思与反思　　吴宁宁

国际

156 "向世界说明中国"：文化强国战略的重要之维 　　　　　　薛秀军

165 山鹿素行与中江藤树士道论之比较研究 　　　　　　　　　张　捷

发现

173 中国先秦哲学是西方经济理论的思想源泉 　　　　　　　　田书华

综述

184 中国梦语境下的文化发展——第二届中国博士后文化发展论坛（2013）会议综述 　　　　　　　　　　　　　　　　　　　　　　　　　　　　　何博超

转型期当代中国文化的四重矛盾

◎ 付秀荣

摘　要：赛义德说："文化不但不是一个文雅平静的领地，它甚至可以成为一个战场，各种力量在上面亮相，互相角逐。"当代中国文化正处在全球化、信息化、现代化的力量较量中，文化发展正经历从区域到全球、从传统到现代的转型之中。处在转型中的当代中国文化不可避免地面对多重矛盾。在这多重文化矛盾中，一元文化与多元文化的矛盾、大众文化与精英文化的矛盾、理想主义与功利主义的矛盾，以及文化传承与文化创新的矛盾尤为突出。

关键词：中国文化；文化转型；文化矛盾

一、一元文化与多元文化的矛盾

（一）"一"与"多"之争

"一"与"多"之争是古希腊自然哲学中关于世界本质理解的重大主线之一，"世界是统一的还是多样的"成为困扰古希腊哲学家的哲学问题。哲学之父泰勒斯说，"世界的本原是水"，德谟克利特说，"世界的本原是原子"，毕达哥拉斯则从"数"的身上看到了"一"与"多"的对立统一，看到了和谐的可能。从亚里士多德的质料形式说及中国古代的五行说中，可以看到"一"与"多"的对立与统一。从中外哲学的发展来看，"一"与"多"一直处于一种从对立到统一的不断循环发展之中，这种思想也在文化理论及实践中得以体现。早期的文化理论中，古典文化进化论和文化相对论就是关于文化上的"一"与"多"之争。古典文化进化论的单线演化论、文

---

* 国家社科基金青年项目"中国特色社会主义文化模式的选择与构建"（11CKS017）；中国博士后科学基金第54批面上项目一等资助"矛盾与转型：中国特色社会主义文化发展道路研究"（2013M540259）。

** 付秀荣，吉林大学马克思主义学院教授，哲学博士，吉林大学哲学社会学院社会学在站博士后，主要从事文化与社会发展研究。

化普遍主义及西方文化中心主义倾向，必然会引发文化间的对抗与竞争，甚至走向文化专制主义、文化霸权主义以及文化殖民主义的唯一文化论。文化相对论反对将世界文化的多样性纳入简单的"单一进化模式"中，主张任何一种文化都有其存在的价值，各族文化没有优劣、高低之分，一切评价标准都是相对的。文化相对主义更加强调文化的多样性，进而为文化多元论提供了重要理论基础。文化进化论与文化相对论在当代演变为诸如民族主义与世界主义、一元文化与多元文化等诸多形式的"一"与"多"之争。

（二）当代中国文化中的一元文化与多元文化

哲学家张岱年曾指出："从世界文化史来看，每一民族每一时代的文化，既须确立一个主导思想，又须容许不同流派的存在，才能促进文化的健康发展。"①文化的发展离不开一元文化与多元文化的互动。从文化性质来看，文化是统一性与多样性的矛盾结合体。一方面，由于文化传播与文化传承等的作用，任何文化在其发展过程中都会体现某种一致性、连续性，或者说某种统一性。另一方面，每一种文化都是特定社会、群体、个体的基本生活方式的表征，反映特定社会、群体、个体的人的发展状况与水平，这使文化呈现出多样性。

随着全球化、信息化、现代化的深入，当代中国文化中一元文化与多元文化的冲突凸显，这种文化矛盾直接表现为文化的统一性与多样性的力量较量，一元文化过度强调文化的统一性，多元文化过度突出文化的多样性。在这场文化的对弈中，中国文化在艰难中转型。

第一，主流文化与亚文化此消彼长。当代中国文化种类繁多，产生了一些新文化，这些新文化往往都以亚文化的形态存在且颇有影响力。从大众文化的角度来看，各种粉丝（Fans）文化、《超级女声》、《快乐男声》、《中国好声音》等均有较多受众。主流文化说多了是灌输，是古板，说少了确实有可能被湮没在浩瀚的文化大潮中。这就是现实存在的统一性的弱化，即作为主流文化的马克思主义文化试图引领其他亚文化，但这些亚文化为了保持自己的相对独立性，宁愿疏离于主流文化。

第二，文化舞台异彩纷呈，各领风骚。全球化为多元文化的发展提供了多种融合的可能性，各种文化混杂在一起。当代中国已经自觉不自觉地被卷入全球化的浪潮中，多种文化在互联网等现代科技的支持下，以超时空的方式共存，谁是主导的，应不应该有主导，这都强化了文化统一性与多样性的冲突。

第三，兼容抑或排他的两难抉择。信息化、全球化增强了文化的兼容性。任何一种文化都一定程度地具有排他性，中国文化也概莫能外。但进入当代以后，文化的兼容性增强了，我们很难找到某种真正纯粹的东西，"纯粹"的民族文化已非常罕见。因此，无法言说什么"纯粹"的中国文化或西方文化，文化既是继承的，又是选择的，每一代人都可以

---

① 《张岱年全集》（第7卷），河北人民出版社1996年版，第451页。

在自己的文化实践中尝试吸取、融汇新的文化元素。同时，文化兼容性的增强必然使文化统一性与多样性的冲突尖锐化。当代中国文化处于兼容与排他的两难选择中，兼容意味着独立性的减弱，排他意味着封闭和僵化。当代中国文化必须找到属于自己的文化发展辩证法。

当代中国，单一文化的时代已经结束，我国正处在由简单的统一性走向复杂的多样性的文化转型中。在文化转型的过程中要特别处理好统一性与多样性的关系，事实上，如果没有统一性就缺少文化认同与文化凝聚，强调多样性，同时也不能放弃统一性。当代中国，马克思主义文化与其他文化之间的关系、文化民族性与世界性的关系等都是一元与多元、统一性与多样性的矛盾问题，当代中国文化多样化既是现实又是趋势，处理不好文化的一元与多元、统一性与多样性的关系，必然在面对多样化的选择对象时整合不足，从而导致价值观上的分裂、意识形态的迷惘。

二、大众文化与精英文化的矛盾

（一）大众文化：变着法地讨人喜欢

"大众文化"这一概念最早出现在美国哲学家奥尔特加《民众的反抗》一书中。"大众文化是指那些以赢利为目的，以现代传媒为手段，快速流行的文化。"① 大众文化来源于现代生活，反映现代人的生存状况，很容易被所在地区、民族、国家的人们接受，当然，大众文化之所以在民众中有巨大影响且拥有较多受众，原因自然离不开大众文化对受众的有意取悦。美国学者麦克唐纳曾经指出："大众文化，就是变着法地讨人喜欢。"当代中国的大众文化起源于20世纪后期，特别是改革开放后，大众文化日益发展。从时尚服饰、流行歌曲、卡拉OK、娱乐大片、旅游文化到八卦新闻、名人轶事，从春晚、青歌赛到《超级女声》、《超级男声》、《中国好声音》等，从网络新闻到QQ、博客、微博、微信等，无不努力吸引民众的眼球，调动民众参与的热情，这些大众文化以锐不可当之势充斥在人们的现代生活之中。

有学者将大众文化比作塞壬之歌，无比曼妙的歌声中充满了诱惑与可能的险恶。大众文化以电影、小说、戏剧、娱乐活动等多种形式吸引着受众的关注与支持，其充分挖掘人性的种种深层欲望，给予大众以感性的愉悦与快感；以多种手段吸引人的眼球，吊人胃口，娱悦百姓。但同时，大众文化却容易使百姓将高尚当低俗，把低俗当时尚。并且，大众文化很容易成为西方文化渗透的有力手段，"大众文化已经构成了西方文化霸权、干预其他国家文化主权乃至政治主权的重要组成部分。这就告诉我们，发展中国家在引入和传播西方大众文化时，必须保持足够的清醒和警惕。"② 大众文化的繁华背后未必一定是文化的昌明盛世。

---

① 邴正：《当代文化矛盾与哲学话语系统的转变》，《中国社会科学》2011年第2期，第17页。
② 金民卿：《文化全球化与中国大众文化》，人民出版社2004年版，第192-193页。

（二）精英文化：追寻失落的深度

"精英文化则是以传统为基础，以实现理想为目的，只有经过专业训练，才能掌握和传播的文化。"① 精英文化的传播与创造主体是知识分子，知识分子需要承担起不断推动精英文化创新的责任。精英文化具有教化、引导、规范社会大众道德伦理、价值观念与行为规范的作用，同时也承担着批判现实、探索未来的引导文化发展重任。精英文化的特点与功能使其与大众文化区别开来，使其寻求更高超的文化精神境界。与大众文化相比，精神文化不满足于瞬时的感官刺激，而是把意义、历史深度的追求作为己任，这种文化精神上的差异直接导致精英文化与大众文化之间的冲突。加上中国文化历来重视精英分子在社会发展中的作用，从而使精英文化容易养成按自己的标准要求大众文化的习惯，甚至对大众文化形成文化鄙视。这种高高在上的怡然自得也使精英文化愈发曲高和寡，失去其强大的民众基础。

然而，当精英文化遭遇大众文化中的享乐主义、物质主义等生活方式乃至价值观时，"作为精英文化的创造主体，知识精英也越来越不受到人们的重视，甚至成为市场经济时代的'多余的人'。文化精英为了捍卫精英文化的地位，为了维护自己的尊严和价值，对大众文化的批评就更加不遗余力。"② 这也难免使精英文化对大众文化的批判带有某些浮躁之气，容易失却应有的深度，这使如何追寻失落的深度成为精英文化面对的现实问题。

当然，精英文化也不应将自己定位为拯救大众文化于水火之中的神物，精英文化不是要拯救大众文化，而是要充分发挥大众文化的自主性、创造性。精英文化应该更加关注以自己的方式推动思想创新，以思想的深度和力量引导大众文化，提高民众的品位，提升民众的素质。同时，精英文化更不能走堕落之路，不应以主观的故意而与大众文化相区别，而应以自己的概念与话语体系彰显自己的特点。然而，当前中国的精英文化却大有告别自己的概念与话语体系之势，甚至有意主动融入大众文化，体现精英文化大众化的特点。相反，大众文化有时却在有意玩弄辞藻，装深沉，在没有领会思想深度的情况下矫饰情感，假装高尚，使文化的载体——各种作品，别扭而不受待见。精英文化与大众文化陷入互相排斥又互相模仿的恶性循环之中。

三、理想主义与功利主义的矛盾

"所谓理想主义就是以未来为取向，以英雄主义价值观为核心，强调一个人的净化、升华和神圣的文化价值观。英雄主义是一种追求创造、支配外部世界的观念。"③ 理想主义实质上也是一种英雄主义，理想主义成为中国传统文化向往追求的终极境界。功利主义是以当下为出发点，以趋利避害为行为目标，强

---

① 邴正：《当代文化矛盾与哲学话语系统的转变》，《中国社会科学》2011年第2期，第17页。
② 金民卿：《文化全球化与中国大众文化》，人民出版社2004年版，第329页。
③ 邴正：《当代文化矛盾与哲学话语系统的转变》，《中国社会科学》2011年第2期，第15页。

调实现个人快乐和幸福的最大值是最大的善的文化价值观。理想主义与功利主义的矛盾反映了人的精神与物质的矛盾，随着市场经济进程的深化，当代中国文化转型中理想主义与功利主义的冲突加剧。

（一）理想主义缺失与功利主义泛滥

理想主义指向未来，是中国传统文化的终极目标，中国传统文化儒道追求的成圣、成仙都是理想主义的终极表达。儒家文化追求圣人之境，如孔子对颜回的赞美："贤哉回也！一箪食，一瓢饮，在陋巷，人不堪其忧，回也不改其乐。贤哉回也。"（《论语·雍也第六》）这是以苦为乐，不因物质生活条件的艰苦而改变内在的精神追求，在精神追求中感受到生活之乐。孟子曰："富贵不能淫，贫贱不能移，威武不能屈，此之谓大丈夫。"（《孟子·腾文公》）这是一种摆脱了金钱、权势、武力的精神独立。道家追求成仙，如庄子讲到列子御风而行的自由并非真正自由，真正的自由是"无待"之境，这也是一种精神的超脱，由是观之，精神的超脱即是成仙。可见，中国传统文化有丰富的理想主义资源，新中国成立后，理想主义成为推动一代又一代中国人努力建设社会主义中国的强大精神动力。

随着中国社会的发展，特别是改革开放以来，人的主体性日渐觉醒，人们开始关注个体的生存与发展状况，从而开始了一个普遍追逐物质与功利的时代。主体的觉醒是中国人非常重要的一次自我提升，是中国人自由发展的前提和基础，但在"以物的依赖性为基础的人的独立性"时代，中国人尤为依赖"物"，通过"物"带来的现实的幸福与快乐体验证明自己，渐渐远离中国传统文化中的理想主义。马克斯·韦伯说过："获利的欲望，对盈利、金钱（并且是最大可能数额的金钱）的追求，这本身与资本主义并不相干。这样的欲望存在于并且一直存在于所有的人身上，侍者、车夫、艺术家、妓女、贪官、士兵、贵族、十字军战士、赌徒、乞丐均不例外。可以说，尘世中一切国家、一切时代的所有的人，不管其实现这种欲望的客观可能性如何，全都具有这种欲望。"①我国正处于并将长期处于社会主义初级阶段，在这个特殊的历史时期，中国人关于赚钱的欲望彰显。现实中的人，一旦过度迷恋金钱，就很容易被俘虏，成为金钱的奴隶；一旦人们成为金钱的奴隶，理想主义必然会退居三舍，而功利主义必然大行其道，成为人们说服自我选择"堕落"的理论基础。"我们面对的是一个缺乏归宿的精神世界。这个世界被拜金主义、利己主义、非道德主义甚至是反道德主义，还有消极浪漫主义搅得眼花缭乱。"②在理想主义缺失、功利主义大行其道的历史时期，理想主义与功利主义之争将会持续，当理想主义的地盘缩小到不能再缩小之时，也许正是功利主义失败之际。

---

① 马克斯·韦伯：《新教伦理与资本主义精神》，三联书店1987年版，第7-8页。
② 邴正：《探索面向21世纪的民族精神——当代马克思主义哲学创新的历史使命》，《学术界》2010年第4期，第9页。

（二）文化功利主义剖析

功利主义有其存在的合理性，以边沁为代表的学者认为，一个人行为的动机和手段并不重要，行为结果是否符合趋利避害，实现快乐和幸福的最大值，才是最大的善。功利主义能为个体带来现实的满足感与愉悦感，因此功利主义很容易成为社会上流行的价值观。特别是按马克思所指出的，人的存在有三种状态、三个阶段，第一是"人的依赖性"阶段，第二是"以物的依赖性为基础的人的独立性"阶段，第三是"自由人联合体"阶段。当代中国人的主体正处在"以物的依赖性为基础的人的独立性"阶段，人们不能离开"物"而生存与发展，人们从依赖"物"转而被"物"所控制实非偶然。人们还没有完全走出"神圣形象"的掌控，却又落入"非神圣形象"的魔咒。

但是，功利主义所追求的个体性、现实性、实用性如果转化为拜金主义和实用主义，并成为一种不可控的流行趋势，特别是大有转变成"中国文化精神"之势，这是个严重的社会问题。

拜金主义把个人的贪欲视为正当，并把满足贪欲作为目的。这与马克斯·韦伯所讲的新教徒式的"天职观不同"，韦伯的"天职观"认为："上帝应许的唯一生存方式，不是要人们以苦修的禁欲主义超越世俗道德，而是要人完成个人在现世里所处地位赋予他的责任和义务。这是他的天职。"[①] 韦伯也给予个人贪欲以认可，但韦伯认为，个人贪欲的满足只是生存与发展的手段，而将贪欲升华为社会发展的创造力则是目的；拜金主义任由个人贪欲肆虐，而天职观则倡导节制贪欲，一方面拼命地赚钱，另一方面过节俭的生活；"拜金主义是一种贪欲获得合法性的狂欢，韦伯的天职观则是一种导引贪欲合理化的反省"。[②] 当代中国文化精神应该远离拜金主义，回归理性的反省，重新找回失去的理想主义的精神维度。

实用主义是指一切以效果、功用为标准，强调工具、手段比动机和目的更有重要意义的理论。追求效果与功用本来无可厚非，特别是经济发展不能不追求效率，然而实用主义原则不能在人们的文化与精神生活中扩散。文化与精神生活追求意义、理想，失去了意义与理想维度的文化会使社会生活表现为"功利的、太功利的"倾向。如前所述，贪欲无处不在，如果贪欲与实用主义结盟，只能使贪欲的满足与实现变得越发合情合理，也将使理想主义无立足之地。

当代中国文化发展正面临着理想主义与功利主义的双重选择困境。市场经济时代，功利主义在影响着中国的文化精神，而中国传统文化、马克思主义文化又在呼唤具有时代特点的理想主义。

四、文化传承与文化创新的矛盾

毛泽东曾经将中国文化的矛盾概括为四个字——古今中西。其中的"古今"

---

① 马克斯·韦伯：《新教伦理与资本主义精神》，三联书店1992年版，第59页。
② 邴正：《当代文化矛盾与哲学话语系统的转变》，《中国社会科学》2011年第2期，第16页。

谈的就是文化传承与文化创新问题。文化传承，指文化发展过程中对原有要素、精神的继承，它是文化发展的前提和基础，只有文化传承，才能使该文化传递属于自己的文化基因。当代中国文化中，已经形成了儒、道、释、马四大基本文化要素，当代中国文化必然要传递儒、道、释、马这四种文化的基因。文化创新，指文化发展对原有要素、精神的超越，它使文化处于不断的发展之中，使之拥有无限活力。只有文化创新才能使一种文化与时代相结合，具有时代性。

（一）当今中国文化的传承难题

发展中的文化总有其历史与传承，失去其历史与传承将导致文化断裂，而非文化的发展。文化传承使一种文化保持自身的特点，从而与其他文化区别开来。文化传承具有保守性和定势性。

（1）文化传承的保守性。中国传统文化在价值观念和思维方式方面都存在一些影响其向现代文化转型的严重偏向。"概括起来，大体上有四点。第一是重理想而轻效用，这在伦理上表现为重义轻利，在职业观上，表现为重农轻商；第二是重协同而轻竞争；第三是重继承而轻创新，孔子自称'述而不作'，特别重视传统，社会上更以标新立异为诟病；第四是重直觉而轻知解。"① 文化传承过程中，这些消极的因素并未得到彻底的清理，而且很不易被甩掉。特别是其中的第三点，已经使"因循守旧"成为一种难以消除的文化心理，影响着几十年中国的社会主义建设。

（2）文化传承的定势性。为了传递自己的文化基因，旧有文化会努力按照原有的路径发展，不会自然退让。这使文化传承不仅传递了自己的文化基因，还会传递自己固有的一切，特别是已经形成的旧有模式，甚至形成阻碍创新的定势。尽管在中国的古书《大学》中谈到，苟日新，日日新，再日新；尽管中国社会也在日新月异，但党同伐异之风仍时不时地出现在中国人的现代生活中，从而使"墨守成规"成为一种难以革除的文化习惯。

从文化传承的保守性与定势性来看，尽管文化发展的最基本原则是"取其精华，去其糟粕"，看似简单，实则很难。要消除"因循守旧"的文化心理、清除"墨守成规"的文化习惯，非下一番苦功、付出一些代价不可。

（二）当今中国文化的创新困境

面对既成的文化因素，当代中国文化转型不仅要注重传递其历史中的积极因素，而且要突破旧有的定势，实现中国文化的再创新。当代中国文化的创新必须努力走出遗忘传统、回归传统的双重路向。

第一，遗忘传统。近代中国文化的发展是以"师夷长技以制夷"为历史起点的；由于西方军事力量的强大，使中国人产生了百技不如人的文化自卑心理。中西文化在近代的交流是以中国文化向西方文化学习的方式推进中国文化的近现代转型的。在文化现代化的过程中，反传统派、文化激进主义，也称自由主

---

① 张岱年、程宜山：《中国文化论争》，中国人民大学出版社2006年版，第252页。

义的西化派"呼唤人的个性解放,独立人格,精神自由,追求民主政治和科学的发展,积极吸收资本主义文化中一切对我有用的东西,表现出强烈的文化再植意识和工具理性意识,但缺少价值理性的终极关怀"。①那个时期,"全盘西化"成为前沿性的时代强音。特别是随着马克思主义在中国的生根、发芽、成长,对传统文化的背叛成为那个时代的文化创新主题。这一局面的形成不仅推动了马克思主义在中国的发展,同时也造成了传统社会价值观的彻底颠覆。这种彻底颠覆的价值观使人们无所适从,失去对自我的文化认同,谈何文化创新。

第二,简单地回归传统。与"全盘西化"同时存在的另一种声音是"回归传统"。特别是,随着中国文化的自省,中国文化开始逐渐"回归传统",彰显保守主义的"话语转换"之路。这一现象在20世纪90年代开始。避免回归传统,首先要避免单纯的回归儒学。尽管对于"儒学是中国传统社会的显学"这一命题的认同存在争议,但儒学的复兴确确实实成为自20世纪90年代以来的中国社会中突出的文化现象。无论是从学者对儒学等经典著作的挖掘与深入研究程度来看,还是从民众传诵儒学经典的热情来讲,或是从遍及世界多个国家的孔子学院而言,儒学仍然是当代中国文化不可缺少的重要文化基因。儒学回归与复兴,有其合理之处,儒学是中国传统文化的重要血脉,是中华民族情之所系,魂之所依。但是,文化创新不是简单的儒学回归,儒学回归不能代替在新的多元文化环境下的中国文化综合创新。避免回归传统,还要抵制文化保守主义。文化保守主义起源于西方启蒙运动,其基本特点是反对工具理性,倡导用价值理性解决现代化进程中人性的疏离与意义的迷失等问题。其具备两个基本特征:"第一,以弘扬价值理性的普遍意义为自己的理论旨趣;第二,以回归民族主义传统作为自己最基本的价值归属,并由此主张以保守传统作为民族文化未来发展的基本前提。"②可见,文化保守主义并未反对文化的发展,而是试图将回归传统文化作为文化发展的可行路线。就此来看,文化保守主义是对的。但是,文化传承是文化发展与创新的基础,传承不等于回归,传承更强调对传统文化的现代性改造,更强调发展中的传承。

在全球化、信息化与现代化的文化发展背景下,当代中国文化发展要致力于解决文化矛盾,以此促进文化转型,并以文化转型推动文化发展。中国人应该有信心,不仅能创造经济发展的人间奇迹,而且能创造文化发展的世间传奇。

---

① 洪晓楠:《文化哲学思潮简论》,上海三联书店2000年版,第25-26页。
② 李翔海:《当代中国文化保守主义的内涵、意义与困限》,《天津社会科学》1998年第1期,第56页。

转型期当代中国文化的四重矛盾
Four Culture Contradictions of the Contemporary Chinese Cultural in a Transformation Period

Abstract: Saeed said: "Culture is not a gentle calm territory, and it can even become a battleground, the various forces debut, and compete with each other." Contemporary Chinese culture is at the intersection of globalization, informatization and modernization, and culture development is experiencing the transformation from regional to global and from traditional to modern. The contemporary Chinese culture is in the transformation period and inevitably faces with multiple contradictions. Especially, the contradictions between the single culture and multiple cultures, between mass culture and elite culture, between idealism and utilitarianism, culture inheritance and culture innovation are all very important.

Keywords: Chinese Culture; Culture Transformation; Culture Contradiction

特集·案例研究
SPECIAL SETS · CASE STUDY

聊城市文化旅游产业发展的现状、问题与对策

◎ 唐明贵*

摘　要：聊城市文化旅游业在规划编制、开拓文化旅游项目、专业化营销、举办水文化节等方面取得了一定的成绩。但不可否认的是，其在发展的观念理念、产业发展的专业定位、特色挖掘、产业结构、体制机制、资金投入和基础设施配套服务等方面还存在一系列问题。要想突破这些发展"瓶颈"，就必须转变观念、科学规划、突出特色、建章立制和加大投入，唯其如此，才能进一步推进文化旅游业的科学发展。

关键词：聊城市；文化旅游业；对策

文化旅游业是指以历史文物景观及文化活动的浏览观光服务为核心，带动饮食、住宿、购物、交通、商业、娱乐、演艺、会展、博物馆等行业配套发展的一个重要文化产业集群。与传统产业相比，它具有对低消耗、污染少、可持续发展的特点。大力发展这一产业，有助于改善人与自然之间的关系，加快文化产业与旅游产业的结合与转型，推动地方经济的和谐发展。聊城是著名的历史文化名城，有2500年的历史，文化底蕴非常丰富，文物古迹众多，聊城的自然资源与人文景观相互交融形成了丰富的旅游资源。特别是聊城城区独具"江北水城"特色，陈运和诗称"水养诗，诗养城，城养景，景养人"，被誉为"中国北方的威尼斯"。但是，聊城还没有成为真正的文化旅游强市。如何发展聊城文化旅游业，使文化旅游资源优势转化为旅游经济发展的优势，将产业潜力转化为产业实力，打造聊城特色文化旅游品牌，是聊城旅游业发展中面临的一个重要课题。

一、聊城文化旅游产业发展的基本情况

近年来，聊城市文化旅游工作按照

---

* 唐明贵，山东临清人，聊城大学哲学系教授。

"争先进位"的要求，在市委、市政府正确领导下，抓好重点旅游项目建设，全力承办首届"水文化"节，扎实开展"休闲汇"活动，努力宣传聊城形象，加强行业建设和监管，取得了较好的经济效益。2012年接待国内游客1332.5万人次，同比增长25.5%；实现国内旅游收入82.2亿元，同比增长28%。在省政府主办的休闲汇活动中，聊城市休闲汇喜创佳绩，其中"2012好客山东休闲汇（聊城）启动仪式"获得全省休闲汇最佳创意奖第二名，聊城"水文化"主题休闲周获最佳主题周第二名，聊城汽车总站休闲汇美陈获美陈最佳创意奖第二名，《建设知名旅游目的地城市总体规划》获旅游产业创新奖三等奖，并有4个乡镇（村）、5个社区和60个家庭分别获最佳休闲乡镇（村）、最佳休闲社区和休闲家庭奖项。

（一）加快规划编制，进一步完善文化旅游规划体系

一是编制完善了《聊城建设知名旅游目的地城市总体规划》。按照知名文化旅游目的地城市基本标准，突出水文化等特色资源，努力打造独具特色、世界品质，具有鲜明城市个性魅力、高品质旅游环境、较高知名度和美誉度的知名文化旅游目的地城市。二是认真落实《聊城市文化旅游及休闲度假基地发展规划》。充分发挥优势，紧紧围绕文化旅游和休闲度假两大主题，在加快龙头项目建设的同时，突出"水文化"、运河文化、水浒文化、养生文化等特色资源，着力构建具有竞争力的"水文化"旅游目的地产品体系，占领济南及周边、中原地区、京津唐等重点市场。三是编制了《聊城东昌湖景区西南片区概念规划及旅游集散中心规划方案》，积极筹建涵盖规划设计中心、信息咨询中心、导游培训中心、商品购物中心、旅客投诉中心、休闲娱乐中心、餐饮服务中心、综合服务中心在内的大型、综合性文化旅游集散中心，力争将其打造为能够服务市域旅游景区的集散中心、能够开展高端休闲旅游的产业高地、能够体现生态绿色文明的健康公园。四是编制完善了《中华水上古城四条街区旅游业态策划案》，参照国家5A级景区标准，创新理念，在充分体现特色文化的基础上，适当融入现代元素和未来元素，对已建成的纵横对称的主要街区进行创造性的规划，按照"一朝为主、其他朝代点缀"的原则，使宋、元、明、清四朝的人文景观与其他朝代的人文景观交叉布局，从内外两个层面展示各代人文民风，让游人置身其中，身临其境地感受历史的变迁，力争使其成为特色鲜明、商贾云集、游客摩肩的旅游街区。

（二）务实推进，积极开拓文化旅游项目

（1）中华水上古城保护与改造。东昌古城建于宋，繁荣于明清，聊城被命名为国家历史文化名城，东昌古城居功至伟。古城的空间格局的设计以传统街巷为骨架，以文化为主线，以明清北方传统建筑风格为主调，适当体现宋元建筑特点及建筑形式，将单个文物古迹的保护与古城的历史文化特色展示相结合，激活不同历史文物的历史文化价值，精心打造体现具有生机活力和厚重历史人

文气息的"中华水上古城"。

(2) 马颊河生态旅游度假区。该度假区主题规划"是形成'一心、二带、三园、四区'的总体布局结构。一心是指包括主入口景观区和国际温泉度假酒店的区域，是度假区的主要门户。两带包括马颊河生态休闲带及迎宾大道景观带。马颊河生态休闲带由马颊河防洪大堤及两侧防护林构成，规划坚持'生态优先'理念，对其进行适当利用，形成以防洪抢险为主要功能，以跑马为主要内容的生态休闲带；迎宾大道景观带由迎宾大道、两侧绿化带，以及迎宾大道和邯济铁路之间的发展备用地构成，通过道路绿化、街道景观以及游乐设施的布置，形成度假区形象展示的第一界面。三园分别为天沐温泉度假村、生态湿地公园、休闲体育公园。四区包括三个'风情体验区'和一个配套生活区，前者是围绕'世界运河之窗'主题建设的，包含美洲风情体验区、亚洲风情体验区和欧洲风情体验区，是度假区核心旅游景观之一，也是景观与地产协调发展的重点区域。后者位于基地东部，作为远期发展建设用地，规划设置国际教育学校、幼儿园和配套生活公建等设施"。①

(3) 徒骇河世界运河博览园。该项目以徒骇河为载体，以"世界运河文化博览"为主题，在徒骇河城区段两岸规划建设七大运河风情区。依据规划，沿岸建筑共区分7段，分别体现巴拿马运河、苏伊士运河、伊利运河、联合运河、费诺福运河、威尼斯运河、阿姆斯特丹运河等所在国家的建筑风格，将世界各地优秀的运河景观"搬"到徒骇河沿岸来，并且每个运河单元都将突出一个文化主题，延伸聊城作为"运河古都"的内涵。在徒骇河沿岸，从景观主题角度设立十大重要景观主题区：芦荡荷塘、汽车博览、四龙引河、小镇大观、剧院塔影、印象徒骇、绿园书径、水调歌头、姜堤乐园、龙舟探水。②

(4) 中国阿胶养生文化苑。中国阿胶养生文化苑总共包括阿胶古方生产线、中国阿胶博物馆、阿胶养生坊、药王庙和中医养生文化体验中心5部分，主要景点包括东阿药王庙、中国阿胶文化博物馆、东阿阿胶养颜养生体验中心、传统阿胶制作工坊、阿胶生产车间、大宅门影视基地、老济南一条街、老东阿一条街、特色美食一条街等众多特色景观。这是迄今为止全国唯一的综合性阿胶文化产业工程，已被列入山东省百个重点文化产业项目。

(三) 多措并举，专业化营销初见成效

一是推出自驾游旅游产品。聊城市旅游局整合吃、住、行、游、购、娱旅游6要素，包装设计了"江北水城风情自驾七日游"精华产品，涵盖了下辖各县（市、区）主要景区（点）以及进出城市主要道路、推荐住宿、特色餐饮、购物场所、娱乐休闲、大型停车场、车辆维修及加油站、旅游企业推出的各项

---

① 楚诗韬、李小芹：《顺流直下十公里　游遍十大运河》，http://www.lcxw.cn。
② 李小芹、楚诗韬、蒋涛、王斌：《七大运河景观"搬"到"徒骇河世界运河博览园"》，http://www.lcxw.cn。

优惠措施等各类旅游实用信息。在此基础上，又推出了"泛舟东昌湖，休闲在水城"自驾一日游；"水浒好汉文化"、"阿胶养生之旅"、"运河风情之旅"、"温泉休闲之旅"等自驾两日游；"黄河故道寻根之旅"自驾三日游等专题旅游产品。二是加大宣传力度。一方面与省旅游局合作制作出版精美、内容丰富的《旅游世界》专刊；另一方面选择央视套装宣传，每天在中央一台《朝闻天下》、四台《走遍中国》播出6次，每次还在欧洲和美洲对应当地黄金时间同步播出。同时，高度重视拓展网站、短信、博客、微博、手机软件、网络游戏等新兴媒体宣传渠道。三是积极参加旅游交易会。针对入境旅游市场，参加了"2012香港山东周"活动、"2012鲁台乡村旅游百分百"活动，大力拓展港台地区市场。针对国内市场，参加了中国北方旅游交易会、中国（青岛）国内旅游交易会等，大力推介聊城旅游资源。四是深化区域合作。加强与济南都市圈、中原经济区等重要旅游板块的合作，与济源、新乡、鹤壁、菏泽、许昌、安阳、邯郸、南阳、长治中原9市联合发行了"中原经济区旅游惠民卡"，共塑中原旅游品牌，促进中原人游中原、全国人游中原。

（四）全力承办"水文化"节，旅游市场人气明显提升

为塑造聊城形象，打造"水文化"品牌，聊城市举办了2012中国江北水城·运河古都（聊城）首届"水文化"节。本次"水文化"节的主题为"做活水文化·聚焦新水城"，主要包括中国龙舟邀请大赛、中国生态文明高层论坛、"水文化"节特色美食大赛、中国公开水域游泳大赛、"水文化"荷花艺术节、运河城市文化论坛、"水文化"节旅游形象大使（导游）大赛、"水文化"节海峡两岸书画博览会、"水文化"节民俗文化艺术大赛、中国聊城温泉文化节、中国阿胶养生文化节11项活动。通过举办这些活动，不仅大大提高了聊城的知名度，国家及省、市40余家媒体对"水文化"节进行了全方位报道，而且带来了人气和财气。节会期间，宾馆客房入住率增长25.6%，旅游餐饮营业额增长30.1%，人均停留时间增加到2.4天，人均消费水平增加40.4元。"水文化"节开幕的端午假期期间，全市出游人数224.6万人次，同比增长51%，旅游总收入11.9亿元，同比增长120.4%。

二、制约聊城文化旅游产业发展的"瓶颈"

经过多年的努力，应该说，聊城文化旅游产业初具规模，培育了一些小有名气的文化旅游名片。但在经济效益和规模效应上还与全国同等城市存在相当差距。对此，必须保持清醒的认识，不断探求聊城文化旅游业发展的"瓶颈"。

第一，观念理念落后。一是对文化旅游业的产业功能、发展规律以及如何实现文化与旅游的结合缺少正确认识，对其性质、地位、特点、规律等也缺乏深入的研究，致使该产业的发展思路不清晰，开发也出现许多误区。二是没有形成产业联动、产业互动的理念，没有真正树立起"大旅游、大产业、大发展"的理念，没有形成系统的产业链条和有相当规模的产业集群。三是没有树立现代旅游营销理念，未能借助政府"有形之手"和市场"无形之手"培育出一个有序、成熟的资本化市场。四是没有把"人本"理念贯穿到旅游工作的全过程，旅游管理、旅游设施、旅游服务缺乏人性化。

第二，发展规划不到位。发展规划是文化旅游产业健康发展的纲领和蓝图，科学合理的发展规划能指导文化旅游产业快速和可持续发展。但聊城市目前制定的发展规划，一方面，主要侧重宏观布局，缺乏对各个景区的客源市场、线路安排、时间节点、季节差异等诸多要素的认知，缺乏对过境游客居多、同质产品市场竞争激烈等问题的系统有效的解决方案；另一方面，现有规划大多没有充分考虑可持续发展的问题，而仅仅满足于审批项目、争取资金和近期开发建设，在操作实施、合理利用资源等方面，均不足以指导景区进一步开发建设和升级提高。

第三，特色挖掘不够。这主要体现在以下三方面：一是对景区隐性文化资源开发的力度和深度不到位，导致旅游景点的文化品位不高、文化内涵不深，难以给游客留下深刻的印象。二是旅游与文化的结合度不高，别具特色的古城文化、运河文化、饮食文化、生态文化、民风民俗在旅游中没有得到充分展示。三是参与性、互动性、娱乐性的地域性特色项目不丰富。文化旅游只有使旅游者真正参与其中，真正领会独特的文化内涵，才能实现游客和景区的双赢。

第四，产业结构不合理。一是聊城市大多数景区的主营收入中，门票、住宿和餐饮占的比重较大，旅游商品、娱乐休闲、健康养生等所占比例较小。二是聊城旅游商品以工艺品、土特产居多，而品位高、收藏价值大的纪念品比较少；旅游商品研发、销售体系尚未形成，规划和开发的旅游纪念品缺乏专业性和创新性，缺乏具有鲜明地域性特色的文化旅游主导产品，这势必影响游客逗留时间和消费量，影响文化旅游产业的效益。

第五，体制机制不健全。一是管理体制不顺畅，个别景点分属多个部门，致使部门分割，职能交叉，对优势旅游资源难以进行统一的挖掘和整理，无法有效整合。二是经营体制落后，聊城多数景区还是按事业单位来管理，经营权、所有权、管理权不分，体制机制不灵活，市场化程度较低。三是竞争激励机制不完善，涉及文化旅游产业建设的优惠政策和激励机制覆盖面不够广，力度不够大，吸引力不够强，致使部门之间、部门与乡镇之间相互推诿。四是旅游监管机制不健全。由于起步较晚，聊城在文化旅游方面还没有建立起较为完善的制度性协调机制，也未形成综合治理旅游市场的格局。受职权所限，旅游部门自身难以协调其他部门参与管理，这就大大削弱了旅游部门的监管力度。

第六，资金投入不够。文化旅游产业是一项高投入高产出的产业，从基础设施建设到景点开发再到旅游产品包装宣传推介，都需要足够的资金作后盾。近年来，虽然聊城市多方争取资金，不断加大投入，但总量上仍显不足，从而制约了文化旅游业的进一步发展。主要表现在：围绕旅游而筹建的文化设施短缺、条件简陋，担负传承地方民间艺术的社会各类团体缺乏资金支持，后继乏人，难以维系正常发展；重点文物、历史建筑修缮保护管理经费缺口较大，文化旅游资源无法得到充分的挖掘、整理。宣传促销经费不足，致使宣传不能够做到全方位、多角度，造成了全市文化旅游业知名度不高，辐射面狭窄。

第七，基础设施和配套服务建设不到位。一是旅游接待服务设施软、硬件不过硬，在数量上、档次上、布局上均不能适应文化旅游产业的发展需要；二是"吃、住、行、游、购、娱"服务体系发育不够成熟，配套功能不够完善，缺少大型会展接待场所，服务存在不规范、不到位现象，难以满足大型节庆会展的需求；三是道路景观质量不高，沿线绿化环保、交通标识、停车场、加油站、汽车修理站等配套设施滞后，制约了各景区的可进入性和观赏性；四是缺乏业务精湛的土生土长的导游，不能对景点的历史渊源和文化内涵作深入讲解，无法回答游客的提问，且张冠李戴现象时有发生，致使许多游客乘兴而来，败兴而归，大大降低了游客的满意度。

三、提升聊城文化旅游产业发展的对策

加快聊城文化旅游产业可持续发展是一项综合的系统工程。应采取扎实有效的措施，积极发挥文化旅游业在凝聚聊城精神、振兴聊城文化、展示聊城形象、增进人民福祉等方面的积极功能，力争将文化旅游培育成为新型支柱产业和重要接续产业，为建设生态宜居繁荣现代的新聊城奠定坚实基础。

第一，转变观念，创新发展思路。要想加快发展聊城市的文化旅游业，首先要转变理念，创新思路，积极探索发展文化旅游业的新途径。一是进一步实现文化和旅游业的联姻，提升旅游业的核心竞争力。聊城作为国家历史文化名城，具有丰富的历史文化资源，如声名远播的京杭运河、光岳楼、山陕会馆、海源阁等，充分挖掘和打造这些历史古迹的文化价值，将大大有助于提升聊城旅游的文化品位。二是要打造现代旅游营销策略。要通过实施酒店营销战略、旅行社营销战略、交通营销战略、品牌营销战略、景点营销战略、旅游商品营销战略、营销渠道战略，让市场理念成为聊城文化旅游业的活力源。三是要将"人本"理念引入文化旅游业中。要健全落实质量保证金制、导游计分管理制和旅游者投诉受理制，大力加强旅游安全和后勤保障工作，切实加强旅游执法监督，完善旅游价格管理。要健全城市旅游标识标志，建设特色餐饮、购物、文化娱乐等旅游专业街区，搞好旅游区交通、环卫、市场等综合整治。

第二，科学规划，丰富旅游文化内涵。要在已有发展规划的基础上，进一步科学制定文物保护、旅游建设、文化产业发展及各景区景点建设规划。这就要求，一是要不断提升文化旅游景点的文化内涵。要积极引导和鼓励从事当地文化研究的专家学者在文化与旅游的结合上下功夫，搞好旅游景点的包装设计，根据各个景点的建筑风格、民俗典故、风土人情，编写出既有趣味性和故事性，又有真实性和知识性的导游词，做到雅俗共赏，不断将文化资源优势转化为旅

游经济优势。二是全力打造旅游景点。以"江北水城"为产品形象、"运河古都"为文化形象,以江北文化旅游和休闲度假目的地城市为总体形象,全力打造中华水上古城、马颊河生态旅游度假区、阿胶文化集中展示区、阿胶养生文化苑景区集群。三是丰富充实旅游内容。要充分挖掘聊城美食文化,推出包括水浒宴、金瓶梅宴、运河宴、阿胶宴、地方名吃宴在内的"美食体验游";要开发特色旅游商品,推出以参观堂邑葫芦、牛筋腰带、木板年画、东阿阿胶、茌平黑陶为主的特色产品制作观摩游;要以中华水上古城、马颊河生态旅游度假区、徒骇河世界运河博览园为中心,推出以体验运河文化风情为主,包括大型民俗展演、民俗节会的"运河风情游";要整合天沐温泉、红叶温泉、海润温泉,推出温泉健身游;要整合包装临清黄河故道森林公园、马西林场、清平森林公园和马颊河森林度假区,推出森林生态游,从而实现"观光型"到"体验型",再到"寄居型"的升级进位。

第三,建章立制,规范运作。一是在政策制度方面,要加快文化旅游的法制建设,制定《聊城市旅游管理办法》、《古城保护管理条例》等地方性旅游法规和政府规章,健全旅游行政执法体系和质量监督网络;要加强旅游行业宏观调控,严格旅行社、旅游饭店、旅游车、购物店的准入标准,实行酒店星级按标准有升有降、动态管理;建立权责明确、运转协调、行为规范、监督有效、保障有力的旅游行政执法体制,加大旅游市场环境整治力度;制定购物、餐饮等旅游要素的质量标准,景区(点)、宾馆酒店、旅行社等旅游企业实行国家质量管理体系认证和环境质量管理体系认证制度;加强旅游景区(点)门票价格管理,实现门票价格与旅游景区(点)等级质量、建设成本和管理服务水平相符合;建立市、区县、企业三级"旅游安全救援指挥系统",指挥、协调旅游重大安全事故和旅游安全突发事件的救援工作;强化文化旅游质监机构的职能,建立聊城地区统一的旅游投诉电话系统,及时受理投诉,切实维护旅游者和旅游企业的合法权益。二是在体制机制方面,在发展模式上,要建立"政府引导、企业为主、行业促进、市场推动"的发展模式。在管理方式上,要整合旅游资源,健全旅游企业体系,逐步建立起政府宏观调控、行业自律管理、企业自主经营的新型旅游产业管理体制和运行机制。在投资方式上,要建立多元化投入机制,从政策、资金、服务上加强引导,放手启动民营资本,公平、公开、公正鼓励全社会投资。在市场主体培育上,要充分发挥旅游企业市场主体的作用,着力推进旅游企业的改革、改组、改造和战略合作,积极培育旅游龙头企业,推动旅游品牌化发展,增强旅游发展活力。

第四,加大投入,搞好配套建设。一是建立宣传营销高地。以大众传媒为中介,拍摄制作聊城各景区旅游形象宣传片,在电视、报纸、网络、杂志等新闻媒体上大力予以推介,加大强势媒体宣传投放力度,做好旅游广告宣传品"入酒店"、"进客房"工作,进行宣传展示。通过建立影视基地、书画基地、摄影基地、文学创作基地等,扩大景区影响;利用新闻媒体、建立信息网、拍摄风光片、出版书刊画册等，吸引影视文化企业拍摄电影、电视，多渠道多角度宣传聊城旅游。突出电子网络促销，借助各类网络资源，逐步发展旅游电子商务，加强与知名旅游网站链接，加强宣传报道。充分借助省内外以及国内外的推介会和各种经贸洽谈会，采取与省内外旅行社积极沟通协调、各周边景区连线携手、参加旅游交易会等形式，推行区域联手、线路连线、行业联合、媒体联姻、电子联网，多渠道、多层面地开展旅游宣传促销，有效扩大旅游宣传覆盖面。与各大旅游公司、旅行社联手制作大型广告牌，利用公交车、火车做车体广告，达到高层次、大密度、多媒体、立体式的整体推销效果，抢占媒体宣传制高点，从而推动聊城文化旅游业快速发展。二是建立专业人才高地。一方面，积极与聊城大学历史文化与旅游学院等院校合作，共建旅游管理本专科旅游职业教育体系培养精通文化旅游管理的高层次人才。同时，以校府合作、校企合作、产学研一体为手段，以聊城大学和聊城职业技术学院为载体，建立文化旅游人才培养基地和实践基地，定期或不定期地组织从业人员进行业务培训，努力造就一支高素质、专业化的人才队伍，为旅游和文化的融合发展提供坚实的人才和智力支撑。另一方面，以改革导游管理体制为突破口，积极探索构建包括职业资格考试和准入制度、职业经理人制度、薪酬制度、激励制度在内的管理体系；重视对策划创意人才、经营管理人才、市场营销人才的引进和培养，允许有特殊才能的专业人才和管理人才以各种方式参与收益分配，逐步构建起有利于优秀人才成长的选人、用人体制，促进文化旅游产业跨越式发展。

Abstract: In planning, the development cultural tourism projects, professional marketing, held water festival of the Liaocheng cultural tourism, has obtained certain achievements, but there is no denying that the development of the conception and idea, professional orientation and characteristics of mining industry development, industrial structure, system and mechanism, capital investment and infrastructure supporting services on a series of problems still exist. If want to break the development bottleneck, we must change concept, make scientific planning, highlight the characteristics, establish a new system and increase investment.

Keywords: Liaocheng; Cultural Tourism Industry; Countermeasures

特集·焦点探析
SPECIAL SETS·FOCUS

区域文化资源产业化开发存在的问题及对策分析*

◎ 高 磊**

摘 要：推进区域文化资源产业化开发，是加快文化产业发展的可行路径。但在具体实践中仍存在诸多问题和不足，严重制约了区域文化资源产业化开发过程。本文在分析区域文化资源产业化开发现状的基础上指出，厘清区域文化资源的属性，开发有效文化资源，实现区域文化资源与市场的有效对接，是当下推进区域文化资源产业化开发的有效对策。

关键词：区域文化资源；产业开发；问题；对策

我国历史传统悠久，文化积淀深厚，形成了丰富多彩的区域文化资源，为推动区域文化产业发展提供了得天独厚的重要条件和弥足珍贵的财富。但遗憾的是，很多区域文化资源没有转变成文化生产要素投入产业链，未形成区域文化产业发展优势。

一、区域文化资源产业化开发存在的问题

在推进区域文化资源产业化开发具体实践过程中，仍然存在诸多问题和不足，具体表现在以下3个方面。

（一）区域文化资源产业化开发主体观念落后，现状堪忧

部分持有人缺乏创新精神，区域文化资源产业化开发"守旧守成"的现象比较普遍。由于缺乏创新精神，区域文化资源的部分持有人守旧守成，没有认识到"创新也是文化资源再生最主要的生物学动力机制"①，认不清文化资源的现实境遇，把握不住时代的要求，不能

---

* 基金项目：2012年度江苏省社科基金省市协作研究项目"扬州文化资源产业化发展研究"（12XZB018）的阶段性成果。

** 高磊（1980~），男，上海交通大学人文学院博士后，湖北省孝感市改革办专职副主任，研究方向：文艺理论、文化产业、中西美学。

① 胡惠林：《国家文化治理：中国文化产业发展战略论》，上海人民出版社2012年版，第36页。

客观评估自身持有的文化资源价值，往往出现无知轻薄和无限拔高的两种错误认知，不愿或不能通过创业对持有的文化资源进行有效转化，造成了区域文化资源的贬值和浪费。

部分开发者缺乏市场理性，区域文化资源产业开发"全面开花"的现象比较严重。由于缺乏市场理性，区域文化资源的部分开发者，没有认识到文化资源开发要突出重点，有所为有所不为，面对种类多样、丰富繁杂的文化资源，缺乏清晰的认知和科学的规划，把握不住市场的需求，往往眉毛胡子一把抓，造成了投入分散、开发不足、效应较弱。

部分管理者缺乏科学意识，区域文化资源产业化开发"低小散粗"的现象比较常见。由于缺乏科学意识，区域文化资源的部分管理者，好大喜功，把握不住区域文化资源的特质，在严重破坏文化资源原真性和完整性的同时，大造假古董、假文物、假遗迹、假故事，甚至发生价值扭曲，闹出"媚俗媚丑"的丑剧。区域文化资源产业化开发层次低、规模小、布局散、品质粗的现象多有发生。

（二）区域文化资源产业化开发客体情况复杂，境况堪忧

部分文化资源自然状态存在的现象没有改变。多数的民俗民间艺术，像剪纸、麦秆贴、编织等仍处于自然存在的形态，自生自灭的情况比较严重，但其保护基本处于自发状态，更多的还是依靠所有权人的习惯进行传承保护且力度非常有限，远远不能满足需求。

部分文化资源加快流失的现状没有改变。在经济全球化和现代化的冲击下，一些传统工艺品由于缺乏市场而濒临消亡，一些极具历史文化价值的古村落缺乏保护而遭到毁弃，一些非物质文化遗产流失程度较高，许多技艺面临传承人高龄化，后继乏人，或直接面临绝代断裂的危险。

部分文化资源前景堪忧的现实没有改变。作为农耕文明哺育的中国传统文化形态，在现代文化和都市文明的冲击下，尤其是在市场经济大潮中，缺乏自省意识、市场意识，更失去了培养受众、培育市场的机会，越来越多的实用技艺、民间文化形态失去发展空间和能力，只能作为"活化石"——非物质文化遗产被保护甚至冰藏。

（三）区域文化资源产业化开发支撑不足，环境堪忧

政府职能发挥错位，"无限政府"挫伤市场主体的积极性。在文化资源产业化开发中，政府往往既是文化资源的所有者、管理者、开发者，又是市场秩序的制定者、参与者和监管者，多重角色叠加导致政府职能在文化资源产业化开发中严重错位，部门利益刚性导致文化资源闲置、不足和浪费并存。

市场机制发挥不足，社会资本在文化资源产业化开发上难有作为。文化资源配置方式依然未能从根本上改变权力分配的格局，权力对市场的干扰在推进文化遗产保护上有愈演愈烈的倾向与趋势。条块分割、地区封锁、城乡分离的市场格局严重阻碍了市场机制在文化资源产业化上的作用发挥。在已开发的文化资源产业化项目上，概念炒作、模式

复制、千人一面的情况比较严重，突出体现了文化创新动力不足、能力不强。

科学研究不足，理论指导滞后于文化产业发展。文化产业突飞猛进式的进展，文化体制改革措施和文化政策的密集出台，令文化产业研究显得捉襟见肘，成果供给明显不足。对于文化产业理论研究需求的急遽增加造成了一定程度上的"泡沫化"现象。无数"专著"和"论文"篇幅的浩大与内容的贫乏形成对照。① 在文化资源产业化开发方面的研究亦是如此，对文化资源的类型、属性和转化机制缺乏科学的评估体系，尚未能对文化资源产业化开发提供科学指导。

二、有效文化资源：区域文化资源产业化开发的前提

在区域文化资源产业化开发中，优质文化资源不等于有效文化资源。我国历史悠久，各地文化资源丰富，但文化资源大省往往不是文化产业大省，文化资源大市往往不是文化产业大市，就与其文化资源是否为有效文化资源有着直接的关系。

（一）"有效文化资源"命题的提出

所谓有效文化资源，是指文化资源应具有稀缺性和有用性。这一命题的提出，不仅源于区域文化资源开发现实的启示，更基于学术研究的逻辑推演。

关于文化资源的分类与特性，学术界已经谈得很多，也谈得较深，花建将文化资源分为资本、材料与技术、信息和人力4类②；米子川提出"可度量文化资源"的概念③，并尝试对文化资源时间价值评价进行权重设计，按照中国历史纪年表构建一个评价体系，对历史文化资源进行时间久远性和稀缺性的评价。但这些概念少有从经济学的角度谈及文化资源的稀缺性和有用性。王齐国凭着敏锐的直感力，触摸到这一关键问题，提出"魅力文化资源"的概念④；但是他在论述中用"唯一性"来要求资源的稀缺性，标准太高，也不现实，而且比如"只有唯一性和顶级资源才能成为资源，这个资源就是有魅力的，反之就不是一种魅力的"⑤等论断在逻辑上也显绝对。故而，其"魅力文化资源"的概念内涵有待调整优化。为了更好地凸显有效文化资源的稀缺性与有用性，明确区域文化资源产业化开发的前提和基础，本文提出"有效文化资源"这一命题。

（二）有效文化资源的经济学推论

文化资源产业化开发，就是要对文化资源进行产业转化，使之成为作为"经济货物"的文化产品。对有效文化资源的产业化开发，可以从"经济货物"（文化产品）的稀缺性和有用性的3个推

---

① 张晓明：《文化产业发展：理论滞后实践》，《新华日报》2007年4月2日。
② 花建：《经济全球化与中国文化产业的发展导向》，《上海改革》2000年第12期。
③ 米子川：《文化资源的时间价值评价》，《中国文化产业评论》第2卷，上海人民出版社2004年7月版，第255页。
④⑤ 王齐国：《在第九届中国文化产业新年论坛演讲》，http://finance.sina.com.cn/hy/20120108/165211151729.shtml。

区域文化资源产业化开发存在的问题及对策分析
A Feasible Way to Industry Develop of Regional Culture Resources

论出发来进行反推。

在瓦尔拉（Walras）看来，具有稀缺性和有用性的"经济货物"是指"数量有限的有用之物"，其3点重要推论是"可以被占有的"、"具有价值和可以交换的"、"可以再生产的"。沿着瓦尔拉关于"经济货物"定义及其3项重要推论逻辑，对"有效文化资源"产业化开发做如下推论：

有效文化资源本身或通过产业化开发后应该具备数量有限、有用两个特点。"数量有限"，是相对于人们不断增长的文化消费需求而言，有效文化资源是稀缺的；"有用"指的是有效文化资源本身或通过对其产业化开发具有一定的效用力，具体地说，就是可以满足人的欲望，带给人们快乐；美国经济学家塞缪尔关于"快乐=效用/欲望"的快乐方程式，恰也证明了有效文化资源的效用力给予消费者精神需求的满足关系。

有效文化资源通过产业化开发应可以被占有、可以交换、可以再生产。考虑到有效文化资源多为精神的结晶体，在此，可以用"可以被分享"来替代"可以被占有"；"可以被分享"，就要厘清有效文化资源的权属关系，这是对其进行经济选择的前提，指向谁来利用有效文化资源进行资源配置；"可以交换"，不仅指如何利用有效文化资源，选择资源配置的方式，还可以指向选择满足欲望的方式（市场行为），其中包括以及如何在必要时牺牲某种欲望来满足另一种欲望（替代物）；"可以再生产"，是对有效文化资源进行产业化开发的关键环节，

是进行产业化开发取得规模效益的必然要求，也是适应现代工业化大生产的现实需要。从这个意义上，有效文化资源的产业化开发必然推进现代工业化大生产，只有如此，才能适应市场需求，发挥规模效应，取得良好收益。

（三）有效文化资源与象征消费

"今天，在我们的周围，存在着一种由不断增长的物、服务和物质财富所构成的惊人的消费现象，它构成了人类自然环境中的一种根本变化。"① 这一变化宣告了消费社会的来临，也昭示消费需求和消费行为发生根本性的变革。在经济学上，消费品的最根本用途是其使用价值，基于生理需求的消费是一种本能消费，是人类全部消费活动的基础；基于享受、发展需要的消费，是一种社会性消费，源于并高于本能性消费。但在今天，消费越来越成为人们自我表达的主要形式和身份确证的主要来源，消费的内容越来越呈现出符号象征性的特点，并集中体现在消费的符号和符号的消费两个方面。这一消费主义扩张对于有效文化资源产业化开发既是福音，也是警钟。

有效文化资源与象征消费有着天然的亲缘。象征消费的对象是符号，这里的符号不仅仅是物（消费品）的形态、样式、品牌，更指向物背后代表的可以获得普遍认同的象征意义，如身份、地位、品位、价值、喜好，等等。根据怀特的观点，象征也是文化的重要内容，是"一件使其价值和意义由使用它的人

---

① 让·鲍德里亚：《消费社会》，刘成富、金志钢译，南京大学出版社2001年版，第1页。

加诸其上的东西"。文化（资源）最普遍、最常见的表达方式是象征，其载体正是符号。在消费社会，有效文化资源的符号价值将不断放大，其产业化开发如风行水上，必将生成更加波澜壮阔的图景。

但是，消费主义者对符号旨趣的追求可能会超越意义本身，而成为形式的奴役。对形式过度的追求，也会伤害有效文化资源的效用。根据塞缪尔的快乐方程式理论，随着有效文化资源效用的降低与欲望的膨胀，快乐指数急遽下降，这也必将导致社会心态的失衡。

三、推进文化资源与市场的有效对接

历史经验昭示：市场机制是推进文化产业发展的有效路径。任何有效文化遗产或资源并不能天然地成为产品或商品，只有经过一定形式的再创造，才能成为具有丰厚知识产权的文化产品。如何将有效文化资源转化成实在的文化产业产品，核心在于推进文化资源和市场的有效对接，从整体上把有效文化资源与文化市场、产业资本、产业技术和产业人才等文化产业要素进行有效配置，打造拉长产业链，形成规模化的产业效益。在微观层面，有效对接起码包括4个方面：

（一）实现有效文化资源与经营人才的对接，加快文化人向文化商人转变

人作为生产力中最积极最活跃的因素，在区域有效文化资源的构成中比重大、分量重，必须引导文化人向文化商人转变。文化人与文化商人最大的区别是，文化人自以为是的多，总要别人接受自己的东西，文化商人则以市场需求为导向，形成适销对路的文化产品满足社会需求。区域文化资源产业化开发不快的因素很多，但是文化商人队伍不强也是原因之一。不可能把所有的文化人变成文化商人，但可以把那些经营灵活的文化人有计划、有步骤地送到高校去学习，送到企业去实训，以增加他们的市场意识和经营技巧，同时选树文化商人的典型，通过研讨会等形式，让他们传经送宝，扩大示范效应，带动更多的文化人向文化商人转变。

（二）实现有效文化资源与产业资本的对接，推进文化资源向文化资产转化

有效文化资源走产业化道路，没有金融支持是不现实的。将有效文化资源转化成现实生产力，核心问题是资本；没有资本，一切都会流于空谈。在金融资本与有效文化资源对接的探索道路上，还有很多绕不开的石头和湍流，需要面对。对有效文化资源价值的评估是第一道门槛。目前，银行业采取的通用做法是专家评审机制，对有效文化资源产业化项目进行专业的内容评审和市场预测，推荐优质文化企业，再由银行在此基础上做好风险评估，对推荐的项目根据金融政策和行业规定优先给予信贷支持，并根据不同情况实施优惠利率。但是，专家选择和评测的标准还没有科学统一的参照系，在有效文化资源与金融资本的对接中，难免会出现这样或那样的情况。目前，有些地方试图通过文化产权

交易所的建立,打造一个"转化器"①,将文化资源转化为文化资产,这样的努力与探索还在进行中。当然,有效文化资源的产权分散是另一个绕不开的问题。可以探索将有效文化资源的所有权和经营权分离,把经营权量化为资产,转化为股份,招商引资,推进有效文化资源的产业化开发,在发挥有效文化资源文化传承功能的同时,又能带动产业发展,增加经营收入。推进文化资源向文化资产转化,就是要把文化作为一种资源向全社会开发,鼓励各种资本进入,发挥叠加优势和乘数效应,促进文化产业的发展。

(三) 实现有效文化资源与先进技术的对接,赋予传统价值以现代形态

在推进文化产业发展中,金融和科技为文化产业发展插上腾飞的双翼。在有效文化资源产业化开发中,科技的作用更为突出。文化资源与自然资源一样,都是相对特定的利用技术而存在的。正如离开了冶炼技术,矿石就不能作为有效资源存在一样。对于绝大多数的文化资源大市而言,现代科学技术手段往往是进行有效文化资源产业化开发的短板。先进的技术手段和表现技巧可以激活文化资源的释放力、创造力,增强文化产品和服务的表现力、吸引力,创造新的文化样式,催生新的文化业态。江苏省统计局采取竞争态势模型对江苏文化产业发展进行分析②发现,在影响企业发展的关键因素中,科技权重高达0.2,远远超过竞争(0.1)、法律法规(0.1)、人才(0.1)、品牌(0.08)、资源(0.05)、产品科技含量(0.12)、产业结构(0.15)、产学研结合(0.1)等其他关键因素。如果考虑到产品科技含量(0.12)和产学研(0.1)的科技成分,再加之资源(0.05),科技与有效文化资源的对接所产生的裂变效应将会多么可观。同时,区域统一文化大市场的形成有待于现代信息技术手段的运用,通过运用现代信息技术手段,推动各种文化生产要素市场的联网,形成各类文化专业市场的联合体,进而在促进各地文化市场充分发育的基础上,推动区域统一文化大市场的形成。推进有效文化资源与技术对接的方式有三:一是"引",引进高端创意人才和专业技术骨干是快速提升技术水平的关键;二是"换",以空间换技术,以市场换技术,日韩的汽车工业的发展证明"换"同样可以实现技术水平的提升;三是"创",着眼于管理流程和开发环节,以细微创新推进技术水平的整体进步。

(四) 实现有效文化资源与政府政策的对接,促进文化名气向文化财气转化

长期的计划体制形成了各地区、各部门的利益刚性,再加上长期以来形成的观念落差,使得仅靠市场力量推进有效文化资源产业化开发的困难较大。对此,学界有比较深刻的认识:"对于有限文化资源,特别是文化政策资源和文化

---

① 彭中天、鞠宏磊、刘冉:《文化资源"转换论"》,《文化产业导刊》2011年第1期。
② 《科学技术引领江苏文化产业快速发展》,http://www.jssb.gov.cn/tjxxgk/tjfx/sjfx/201202/t20120220_110732.html。

市场资源的争夺，很有可能引发新一轮地方保护主义和部门利益的恶性竞争。"① 同时，由于政府角色定位模糊，其在公共文化服务和文化产业发展上管理思路、行政手段和政策措施往往交织，行业交叉、多头管理，以及缺乏理论支撑导致政策的制定出台和执行落实上发生较大偏差，不能更好地发挥政策杠杆作用。因此必须推进文化体制改革，建立完善相关政策体系，在准入门槛、土地、财政、税收、人才、投融资、营销、进出口和奖励等几个方面对有效文化资源产业化开发予以扶持。实现有效文化资源与政府政策的对接，首先要发挥文化产业发展专项资金在有效文化资源产业化开发上的杠杆作用，对有效文化资源产业化的优势项目重点扶持，探索细化发展专项资金的配置功能，尝试推进向风投资金的转化；加强有效文化资源与政府政策的对接，还要转变政府职能，实现政府角色的转化，使之成为规划的制定者、政策的提供者、环境的打造者和挑剔的消费者，为推进有效文化资源产业化创造条件、提供支撑、营造氛围。

Abstract：This is a feasible way to promote culture industry by industry develop of regional culture resources. Many problems still has seriously restricted it in practice. Based on the analysis of situation, we find that successful docking between the effective regional cultural resource and market, is the viable measures on industry develop of regional culture resources. But the premise is to clarify the effective regional cultural resource.

Keywords：Regional Cultural Resources；Industry Develop；Problem；Strategy

---

① 胡惠林：《论文化体制改革》，《中国文化产业评论》第二卷，上海人民出版社2004年7月版，第6页。

经济全球化视阈下中国文化安全问题的思考

◎ 王建平*

摘 要：西方发达国家凭借其在经济和信息全球化中的主导地位，不断对中国进行文化扩张和渗透，使得我国主流意识形态和民族文化受到较大冲击，面临文化生态保护形势严峻、文化创新能力不足、文化产业国际竞争力弱、文化传播力不足等严峻挑战。因此，应加强包括"中国梦"在内的社会主义核心价值观教育，在加强经济建设的基础上，挖掘和梳理好优秀传统文化，增强中国文化软实力，繁荣发展文艺创作，为人民提供积极健康向上的精神食粮，加强网络媒体管理，健全文化传播体系，建立具有开放性的文化安全体系。

关键词：经济全球化；文化扩张；国家文化安全

文化安全主要是指一种文化保持自身的独特性、独立性、完整性并不断传承和发展的状态，是影响文化软实力强弱的重要指标。当前伴随着经济全球化的大潮，各种相互交锋、相互融合越来越频繁，文化安全所面临的挑战也越来越尖锐。西方发达国家凭借其在经济和信息全球化中的主导地位，不断对中国进行文化扩张和渗透。来自世界各地的思想文化相互激荡以及市场经济发展使人们的思想意识、价值观念呈现出多元化态势，也使得我国的主流意识形态和民族文化受到较大冲击。在经济全球化背景下，我国的文化安全问题日益凸显。本文基于经济全球化这一客观背景，就我国文化安全问题的现状、面临的挑战及其对策作一些分析。

---

* 王建平，女，1975年11月出生，湖南益阳人，北京交通大学中国产业安全研究中心博士后，主要研究方向：文化产业安全。

一、国内外关于文化安全研究的现状分析

（一）从国外研究现状来看

在涉及文化安全研究时，国外学者一般基于"非传统安全"、"文化例外"、"文化多样性"等概念。早在15世纪，西方学者就开始关注文化安全方面的相关研究，但文化安全进入国际政治范围的研究领域始于20世纪80年代末期。国外对于国家文化安全的相关研究大致可以分两个阶段。

第一阶段是"冷战"结束前时期。起初学术界大都以文化对于国家安全的重要性为切入点展开研究，主要分析如何更有效地维护国家经济、政治利益和军事安全。该时期研究的共同特点是，以传统的军事、政治安全研究为绝对核心，而对于国家文化安全方面的探讨，无论是数量还是深度都明显欠缺。这个时期提及文化安全的代表性文献有：1929年哈特的《历史上的决定性战争》，1965年拉斯威尔的《世界政治和个体安全困境》，1970年皮尔森的《文化战略》，1973年柯林斯的《大战略》，1977年基欧汉的《权力与相互依赖》，1978年萨义德的《东方主义》，1984年巴奈特的《超越战争：日本的综合国家安全观》，1990年戈尔德的《国家安全和国际关系》等。

第二阶段是"冷战"结束以后到现在。"冷战"结束后，随着世界形势的变化，学者们试图跳出传统安全观的束缚，重点从非传统安全的角度研究国家安全。一些学者结合国际形势、时代特点、国际格局研究文化战略，积极探索文化安全的理论基础。学者们研究重点包括文化、文化冲突与国家安全的关系、经济全球化与文化的关系，形成了包括文化混合化、文化多极化、文化趋同化理论等诸多成果。该时期关注文化安全的代表性学者是亨廷顿和萨义德，代表性文献包括：1990年奈的《美国定能领导世界吗》，1990年温特的《国际政治的社会理论》，1991年汤林森的《文化帝国主义》，1991年Stewart的《美国文化模式：跨文化前景》，1991年布赞的《认同、移民与欧洲的新安全议程》，1992年沙因的《组织文化与领导》，1992年马特拉的《世界传播与文化霸权》，1993年福山的《历史终结和最后一人》，1994年Kohls的《发展中的文化间视野：跨文化训练手册》，1995年亨廷顿的《文明的冲突与世界秩序的重建》，1995年鲍德温的《安全研究与战争的终结》，1996年莫利的《认同的空间：全球媒介、电子世界景观与文化边界》，1996年卡赞斯坦的《国家安全的文化：世界政治的规范与认同》，1999年Prosser的《公民话语：文化间的、国际化的和全球的媒介》，2001年萨义德的《文化与帝国主义》，2001年斯奈德的《当代安全与战略》，2002年布莱斯顿的《冷战后的安全模式》，2004年奈的《软实力：世界政治中的成功之道》等。

（二）从国内关于文化安全的研究来看

我国学者在文化安全方面的研究主要侧重于国家文化安全的内涵、特征、面临的问题、原因及其对策等问题，具

体体现在以下5个方面:

第一,从我国文化安全面临内外部环境的挑战方面研究文化安全问题。如陈大民在《捍卫国家文化安全》一文中指出随着世界多极化、经济全球化深入发展,不同文化的交汇融合,已经成为全球化时代的一大景观。与此相应,捍卫国家文化安全,也成为所有国家在面临外来文化冲击时所必须应对的时代挑战。其他同类研究文献还有潘一禾的《"非传统"视野中的当代国家文化安全》,花建的《软权力之争:全球化视野下的文化竞争潮流》,孙晶的《文化霸权理论研究》,俞新天的《国际关系中的文化》等。第二,从民族文化认同视角来探究文化安全问题。例如,郑晓云的《文化认同论》,俞楠的《"文化认同"的政治构建:当代中国公共文化服务战略研究》等。第三,从文化产业安全角度探讨文化安全问题。如张彩凤的《全球化与当代中国文化产业发展》,胡惠林的《文化产业发展与国家文化安全》等。第四,关于文化战略对策的研究。如王佐书的《中国文化战略与安全研究》,张骥的《中国文化安全与意识形态战略》,张玉国的《国家利益与文化政策》等。第五,信息化、全球化与国家文化安全关系研究。如张新华的《信息安全:威胁与战略》,包仕国的《全球化进程中中国文化安全的衍进与重构》,王国荣的《信息化与文化产业》,艾斐的《全球化背景下的文化安全防范》等。

二、我国文化安全面临的挑战

(一)意识形态受到挑战,信仰危机愈加严重

我国文化安全的核心是巩固马克思主义在意识形态领域的指导地位。"冷战"结束并不意味着全球范围内社会主义和资本主义两大意识形态的冲突的终止,西方国家将斗争的矛头转向中国,加紧对中国实施意识形态的渗透,它们不断通过网络、文化产品进出口、文化交流等各种手段宣扬其价值观念和意识形态,诋毁我国以马克思主义为指导的主流意识形态,已达到分化甚至颠覆我国主流意识形态的目的。

国家意识形态安全面临的最大威胁首先表现为党政干部腐败而暴露出来的道德失范和信仰危机。受处分官员的层次、学历越来越高,不少腐败大案所反映出来的道德失范和信仰危机已经达到了一个相当惊人的程度。腐败问题,表面上看是一个经济问题,但实质上在腐败的背后隐藏着深刻的文化危机,是一个价值观危机,是精神文化问题。由于腐败往往表现在大量地侵吞和非法占有国家财产方面,因此它所激起的整个社会的情绪反应和对信仰的挑战,远远超过了任何一种和平演变的分化宣传力量。

(二)文化生态保护形势严峻,民族传统文化被弱化

文化生态是一个国家(民族)在长期的历史过程中形成的传统风俗习惯、生活方式、建筑风格等物质的与非物质

的文化条件的总和。物质与非物质文化遗产是文化认同的主要标志,一旦遭到破坏,不仅将使民族的存在失去了全部文化基因的谱系依据,而且将失去文化生物链的有机性,物质与非物质文化遗产的毁灭性的破坏正是人类历史上一些民族和文化灭绝的重要原因。在今天,对历史文化遗产过度的经济开发,使得我国文化生态形势严峻。文化生态不可再生性决定了历史文化遗存一旦被毁,文化生态平衡即被打破进而造成文化多样性的消失。从这一意义上来说,文化生态安全危机是除了国家文化主权安全危机之外最大的文化安全危机。

一方面是民族传统文化的现状令人担忧,许多民族传统文化正面临消亡的危险。另一方面是美国等发达国家的消费主义价值观正迅速向我国渗透。好莱坞大片、韩剧、洋快餐、NBA、苹果手机在中国广受热捧,情人节、圣诞节等西方传统节日越来越受到年轻人的重视,而中华民族传统节日却面临日益被边缘化的尴尬。人们的全球化的元素越来越浓,民族文化观念越来越淡。人们熟悉电脑打字却不能正确书写汉字,人们精通上网聊天打游戏却对传统文化典籍鲜有涉猎。在文化全球化背景下,人们对民族文化的心理认同已被严重弱化,对民族传统文化的集体失忆,使我国民族传统文化面临消亡的危险。

(三) 文化产业发展水平较低,文化国际竞争力不强

文化产业规模小、发展水平低、市场结构不对称已对我国文化产业安全形成较大威胁。我国文化贸易长期处于逆差状态,文化产品的出口规模小、品种单一,在国际市场上处于竞争劣势。比如2008年,我国图书报刊类出口仅为3487万美元,而进口却达2.4亿美元;音像制品及电子出版物进口为4556万美元,出口只有101万美元;版权进口16969种,出口仅有2455种,版权贸易逆差在"十一五"末达到2.9:1。文化贸易上的明显"逆差",文化产业的长期弱势,与我国政治、经济大国的国际地位形成强烈反差,我国文化产业和文化传播的国际影响力大打折扣。

西方发达国家文化产业作为其国民经济支柱产业其增加值占GDP的比重一般超过15%。相比而言,我国文化产业不仅规模偏小、质量档次也不高,而且产业结构极不合理、自主创新能力不强、国际竞争力较弱。根据《中国文化产业国际竞争力报告》的分析,15个测评国家的文化产业国际竞争力指数的平均值为0.5,美国的文化产业竞争力指数为0.87,位居第一,而中国的文化产业竞争力指数为0.22,排名位于15个测评国家倒数第一,处于明显劣势地位。

(四) 文化创新能力不足,缺乏文化技术标准体系

理论储备不足,文化创新能力不强,不仅是我国文化安全问题内因,也是西方国家对我国实施文化"入侵"和"殖民化"的一个重要而且是危险的接口。近些年来,中国确实鲜有称得上创新并引起世界关注的学术成果和艺术作品问世。自20世纪80年代开始的文艺创新,几乎全是对西方现代主义及后现代主义种种形式、手法的袭用。文艺批评的话题，从存在主义、接受美学、后结构主义、女权主义、后殖民主义一直到全球化，全是西方话语，这就使我国文化原创的源头上成为了对西方话语、价值观念的主动扶持和传播。近年来，一些出版社纷纷将一些旧书改头换面"新瓶装陈酒"重新出版，出版者转向故纸堆里找选题的现象，其实反映了现今原创能力薄弱、出版资源匮乏的现状。这种现实存在构成的文化威胁，普遍地存在于从观念形态到产业形态的各个层面。无论是在文学艺术创作，还是在哲学社会科学研究领域，在原始性创作和研究领域过分模仿和依赖国外成果，严重地脱离我国文化发展和需求的实际，已经成为当下我国文学创作和社会科学研究最严重的文化危机。

此外，我国拥有的文化技术自主知识产权极少，使得我国的文化产品在进入国际文化市场处于被动地位。文化产业技术标准是文化产业发展的制高点，处于整个价值链的最高端，相关标准的掌控已经成为国家主权在文化经济范畴上的延伸，文化技术标准具有重要的国家安全意义，我国目前整体性知识产权状况低于世界平均水平，必然构成文化技术安全危机。

（五）文化信息传播处于明显劣势，文化网络安全形势严峻

网络文化内容的无障碍式传播使我国面临着严峻的文化信息网络安全问题。互联网上信息的形成、传播、互动突破了国家疆域界限，已形成了以美国为首的西方发达国家语言、思想和文化为核心的全球传播体系。据统计，目前全球80%以上的网上信息由美国提供，超过2/3互联网信息流量来自美国，70%的网站位于美国，78%的网站是英文网站，80%的全球新闻由美联社、路透社和法新社传播，我国在整个互联网的信息输入流量中仅占0.1%，输出流量只占0.05%。大量带有欧美意识形态的新闻、影视、网络游戏等，正深刻地影响着我国网络受众群体的思维方式和行为方式，冲击着我国网络受众的价值观念。

美国互联网协会主席唐·希思说："如果美国政府想要拿出一项计划在全球传播美国式资本主义和政治自由主义的话，那么，互联网就是最好的传播方式。"目前我国是世界上网民最多的国家，短期内在文化传播和信息发布上存在的西强我弱态势还难以改变。因此，网络等信息技术给中国文化发展带来了新的文化安全问题。

三、维护我国文化安全的对策

在全球化背景下，我国文化安全形势严峻，必须从我国文化发展的国家战略高度出发，采取全方位的应对措施，才能增强我国文化软实力和国际竞争力，有效维护我国的文化安全。

（一）加强党的基本理论宣传教育，巩固马克思主义指导地位

维护我国文化安全，最根本的是坚持和巩固马克思主义的指导地位。马克思主义指导思想决定了社会主义核心文化价值体系的性质和方向。只有高举马克思主义的旗帜，始终坚持用马克思主义中国化最新成果武装全党、教育人民，

加强党的基本理论宣传教育，不断巩固和发展马克思主义在意识形态领域的指导地位，才能使全党全国各族人民有一个共同的精神文化支柱，为坚持和发展中国特色社会主义奠定广泛而坚实的思想文化基础。

（二）做好"中国梦"宣传，弘扬以爱国主义为核心的民族精神和以改革创新为核心的时代精神

"中国梦"的基本内涵就是国家富强、民族振兴、人民幸福，加强社会主义文化建设、维护国家文化安全是实现"中国梦"的题中应有之义，以爱国主义为核心的民族精神和以改革创新为核心的时代精神，是促进中华民族发展壮大的强大精神文化力量。因此，应做好"中国梦"深入宣传，广泛深入开展民族精神和时代精神教育，以树立正确价值导向为民族精神和时代精神教育的重点，以加强民族团结进步教育为民族精神和时代精神教育的紧迫任务，以纳入国民教育为民族精神和时代精神教育的基本保障，以开展群众喜闻乐见的活动为民族精神和时代精神教育的主要形式。

（三）挖掘和梳理好优秀传统文化，增强中国文化软实力

一国的文化软实力以文化产业为载体，反映着一国的文化理念和文化诉求。文化产业的蓬勃发展，将有利于文化软实力的提升。在经济全球化背景下，文化竞争越来越激烈，必须从国家战略高度出发，推动文化产业成为国民经济的支柱产业，提高我国文化软实力。为此，必须构建适合我国国情的文化产业体系，促进文化产业合理有序布局，实现文化产业发展治理结构的科学化，增加民族优秀文化的保护力度，培育优秀的民族文化品牌，提高国产文化产品国内和国际市场份额，不断增强我国文化产业在国际上的影响力，从而为应对文化安全问题提供基本保障。

（四）切实加强高校思想政治教育，培养好中国特色社会主义合格接班人

高校肩负着文化传承的历史使命，在培养中国特色社会主义事业合格接班人方面起着至关重要的作用。首先，要对高校教师进行文化安全相关的思想政治教育与培训，帮助他们在文化安全问题上提高认识，明确所肩负的责任。其次，高校要切实加强历史教育、爱国主义教育、传统文化教育，引导大学生牢固地树立民族自信心和自豪感，理性对待人类文化的多样性，提高克服文化冲突、进行跨文化交往的能力，防止高校成为西方国家进行文化渗透的主阵地。总之，高校思想政治教育在充分认识到中国社会所面临的巨大文化挑战基础上，应该认真反思学校教育的文化价值取向，主动承担起传承我国主流文化价值观念，维护国家文化安全的时代重任。

（五）以社会主义核心价值为指导繁荣发展文艺创作，为人民提供积极健康向上的精神食粮

维护国家文化安全就必须创作老百姓喜欢的、代表社会主义核心价值观的文艺创作精品，而且是代表中华民族优秀形象的、正义的、向上的、代表中华民族先进文化的作品。文化产业具有双重属性，一是意识形态属性，一是商品属性，一是社会效益，一是经济效益。因此文化产业进行的改革、探索应和老百姓的消费结合起来，要让老百姓有文化自觉。繁荣发展文艺创作，既要遵循价值规律、市场经济规律，又要注重内化社会主义核心价值体系，为人民群众提供健康向上的文艺作品。

（六）加强网络媒体管理，掌握舆论引导权

维护国家文化安全必须加强对网络媒体的管理，以掌握舆论引导权，这就需要较高水平的科技支撑。因此，必须加大科技投入，加快发展网络产业，积极利用IT技术不断提高网络信息的传播能力和管理能力。同时，应打造技术过硬的过滤网站，加强对网络信息的鉴别、管理和控制，着力打击网络犯罪，提高网络安全防护能力。还应加强包括立法在内的各项规章制度建设，对包括网络语言、网络广告等进行严格规范，实现网络管理法制化。应该建立更多有世界影响的中国自己的网站，使我国悠久灿烂的文化、中国经济社会的发展及其巨大成就，通过互联网向世界各国传播，使世界人民通过互联网更多地了解中国，熟悉中国，热爱中国。

（七）吸取西方优秀文化成果，提升文化活力

在经济全球化的今天，文化方面的故步自封会导致狭隘的民族主义。只有不断地引进、借鉴其他国家的优秀文化，"洋为中用"，才能使本国文化不断完善、发展。经济全球化为我国文化的成长与发展提供了重要的国际新平台，纵观中国文化历史，每次的异域文化输入，都为我国文化的发展提供了新的创新元素。文化的两面性决定了西方文化既有缺失的一面也有其合理先进的一面，只有大胆借鉴和学习西方文化中合理的、先进的东西，才能不断增强我国文化的活力与生机，实现我国文化整体实力的大力提升。

（八）大力发展经济，为文化安全建设提供坚实物质基础

文化属于上层建筑，它的存在和发展始终受物质生活条件的制约，是由一个社会的经济基础决定的。生产力的发展是一切思想观念变革和发展的最根本动力。当社会的生产力遭到破坏、社会发展停滞、经济困顿时，最容易出现意识形态的混乱，发生指导思想的动摇。所以，只有把经济硬实力增强了，文化软实力和文化安全才有充分坚实的基础。所以必须坚持用发展的方法解决文化安全方面面临的各种问题。坚持以经济建设为中心，加快经济发展方式转变，才能最大限度地满足人民群众日益增长的精神文化需求，才能有效应对西方文化渗透，增强我国文化安全，建设社会主义文化强国。

Abstract：Western developed countries with its dominant position in the globalization and information globalization of first-mover advantage, gradual expansion and penetration to China culture, makes our country facing ethnic traditional culture and the mainstream ideology hard-hit, grim situation of ecological protection, cultural innovation ability insufficiency, the cultural industry international competitiveness is weak, lack of culture propagation force severe challenges. therefore, we should strengthen, including "Chinese dream" socialist core values education, on the basis of strengthening the construction of economic, the excellent traditional culture, mining, and enhance China's cultural soft power, prosperity and development of literary and artistic creation, provides positive health upward spiritual food for the people, in order to strengthen the management of Internet media, perfect the system of culture communication and open cultural security system is set up.

Keywords: Economic Hlobalization; Cultural Expansion; National Cultural Security

试论现代中国的国家文化认同

◎ 刘 飞*

摘 要：随着现代化、全球化的发展，文化认同成为各个国家都不得不认真面对的重大问题。构建现代中国的文化认同对正处于现代化转型、实现民族伟大复兴关键时期的中国来讲更具有特别重大的意义。中国的现代化转型迫切需要构建起一个能够适应、支撑现代中国社会持续的良序运转，以及得到全体国民共同认可的文化价值体系。中华民族的伟大复兴本质上也是中华文明的复兴。为此，必须以社会主义核心价值体系建设为抓手，在充分借鉴西方文化先进因子的基础上实现中国传统文化的公共性转型，以适应多元、公共性的现代社会生活的需要。

关键词：文化认同；国家；民族；文化多元主义；公共性

认同问题已经成为当代社会不得不应对的一个重要课题。在多元文化的现实背景下，随着全球化、信息化大潮在全世界的狂飙突进，从一个人的自我认同到文化认同、族群认同和国家认同……都受到了巨大的冲击和挑战。认同危机、身份危机已成为现代人生存焦虑的主要来源；文化多元主义、文化的冲突、民族主义的兴起则激荡着现代世界的固有秩序和结构，甚至对民族—国家的内部稳定和主权安全构成直接的威胁。因此，对于认同问题的研究和阐释已经成为了一个世界性的迫切问题。

就中国而言，在自身数千年未有之大"变局"中由于数千年积淀下来的中华传统文明与以现代文明之间的激烈碰撞，多民族的复杂社会结构，高度"时空压缩"的急遽社会转型，以及全球化与现代化不期而遇所导致的前现代、现代、后现代三重困扰，让探究认同问题

---

* 刘飞，男，四川绵阳人，哲学博士，2008~2011年在中国社科院哲学所西方哲学室从事博士后研究工作，现为中共中央党校文史部文化学教研室讲师，主要从事文化学和政治哲学的研究工作。

问 题 THE PROBLEM

的破解之道，重建中华民族的国家认同、文化认同显得尤其重要，也似乎更加复杂难解。

一、什么是认同？如何认同？

首先有必要对"认同"这个概念进行一定的澄清。中文"认同"这个词是译自英文的 Identity，这个英文词同时也经常被译作"身份"、"本身"、"同一（性）"、"相同（处）"、"个性"、"特性"，等等。显然，任何正常的人都必须具备存在的自我同一性而不是离散、分裂的存在状态，纵然一个人的人生总是被时空切割为不同的部分，但它们又必定是同一个"我"的生活和行为，因此就需要一个东西——一个承载者把一个人不同时间、空间中的存在聚合到一起形成一个"我"，使"我"的生命在时间上是连续稳定的、在空间上是连贯整合的，这个承载者就构成了我的存在"本身"或本体，它表征着我自身独特的同一性存在从而又被看作是"我"的独特"身份"。把 Identity 用到群体上也当作此理解，简单来说，它就是把一个群体聚合在一起、为群体所有个体共同分享的最核心的共同性或相似性，同时也是表征着这个群体区别于其他群体的独特性。Identity 的这个含义从词源学上其实可以看得非常明白，在词源上这个词源于拉丁文的 Idem（即"相同"），也就是说，它原初的含义就是相同、相同性（即"同一性"）。对"认同"一词的英文含义，简金斯做了细致的考察。他发现，

"认同"一词有两个含义。一是"同一性"，即 A 和 B 的相同或同一；二是"独特性"，表现为时间跨度中的一致性和连贯性。可见，"认同"内含着"相似"（Similarity）与"差别"（Difference）两方面的内容。一个人前后连贯的同一特性或一群成员之间的相似性同时也构成与"他人"或"他们"的差别，"同一"与"差别"构成了认同的两个不同方面。[①] 当然，这种相似性不是绝对的相同和一致，而是异中之同。还需要特别指出的是，认同不是静态的实体而是一个动态的存在："认同事实上只能理解为过程，理解为'成为'或'变成'。"

当然，在原初的意义上认同就是指一个人对自身的认同，所以简单来说就是一个人对"我是谁"的追问和理解，也即自我身份感的确立。但由于人"天生是政治的动物"，本质上是由种种现实社会关系构成的社会性存在，因此"我是谁"这种自我意识、身份显然必须在一定的社会历史文化现实条件中，通过追溯的父母、家庭、社群、族群以至国家来获得。国家认同、文化认同就构成了个人自我认同的前提和实质内容，要搞清楚"我是谁"必须先要回答"我们是谁"。因此，构建国家—民族的文化认同就成为了解决现代认同问题的症结之所在。西方学术界认同问题研究的发展态势也可以印证这一点：可以清楚地看到，西方学术界对认同问题的学术讨论已经经历了从自我和个体认同到社会和国家认同的焦点转换。

---

① Richard Jenkins, Social Identity, London: Routledge Press, 1996, pp.3-4.

二、认同问题的凸显

虽然从学理上说,中外古代思想实际上都包含着对人的自我认同、同一性、身份等问题的丰富理解。从孔孟儒学主张"学以成人"、学才能成就自我的人格身份——成为君子到苏格拉底强调真正的问题就是要"认识自己",都非常清楚地表明了这一点。但是,认同危机、认同问题真正凸显出来是在现代社会,著名的认同问题专家查尔斯·泰勒甚至直接就断言认同乃是一个现代性问题。尤其是全球化把人们从自然经济的熟人社会推到市场全球流通的契约社会,科学技术尤其是交通和通信信息技术的飞速发展真正把地球变成了一个"地球村",传统的距离感被深刻地改变了,本土与世界的关系变得含混了,人们被置于一个差异和不断变动的环境中,陷入一种飘忽无根的生存状态中,找不着自己的故土、家园,找不着自己的安身立命之所。"自己是谁",来自哪里又将去往何方,以及自己属于什么群体的问题,时刻困扰着现代人。

同时,由于西方发达国家垄断着经济和科学技术上的全部优势,因此伴随着经济全球化的就是西方文化的日益全球化,这势必激起各个有着自身独特文化历史传统的国家的强烈反弹。正如阿帕杜莱所指出的,"今天,全球互动的中心问题是文化同质化与异质化之间的紧张关系。"①

此外,科学技术的发展加速了生产、贸易和消费的跨国化,造就出一批超越国家界限的"世界公民",导致民族国家不得不发生某些功能性的变化。虽然我们并不赞同民族国家衰亡的极端论调,全球化仍然是基于民族国家的世界体系来进行的,但是全球化不仅侵蚀着国家主权,还激活了民族主义,却是不争的事实。在这种情况下,不仅文化认同出现动摇,而且国家的认同与归属感也遇到严重的挑战。

如果穿过这些现象到背后去探寻其原因,正如国内外诸多学者的研究所表明的,认同问题在很大程度上乃是现代性之内在逻辑发展延伸的必然结果:如原子式的个人主义观念导致"自我"的飘忽无根、本真性和归属感(家园感)的丧失;流动的现代性导致日益碎片化乃至虚无化的生存状态;普遍主义的"同质化"泛化趋势与多元现实的矛盾冲突;平等的价值下诉求产生对文化差异予以承认和特别保护的要求;进步主义的线性时间观下对生存整体性的割裂和对未来盲目的顶礼膜拜;等等,不一而足。

人作为一种历史性存在和人类社会生活的多元文化现实是引发认同问题的深刻根源;全球化进程、信息技术的突破与广泛应用,市场化与现代消费文化则刺激着认同问题愈加尖锐化、复杂化。

三、国家认同与文化认同

近代中国最重要的文化事件之一,

---

① 阿尔君·阿帕杜莱:《全球文化经济中的断裂与差异》,载汪晖、陈燕谷主编《文化与公共性》,三联书店2005年版,第527页。

问题 THE PROBLEM

是传统的中华文明帝国瓦解，中国面临着共同体认同的危机。建立一个现代化的国家成为全中国人民的共识。但是，什么样的国家是一个真正的现代国家。虽然似乎都不言而喻地认为现代国家就是现代西方式的民族国家，但是在西方概念中其实存在 Nation 与 State 之间的微妙差别。正如哈贝马斯所言，同为欧洲现代国家的法国和德国其实就有非常显著的差异："法国的民族意识是在地域国家（即 State）范围内形成的，但在德国，民族意识最初是与'文化民族'（关联于 Nation）这样一种浪漫主义和市民教化观念联系在一起的。"照他的看法，德国这个国家的同一性是"依靠共有的语言、传统和出身"所建构起的"想象性的同一性"。①

因此，对于正在建设现代化国家的中国而言，面临的真正问题是必须要首先搞清楚，所谓的现代民族国家到底是在一个政府有效控制治理之下的一定疆域——国土的 State，还是基于民族的 Nation？或者说，这一民族国家究竟是一个政治共同体，还是一个历史文化共同体？与此相关的是：公民们对之认同的基础是什么，是政治法律制度，抑或公共的政治文化，还是历史传统遗留下来的文化、语言或道德宗教？作为现代中国人，如何构成一个"我们"？——是政治的"我们"，还是文化的"我们"？

显然在这两种认同观之间存在着内在的紧张关系。国家认同到底应当建立在国家基本政治法律制度之上的政治认同，还是建立在特定历史文化之上的文化认同？这两种认同各自有何合理性与内在限制？有没有可能克服或者是超越两者间的紧张性？这其实是现代民族国家认同中相当复杂的问题。

在当代美国，由于文化多元主义的挑战，以罗尔斯为代表的政治自由主义，放弃了哲学和道德价值上的整全性理论，退而坚守以政治正义为核心的制度性认同。罗尔斯的政治自由主义诉诸在国家整体结构中强调这两种认同的区分与切割。当然这并非意味着政治认同与社会文化完全没有关联。罗尔斯只是强调政治自由主义观念在多元文化环境中应当谨守于政治领域，在各种不同的包含着各种合理的完备性观点的文化体系面前保持价值中立。作为国家基本制度建构原则的政治正义观念则能够获得各种合理的文化观念系统的"重叠共识"。

哈贝马斯看到了政治认同与文化认同之间的紧张关系，他说："民族具有两副面孔。由公民组成的民族是民族国家民主合法化的源泉，而由民众组成的天生的民族，则致力于促使社会一体化。公民靠自己的理论建立自由而平等的政治共同体；而天生同源同宗的人们则置身于由共同的语言和历史而模铸的共同体中。民族国家概念包含着普遍主义和特殊主义之间的紧张，即平等主义的法律共同体与历史命运共同体之间的紧张。"②但在笔者看来，哈贝马斯的立场

---

① 哈贝马斯：《民主法治国家的承认斗争》，载汪晖、陈燕谷主编《文化与公共性》，三联书店 2005 年版，第 371 页。
② 哈贝马斯：《欧洲民族国家》，曹卫东译，《包容他者》，上海人民出版社 2002 年版，第 135 页。

与罗尔斯基本一致。两人的微妙差异在于政治认同的形成上,罗尔斯强调政治文化认同的形成与各种完备性的伦理、宗教、哲学观点无涉,即政治认同的内容无须借助任何特殊的文化价值观念,在达成以后则在形式上可以获得各种歧异的道德文化的"重叠共识"。哈贝马斯虽然强调国家政治上的完整性要与伦理上的完整性脱钩,但是如果与哈贝马斯的商谈伦理学连贯起来,那么哈贝马斯的意思似乎应当是认为国家统一的政治文化是通过带着不同文化观念的公民们理性商谈而达成的。但哈贝马斯仍然强调这达成了的政治文化应保持对各种伦理文化共同体的中立性。由此进一步显出他与罗尔斯的理论差异其实非常之小。

与罗尔斯、哈贝马斯的立场截然不同,美国政治学家亨廷顿认为国家认同不能仅仅建立在政治文化认同的基础上,更需要宽泛意义上的文化认同——借用罗尔斯的说法就是需要一种包含一套完备性学说的文化价值观念。对文化认同于国家的重要性,正如亨廷顿在其著作《文明的冲突与世界秩序的重建》中所竭力指出的:"在一个世界各国人民都以文化来界定自己的时代,一个没有文化核心而仅仅以政治信条来界定自己的社会哪有立足之地?"① 他因此强烈批评政治自由主义对文化多元主义的让步和妥协,强调要将美国的国家认同重新建立在美国开国之初的盎格鲁—新教文化传统之上。

提出更强烈批评和更"多"诉求的是社群主义者。按照查尔斯·泰勒的看法,在现代西方自由主义的框架内存在着两种不同的政治认同主张。一种将认同归结为对人普遍权利的认同,即认可、确保每一个社会成员平等具有同样的权利、尊严和身份。另一种认同则强调对于独特群体的特殊性、独特性的尊重、认可和特别的培植与保护。前种认同主张在政治上体现平等承认的政治要求;后者则体现为差异的政治。因此,与强调公民权利的自由主义政治认同不同,社群主义者更强调特殊的文化认同。社群主义强调国家认同中应当囊括对国家中各种特殊文化的尊重和承认,强调各种不同的文化认同组成了国家认同。但是,从不同族群的特殊文化认同如何能够形成一个统一的国家认同,社群主义缺乏有力的论述。

总的来说,自由主义的政治认同实际上是建立在理性、自由的个人概念之上的。人依据自己的理性而自主,获得基本的自由权利,在个体权利的普遍化中实现自治。国家正是这种普遍化自治的表现形式或载体。国家的基本制度设置其实正是理性的人们所达成的对自我权利的普遍化保护。反过来,基于公民的权利和理性就可以在宪法的基本法律框架下形成公民对法治国家的政治认同。

社群主义则反对自由主义这种先验的理性和脱离了历史、社会关系等具体生活语境的抽象个人。他们强调人都是生活在特定历史文化传统中的现实的活生生的人,每个人生下来即带有特定的

---

① 亨廷顿:《文明的冲突与世界秩序的重建》,周琪等译,新华出版社1998年版,第282页。

问 题 THE PROBLEM

文化印记，分享特定的礼俗（Ethos）。因此，现实中的人都有特定的心理倾向——意志和情感，这在很大程度上决定着他们的生活和行为方式。

其实，现代民族国家是在民族的基础上形成的国家共同体。安东尼·史密斯（Anthony Smith）指出："现代民族既是'法律—政治'共同体，也是历史文化共同体。"[①]这就不仅要有基于民族本身的历史宗教语言的文化认同，也要有对法律和政治制度的政治认同。无论是文化的还是政治认同，并非像麦金泰尔所认为的那样，在终极价值的意义上是非批判的、超越反思的，即所谓的豁免伦理（Ethics of Exemption）[②]，而是经过了理性的批判和反思：这个国家或文化不仅是我的，我要认同它；更重要的是，它是符合我理想的，是我理想中的国家和文化。

没有文化认同作为基础的对于国家的政治认同是难以想象的。罗尔斯政治自由主义的政治正义观念实际上也是在西方自身的历史文化传统下产生出来的。正如许多人揭示了西方社会的现代化变革完全是在基督教宗教改革的基础上产生出来的，离开了启蒙的文化传统、离开了盎格鲁—新教文化传统的源头活水是不可能有公平的政治正义理念的。由此也就不难理解所谓西方现代民主国家，其基本的社会制度、政治制度、经济制度都是各有差异的。

在构建现代中国的国家认同之前，还必须要明确为什么要有国家认同。这是因为国家确认、保证/护了其每个成员平等自由的基本权利，让其具有了受保护的有着确定权利的国民，同时使人群从无序的自然生存状态进入有着稳定秩序的社会生活状态，国民在这种稳定的基本社会秩序结构中有了繁荣发展的机会，得以可能按照自己的规划去追求实现自己所设定的生活目标。在此意义上国家是为着每个国民的福利的，正如苏格拉底和柏拉图所指出的，好的政府管理是为着被治理者的福利而不是治理者的私利的。国家的治理是一种特殊的技艺，像每种技艺一样，它的功能是使它所照料的对象——受治理者——的境况或福利的改善，正是在这一点上好的国家治理即所谓善治与败坏的治理区别开来了。

其实文化认同是族群认同与国家认同之间的中介形式。作为中介认同形式，文化认同就必须一方面与族群认同有交叠的部分，另一方面与国家认同有交叠的部分。在现代大多数民族国家中文化认同与国家认同的交叠和文化认同与族群认同之间的交叠存在是部分而非全部重合。如何处理国家认同、族群认同和文化认同之间的关系，就成为一个非常重要的问题。中国作为一个多民族国家，因此不应当单纯强调族群的文化认同，而更应当在尊重、承认族群特殊文化的

---

① 安东尼·史密斯：《全球化时代的民族与民族主义》，龚维斌、良警宇译，中央编译出版社 2002 年版，第 63 页。

② 麦金泰尔：《爱国主义是一种美德吗？》，参见萧高彦《爱国心与共同体政治认同之构成》，陈秀容、江宜桦主编《政治社群》，中山人文社会科学研究所 1995 年版，第 275 页。

基础上通过平等开放的文化交流融合建设整个中华民族的文化认同,以此巩固夯实全国人民的国家认同。中国在漫长的历史发展进程中,各民族人民密切交往、相互交融、相互依存,形成了休戚与共的"多元一体"文化格局。这种格局不仅奠定了中国在古代的辉煌历史,而且为中华民族在当今的伟大复兴确立了集体认同的基石。现在面临的任务,就是要进一步在统一国家的框架内增加文化共性的基础,同时塑造出明晰的有别于其他国家的中华民族特性。

承认现代社会的多元文化现实,但多元有有序与无序的区别。"有序的多元"乃是有核心文化、有主流、有引导的多元,而不是价值虚无主义,无好坏高下之分的文化相对主义。各种文化虽然取向不一,但在最基本的伦理价值和政治观念上,具有重叠的共识,而且这些共识为国家的宪法和制度所建制化,成为国家的公共伦理文化和政治文化。而"无序的多元",则是"价值诸神"在涉及共同体底线伦理和政治理念问题上,无法获得最基本的共识,处于文化的战国时期,处于双重的匮乏之中:既缺乏合法的制度和法律,也缺乏基本的公共文化。现代中国多元文化的核心,就是社会主义核心价值。

四、构建当代中国的文化政治认同

由于认同危机的核心是对价值观的认同危机,因此民族国家的认同危机也就是民族国家所信奉的核心价值观的危机,而对民族和国家的认同,也就是对民族和国家的制度、信念、文化和价值观的认同。因此,构建当代中国的文化认同首要的就是要进行社会主义核心价值体系建设。

在这个过程中,第一,要通过依据马克思主义基本思想完善公正合理能够得到全国各族人民共同承认的基本社会制度来坚持马克思主义的指导地位。在此基础上实现对各种独特文化子系统的包容和尊重,实现各种子文化系统的平等交流。

第二,要通过建立程序公正,实现满足国民基本权利需要的分配公正来坚定全国人民中国特色社会主义制度的共同理想。为此要把经济社会的区域均衡发展放到重要位置,让全国各族人民共享改革开放的丰硕成果;通过教育公平、机会公平、开放公职等制度安排,以及充分利用市场化的力量来实现所有国民平等有序的合理社会流动,促进人民之间的交流与文化融合;通过对弱势群体的特殊扶助来充分发挥社会主义制度的优越性;等等。

第三,爱国主义是文化认同的集中体现,是"中华民族最深厚的思想传统,最能感召中华儿女团结奋斗"。因此,应把国民的公民意识培养放在首位,通过公民教育、大力发展公民文化来夯实国家认同的基础。

第四,要在不断开拓进取、改革创新中实现可持续均衡发展,在经济社会全面协调发展中凝聚人心、振奋民志,在国家社会发展、文化发展中不断增强国民的国家认同、文化认同。为此要大力进行社会建设,培育、增强社会各方面的正向健康力量,大力进行文化建设,大力加强社会公共领域的健康发展,最终在一个开放发展的社会文化格局中不断增强中华民族的文化认同。

Abstract: During the process of globalization, it is essential for each nation to seek for its cultural identity. Thus, establishing cultural identity in contemporary China is of great importance to the whole country, which is transforming and aims at achieving the great revival of this nation. It is of no doubt that a new cultural value system is highly demanded by all citizens in the way of modernization. Therefore, based on the core socialist values and western advanced culture, traditional Chinese culture will have its transition to meet the demands of multiculturalism and publicness in social life.

Keywords: Cultural Identity; Country; Nation; Multiculturalism; Publicness

中国电影完片保险现状初探

◎ 何圣捷*

摘　要：电影是一个高风险行业，当前我国电影产业处于迅猛发展之中，而电影保险却处于滞后状态，这一问题制约了电影产业的健康发展。电影保险在国外一直是电影拍摄制作的一个重要角色，经过多年发展国外已形成相对成熟的保险体系，这对目前还未真正形成完善的保险环境、未形成分工细化、规范专业的电影产业链、急需完善电影保险相关政策法规以及缺乏电影保险专业人才的中国电影保险现状具有一定的参考意义。

关键词：风险；中国电影；电影保险；完片保险

美国的巴里·利特曼说过："电影是市场上最独特的一种产品，因为在它的生产周期中，先是从一种服务方式转变为一种有形的产品，继而又恢复为一种服务。当一部影片第一次登上影院银幕的时候，它会在全国好几千个影院同时上映，而消费者可能仅仅是在影院里观看它而不会完全拥有这个有形产品。但是，这只是影片有效生命的第一个环节，在影院放映轮结束后，它通常会在国内和海外的录像带市场上发行，在这个市场上一部影片会有上百个拷贝以租借或销售的方式流向家用录像带市场，进入那些拥有录像机的家庭。"①

因此，电影作为一种具有"公共物品"特性的商品。在电影生产制作、发行流通等诸多环节中可能发生的损失具有不确定性。这种风险特征不仅在电影产业链的生产制作环节，还包含电影拍摄主要人员对于电影拍摄环境的依赖。同时，电影产品的制作发行还涉及市场风险和预算完片风险。

---

* 何圣捷，中国传媒大学文化发展研究院博士生、中国文化产业责任编辑，主要从事文化艺术与文化经济研究。

① ［美］巴里·利特曼：《大电影产业》，尹鸿、刘宏宇、肖洁译，清华大学出版社2005年版，第3页。

问 题 THE PROBLEM

一、完片保险的定义

那么究竟什么叫完片保险，目前各位学者没有给出统一的答案，但是大致上的意义相近。John J. Lee 认为："完片保险有时也叫完工险，是由保险公司提供的一种保险险种（根据一定的保险金额的百分比估算保险费用），常用于独立投资电影保证电影创作者完成和交付电影。（根据事先商定的电影剧本、演员以及预算）送交给发行商，从而用最少的保险金额降低电影拍摄风险保证电影生产者的利益。"① 郭晓芳在《"金融时代"背景下的中国完片担保体制》一文中说道："完片担保又叫完片保证（Completion Bonds Completion Quarantees），是一种针对电影行业的保险业务，靠收取费用而获取利润。担保一部电影能够按照预定时限及预算拍摄完成，并送交发行商，否则后果由完片保证公司承担。专业的完片保证团队，在接手一个保证项目（一部电影）之前，会检查所有涉及演员、场地、特效、保险、旅行等合同文件；指派特定人员监督从拍摄到发行的全过程。负责人会定时收到剧本、预算、日程、通告单、制片报告、每周花费清单，有时会亲自参加制片会议，并不定期地到片厂巡视和检查，甚至会参与和影片相关的所有重要决策。"② 中国传媒大学的学者司若认为："完片保证本身也是一种保险业务，靠收取保费而获得利润。'完片保证'顾名思义就是担任一部电影能够按照预定时限及预算拍摄完成，并送交发行商，否则后果由完片保险公司承担。"③ 达唐在《保障投资者利益引进"完片担保"机制》一文中提道："所谓'完片保险'，最早出现在20世纪50年代初好莱坞片场，是担保一部电影或电视制作，能按照剧本预定时限及预算拍摄完成，并送交发行商。完片担保的定义为既保证预算成本不超过计划的范围，又确保项目能在指定时限内完成。"④ 王和在《我国影视保险研究》一文中说道："完工保证实际上是影视融资的保证保险，以保险合同的形式保证影视作品能够在正常的范围内按计划拍摄完成和交付给发行商。"⑤ 此外，他还将完片保险的具体内容进行了阐述："（一）制片人能够按照融资预先核准的剧本，预算以及拍摄计划完成影片的拍摄和后期制作，超过的预算和费用将由保证人负担；（二）保证人能够按照融资方预先核准的剧本和拍摄计划完成影片的拍摄和后期制作，当预算超出融资方预先核准的预算时，保证人能够预付超出的数额以保证拍摄的正常进行；（三）如果影片的拍摄取消或放弃，保证人将全额退还融资方已经投资的资金。"⑥

---

① John J. Lee Jr. The Producer's Business Handbook. Focal Press，2000.
② 郭晓芳：《"金融时代"背景下的中国完片担保体制》，《青年文学家》2013年第4期。
③ 司若：《电影生产的风险与风险控制》，《当代电影》2009年第10期，第58页。
④ 达唐：《保障投资者利益引进"完片担保"机制》，《海内与海外》2001年第9期。
⑤⑥ 王和：《我国影视保险研究》，《中国保险》2009年第2期。

二、国外完片保险发展历程与现状

在好莱坞的电影制作中,确认保险是开始一个新项目的第一步。今天的电影在寻求高票房的同时,对于情节、动作、特技、效果等视听奇观以及对于大明星和大导演的依赖也变得越来越强烈和复杂,这就造成有可能带来的资金缺口的风险不断提高,针对这种现状,承保的保险公司正在用比以往更深入和专业的眼光来评估每一部影片。[①] 在国外有专门为电影提供各项保险的保险公司与险种。主要的保险公司有:救火队基金保险公司(Fireman's Fund)、国际电影保险公司(International Film Guarantors)、劳合社、伦敦劳埃德保险公司(Lloyd's of London)、旅行者保险公司(Travelers-US)和HCC保险公司(HCC Insurance Holdings)、IMS FilmInsurance、Media Insurance、美国友邦(AIG)、Chubb、CAN以及英国的特殊风险保险计划代理机构(SISA),该机构专门针对影视行业不同的风险对象提供了各种不同的保险计划。在这些保险公司和代理机构中,会有一批专业的保险精算师、会计以及熟悉电影拍摄各个环节的专业人员,在保险合同签订前对电影投保的每个环节进行评估预算可能发生的亏损,并将之前的投保赔付率进行比对,如果某部电影之前的赔付率特别高,多数保险公司可能会为其多签订补充条款或者增加一定的保险费用。

在国外,电影保险一直是电影拍摄制作的一个重要角色,它为降低投资、拍摄、制作、生产、发行电影等各个环节提供了保障和支持。投保的原因主要有3个方面:首先,电影的制作成本高昂,需要保险来转嫁风险。在2000年美国的电影平均制作成本为5500万美元。根据国家广播电视电影总局2012年的统计数据显示,2012年国外票房的前3名《泰坦尼克号》(3D)、《碟中谍4》、《少年派的奇幻漂流》,其中电影《泰坦尼克号》的3D转制成本高达1800万美元、《碟中谍4》1.45亿美元、《少年派的奇幻漂流》1.2亿美元。其次,电影制片人可能面临的风险多种多样。例如,主要演员以及出演的主要动物等因个人原因或者意外受伤或者死亡造成的停拍、重拍所带来的额外费用。"伍迪·艾伦曾经说过,他在2005年摄制的电影《双面玛琳达》中无法起用小罗伯特·唐尼(Robert Downey)演出,就是因为他的嗑药问题太严重,没有保险公司愿意承保。"[②] 最后,电影保险中的完片保险,是金融业与电影业对接的重要一环,将电影投资的风险降低。电影产业有很明显的市场化特征,产业的许多环节需要通过市场运作,通过外部融资方式解决资金问题是电影融资拍摄的一种方法,而完片保险以及保险公司担保是明确和有效的风险转移机制。作为跨国合作的影片《卧虎藏龙》,由于完片保险顺利完成融资从而顺利完成,该电影拍摄的资金来源是银

---

① Eve Light Honthaner. The Complete Film Production Handbook (Third Edition). Focal Press, 2001, p.90.
② 《好莱坞风险管理探秘:保险公司的权力有多大?》,http://www.mtime.com/baidunews/1016118.html。

行贷款,前提就是必须要保完片保险才可以提供银行贷款。李安导演指出:"我们是先预售版权给片商,预售并不是现金入账,而是取得合约,然后拿着预售合约向银行贷款。由于银行贷款一定得有保险公司担保,才能借到款项,而保险公司愿意作保的先决条件,除了对我们的信任外,就要先行预售,将来再交片。影片完成之后,我们把片子交给当初预售的买家 SONY 古典、哥伦比亚公司亚洲部、法国华纳,交片之后,这才付款。"①

三、当前中国电影完片保险现状

近年来,在中国电影拍摄制作中,各式各样的人员伤亡及意外事件也层出不穷。2006 年,大连,房祖名在影片 PK.COM.CN 拍摄跳车戏时发生意外,后脑先着地导致昏迷被送往医院。2007 年,敦煌、武夷山,电影《功夫之王》在开拍的第一天发生两起重大交通事故,分别造成一名司机当场死亡,一名司机双腿截肢。2007 年,在北京,电影《梅兰芳》片场的大吊车突然失去平衡砸中房梁,而房梁和瓦块砸伤了正在现场的 4 名工作人员。2008 年 6 月,电影《赤壁》在拍摄撞船镜头时发生火灾,两艘仿古战船突然起火,尽管船上演员纷纷跳船逃生,但仍然有人员被困其中,造成武师 1 死 6 伤。2013 年 6 月上映的电影《富春山居图》因为拍摄胶片过机场安检时电影胶片数据丢失,使得电影不得不重返迪拜帆船酒店补拍遗失镜头,不但拖延拍摄进度、耗时耗力返工补拍花了大量的人力成本和资金,并且影响电影原计划上映的时间,整整拖延了 1 年。

相对于外国电影保险公司,我国的电影保险市场才刚刚起步,目前我国还没有专门针对电影产业的险种,保险对于电影产业的保障、降低风险功能才刚刚开始发挥。电影明星意外保险是其中常见的一种保险险种,2004 年的我国台湾地区偶像剧《战神》在拍摄过程中,电影明星周渝民有一场跳楼自杀的危险镜头,因此,为其投保了保额为 2000 万新台币的意外保险,在影片拍摄一组摩托车飙车的镜头时,购买了保额为 3000 万新台币的意外险。此外,还有电影完工保证保险。2006 年,中国信保为华谊兄弟公司投资拍摄的电影《夜宴》的海外销售提供了出口信用保险,保额为 1500 万~2000 万美元,并且还对该公司的电影拍摄资金做担保业务,使华谊兄弟公司顺利获得深圳发展银行的 5000 万元人民币贷款;2011 年,深圳世纪领军影业投资公司出品的电影《大唐玄机图》与深圳通赢影视完成担保公司在北京签订战略合作框架协议,首次尝试引入好莱坞"完片担保"机制。

2010 年,保监会下发了《关于保险业支持文化产业发展有关工作的通知》,推出了第一批文化产业保险试点险种:演艺活动财产保险、演艺活动公众责任保险、演艺活动取消保险、演艺人员意外和健康保险、展览会综合责任保险、艺术品综合保险、动漫游戏企业关键人员意外和健康保险、动漫游戏企业关键

---

① 张靓蓓:《十年一觉电影梦》,台北时报出版社 2002 年版,第 382 页。

人员无法从业保险、文化企业信用保证保险、文化企业知识产权侵权保险、文化活动公共安全综合保险。①目前的保险试点险种中并无与电影产业直接相关的完片保险、电影版权保险等险种。

四、当前中国电影保险的困境

1. 国内完善的保险环境还未真正形成

一方面，电影产业还未真正形成完善的产业链。近几年来，各大中小城市的电影院线如雨后春笋般拔地而起，荧幕总量逐年递增，这是中国电影蓬勃发展的一个好时代。根据艺恩智库的数据显示，我国电影市场"五一"假期的电影票房5月20~26日，约3.5亿元，观影人次1060万。在中国电影产业蓬勃发展的背后，也看到了电影产业体系的不成熟，许多环节依然缺失。对比国外的好莱坞电影产业链，里面包含了许多环环相扣的产业链条：制片厂、电影经纪公司、艺人公司、电影工会、电影贷款公司、电影保险公司、后期制作公司、发行公司、担保公司、电影院线、顾问公司等。产业链的每个环节分工有序，并且有制约管理的专门部门，这些部门的有序配合才能使整个电影产业有序进行，也就只有在这样完善的保险环境下，电影保险才能形成。另一方面，目前电影产业相关的金融行业以及保险行业还处在起步阶段。2010年，保监会下发的通知中，目前只有中国人民财产保险股份有限公司、中国太平洋财产保险股份有限公司、中国出口信用保险公司3家试点公司。对于电影行业这个风险极高的特殊产业来说，保险公司一直在找寻一种与电影业内公司和金融银行业的长久合作模式。

2. 亟须完善电影保险等相关政策法规

从国外的经验来看，在影视相关产品的制作过程中，立法强制规范了制作单位的责任。一是人员意外伤害责任，如英国法规规定，所有的制作单位必须投保限额不低于1000万英镑的雇主责任险。二是对于环境损害的赔偿责任，如美国法律要求，影视相关制作单位在利用机场等市政设施进行拍摄时，要保500万~1000万美元的责任保险。相比之下在当前的中国，电影产业法规大多属于行政管理的相关管理条例，如《电影管理条例》、《广播电视管理条例》、《广播电视设施保护条例》、《进口影片管理办法》、《信息网络传播权保护条例》等，而关于电影制作方面的管理条例几乎空白。这种情况导致了电影拍摄制作无法可依，以盈利为目的的电影制作公司为了节约成本也存在侥幸心理，不愿意投保相关的保险，一旦发生意外，很容易形成纠纷。因此，目前中国电影产业保险要继续完善相关政策法规，对于电影制作公司以及演出人员和拍摄场地做出明确的责任保险规定，同时提高电影从业人员的风险意识，为电影产业的健康发展创造出一个好的制度环境。

3. 分工细化、规范专业的电影产业链还未形成

可以看到，以前知名导演，大牌制

---

① 中国保险监督委员管理会官方网站，http://www.circ.gov.cn/tabid/106/InfoID/151868/frtid/3871/Default.aspx。

片公司以及大腕明星的三足鼎立是电影获得高票房的主要保证，然而随着中国电影产业市场的不断规范可以看到以下3种现象。首先，卖座的电影不需挤在有限的贺岁档依然能获得好的票房。2013年的"五一"长假，中国电影票房经历了一次爆炸式增长。根据《中国电影报》公布的官方票房数显示，4月29日至5月5日几天创下9.42亿元的票房收入，根据2014年的情况来看，"五一"小长假创造票房神话的现象并非小概率事件，许多影片在非贺岁档等黄金时间段都创造了票房佳绩，因此以前仅仅靠知名导演、大牌制片公司以及大腕明星想获得高票房的方式是否还能适用于当今的市场有待考究。其次，中等成本电影崛起，卖座不再靠大场面。如电影《泰囧》制作成本为2500万~3000万元，却创造了12.6亿元人民币的票房。就目前的发展形势来看，中等成本电影的投资量慢慢上升。最后，目前的电影还是导演中心制，电影拍摄的期限、超支等问题都是导演说了算，这种情况下没有专门人员对电影的日程拍摄以及预算进行监管，这给电影的完片生产带来了风险，不利于完片保险这一险种在中国的推广实施。

4. 电影保险专业人才的缺乏

目前的中国电影产业发展时机很好，各式各样层出不穷的电影作品如流水般络绎不绝，然而，电影保险专业人才缺乏成为首要问题。电影产业具有特殊性和很强的专业性，保险业开展文化产业电影保险的重要前提是需要拥有一批高素质的专业复合型人才。这种人才必须是具有复合跨学科知识结构的知识背景。因为，电影保险最重要的特点是基础专业特点的风险管理服务，这种特殊的风险管理服务既要有基本的风险管理知识，更需要电影产业的知识。

此外，电影产业自身也十分需要风险管理服务来降低行业风险。例如，电影制片方在电影投融资上也常常遇到向银行申请贷款时口说无凭，只能拿个人资产抵押的状况。因为电影投资理论不可预测，相互信任无法建立，如果有专业的机构人员对电影创作生产的每个环节进行评估、监管与控制，就可以有效打破这一障碍，让保险作为电影投融资的桥梁。在国外的电影保险公司和完片保证公司里，有关电影产业保险的专业人才，在国际电影保险公司里更细分到前期制作（Post Production）、制作管理（Production Administration）、制作生产（Production）的相关人员。他们不但熟悉电影产业链的每个环节，而且了解电影市场、对电影的可能风险有一定的判断力，美国好莱坞的电影风险正因为这些专业人才得以有效管控，这些都值得我国借鉴学习。

五、结语

综上所述，着眼目前的中国电影完片保险现状，借鉴国外经验，设计适合中国电影市场的电影保险产品是十分必要的。虽然目前中国电影保险存在着国内完善的保险环境还未真正形成，亟须完善电影保险等相关政策法规，分工细化、规范专业的电影产业链还未形成，电影保险专业人才缺乏等问题，但是随着行业的不断规范与发展，有关电影制

中国电影完片保险现状初探
A Brief Analysis of Current Situation of Film Completion Insurance in China

作、确保影片高质量完成的信用保险能成为一系列成熟的配套产品,为被保险人提供更加全面的风险保障,保证影片高质量高水准完成,同时进一步加强资金使用者的信贷能力,增强银行的融资信息,提高电影产业的贷款融资成功率,使得电影产业健康繁荣发展。

Abstract: The movie business is a high-risk industry. With the rapid develop of the film industry in China, laggings of the movie insurance has restricted it from developing in a healthy way. Rather matured movie insurance systems have been playing an important role in filmmaking after years of development in foreign countries. They can be good references for the Chinese movie industry since we do not have a well-rounded insurance environment, with clear division and professional business chain, complete insurance policy and law or enough talents in the movie insurance profession.

Keywords: Risk; Chinese Film; Movie Insurance; Completion Quarantees

对策 COUNTERMEASURES

文化强国视野中的中国少数民族文化发展战略

◎ 惠 鸣*

摘 要：在文化强国的战略视野下，对民族地区和少数民族文化发展领域的当下矛盾和发展趋势的前瞻和科学判断是制定少数民族文化发展战略的基础。我国少数民族文化发展战略主要应包括民族地区公共文化服务体系建设、民族地区现代传媒体系建设、少数民族传统文化保护和传承、民族地区文化产业发展、陆地边境"文化纽带"建设、少数民族人口教育水平提升和少数民族语言文字传承发展等战略。制定少数民族文化发展战略，必须处理好保护民族文化多样性和增强中华文化认同的关系、保护少数民族语言文字和推广国家通用语言文字的关系、民族地区文化开放发展和维护国家文化安全的关系、分类指导与共同繁荣的关系。

关键词：文化强国；少数民族；文化；战略

一、文化强国与中国少数民族文化发展战略

从21世纪的第一个10年开始，文化发展逐渐进入中国发展的主轴，在国家现代化进程的作用与地位日益突出。2007年，中共十七大提出"推动社会主义文化大发展大繁荣"的战略目标。2011年，十七届六中全会提出，要坚持中国特色社会主义文化发展道路，努力建设社会主义文化强国。

在全球化时代，一个文化强国需要强大的文化产业来满足国民的文化消费需求并支撑国家的软实力，需要强大的文化凝聚力来巩固全体人民的国家认同，更需要能够"为当今世界提供令人向往的文明典范"[①]。不仅如此，文化强国的

---

* 惠鸣，中国社会科学院哲学所副研究员，中国社会科学院文化研究中心特聘研究员，主要从事文化政策、文化产业和少数民族文化发展研究。

① 李河：《东亚国家的文化民族主义与中华文明圈的解构》，《战略与管理》（内部版）2012年第9期、第10期合刊，第120页。

文化强国视野中的中国少数民族文化发展战略

On the National Strategies of the Ethnic Minorities' Cultural Development from the Perspective of Developing a Strong Socialist Culture in China

建成还取决于能否树立先进的文化发展理念和文化管理体制与机制。

中国是一个多民族国家，在文化强国的战略宏图中，少数民族文化发展是极其重要的一环。由于历史的原因，当前我国民族地区和少数民族文化发展领域普遍性地存在着种种突出矛盾。在语言文字领域，少数民族语言文字在公共生活和区域文化发展中的地位一直模糊不清，双语教育政策在一些民族地区反复摇摆，引发突出矛盾；民族地区教育体系和教育水平全面落后于国内其他地区，教育水平较低，许多少数民族公民缺乏个人发展的知识和文化能力；民族地区公共文化服务普遍脱离实际需求，重形式、轻内容，重硬件、轻服务的现象普遍存在，公共文化服务水准远低于国内其他区域；民族地区文化产业水平滞后，规模较小，对本地经济发展和民生改善作用较小；少数民族语言文字、新闻出版和影视传媒内容短缺，难以满足少数民族公民的需求；等等。

至2010年，我国55个少数民族共有1.138亿人口，占全国人口的8.49%，绝大部分分布在占国土面积2/3以上的中、西部地区。我国陆地边境线长达2.28万公里，与14个国家接壤，沿陆地边境分布着9个省、自治区的136个边境县（旗、市、市辖区）及新疆生产建设兵团的58个边境团场，生活着30多个跨境民族。民族地区和边境地区的文化建设，在很大程度上影响着我国民族团结和边境稳定的大局。

建设社会主义文化强国，必须高度重视并落实1亿多少数民族群众的个人文化权利、文化需求，并激发他们的文化创造力；必须充分尊重各少数民族的传统文化，努力促进各民族文化的创新发展，实现各民族文化的共同繁荣；必须高度重视边境民族地区和跨境民族的文化建设在少数民族文化建设中的特殊地位，使边境民族地区在我国与周边国家的文化互动中发挥积极的文化纽带作用。

二、我国少数民族文化发展战略的定位

少数民族文化发展的复杂格局决定了只有从维护国家长治久安和建设文化强国的战略高度进行制度安排和政策设计，才能为少数民族文化发展中面临的各种挑战和问题找到科学合理、高瞻远瞩的解决思路。研究制定少数民族文化发展的国家战略，是全面推进我国文化强国战略的必然选择，也是全面落实少数民族公民的文化利益、建构现代民族国家的政治认同的需要。

少数民族文化发展战略，就是从国家层面动员相关资源，从落实少数民族群众文化权益、提高民族地区文化发展水平、缩小民族地区与国内其他文化发展和文化福利差距的背景出发，设计、规划民族地区和少数民族文化发展的长期目标和发展路径，推动民族地区和少数民族文化繁荣发展的战略设计和相关政策之和。

少数民族文化发展战略与民族文化领域诸多既有的政策和法律不同。少数民族文化政策和相关法律是在历史上形成的，虽然它们都具有强烈的当下性意义，但它们制定和实施的基础是过去和历史，并且受制于它们赖以产生的区域

性、层级性、时代性等因素。因此，面对变化的情势和新环境，这些政策法律的不适应性就会显现。由于种种原因，民族文化领域的政策和法律的修正往往具有高度的敏感性和复杂的修订程序，因而难以对变化后的情形做出恰当反应。作为一种国家战略，少数民族文化发展战略的制定实施是基于民族地区和少数民族文化发展领域的当下矛盾和发展趋势，具有强烈的未来性和预期性，因而能够更好发挥调适当下矛盾、引导未来趋势的作用。这一点，正是国家少数民族文化发展战略的必要性所在。

从我国民族地区和少数民族文化发展的历史实践来看，新的历史背景下，我国少数民族文化发展战略，必须坚持两个基本立场，实行一种主动转型。两个基本立场一是要坚持以促进和强化全体公民的国家认同为基本前提，以国家文化利益和政治利益为最高准则，在此基础上，强调国家对少数民族公民文化权益和民族文化多样性的积极义务，通过政策调整和创新为民族地区和少数民族文化发展创造良好的发展机遇；二是要坚持以区域为政策制定的基础，强调民族地区全体公民共同受益的利益取向，实现国家利益和特定文化利益群体之间的平衡。要坚决避免对区域内一部分公民有利，而对区域内另一部分公民不公平的逆向政策价值取向，"要考虑逐步消除我国社会制度与文化生活中的文化区隔"[①]。一种主动转型，就是要从国内经济、政治、文化发展的宏观背景出发，积极推动民族地区和少数民族文化政策的转型，立足于做实民族地区公民个人文化权利、实现少数民族公民个人文化发展的立场，推动民族地区文化政策形成以"'保护救助型'为辅助，'发展支持型'转型为主"的文化政策体系[②]。

我国少数民族文化发展正面临一系列复杂而深刻的矛盾。不能寄望于一种发展战略解决所有问题。但早日研究制定一种有利民族地区和少数民族文化繁荣发展的国家战略，在解决民族地区和少数民族文化发展领域相关问题的进程中将会更有预期性。

三、我国少数民族文化发展战略的目标与内涵

从我国少数民族文化发展的现状和面临的挑战来看，少数民族文化发展战略应该是，通过明确的国家战略，促进民族地区教育事业、公共文化服务体系、文化产业等领域加快发展，大幅提高民族地区教育水平、公共文化服务体系建设水平和文化产业发展水平，逐步缩小民族地区教育、文化各项事业与国内其他地区的发展差距，保护和促进少数民族文化繁荣发展，建构各族人民对中华文化的深刻认同。这一战略的基本内涵应主要包括：民族地区公共文化服务体

---

① 马戎：《创建中华民族的共同文化，应对21世纪中国面对的严峻挑战》，《西北民族研究》2012年第2期，第32页。

② 惠鸣、张晓明：《面向"十二五"：中国少数民族文化发展的新视野》，载武翠英、张晓明、张学进主编《中国少数民族文化发展报告（2012）》，社会科学文献出版社2013年版，第20页。

文化强国视野中的中国少数民族文化发展战略
On the National Strategies of the Ethnic Minorities' Cultural Development from the Perspective of Developing a Strong Socialist Culture in China

系建设战略、民族地区现代传媒体系建设战略、少数民族传统文化保护和传承战略、民族地区文化产业发展战略、陆地边境"文化纽带"建设战略、少数民族人口教育水平提升战略和少数民族语言文字传承发展战略。

1. 民族地区公共文化服务体系建设战略

公共文化服务体系是落实少数民族群众基本文化权益的重要保障。虽然我国民族地区公共文化服务体系建设已经取得重大成就，但由于公共文化服务人才短缺、公共文化基础设施建设滞后、民族特色和少数民族语言文字文化产品供给不足等原因，民族地区公共文化服务水平与各族人民群众的需求之间还有较大差距。与国内其他地区相比，民族地区公共文化服务体系的服务整体水平较低。基于这种背景，我国民族地区公共文化服务体系建设战略的目标应当是：全面深化民族地区文化体制改革，加强少数民族群众的文化权利保障，加大民族特色和少数民族语言文字文化产品和服务的供给，大力提升公共文化服务的水平与绩效，不断缩小与国内其他地区公共文化服务水平的差距，推动全国公共文化服务均等化。

从民族地区文化发展现状出发，民族地区公共文化服务体系建设战略应当围绕5项重点来展开。一是要根据少数民族文化发展的特点，整合文化、新闻出版、广电、旅游、体育等部门，形成文化管理的大部门，建设与民族地区文化发展需求相适应的新型文化管理体制。二是要加强保障少数民族群众在教育、语言、文化表达、文化批评与监督等领域的公民文化权利，推动少数民族文化创新发展。三是要加大财政支持力度，大力增加图书报刊、广播电视、互联网等领域少数民族特色和少数民族语言文字文化产品的供给，增强少数民族文化的现代传播力。四是改革民族地区公共文化服务体系建设的投入方式，逐步改变大量依靠各类文化工程推进公共文化服务体系建设的方式，形成由民族地区文化部门统一掌握财政经费、根据当地实际需要安排公共文化服务体系建设项目的常规化投入模式，保证投入的高效性。五是要发挥当地文化部门和少数民族群众在公共文化服务体系建设决策上的主导作用，实现公共文化服务决策的民主化、水平化、地方化，缩短公共文化服务决策环节与使用者之间的距离，推动公共服务体系使用效率实现最大化。

2. 民族地区现代传媒体系建设战略

现代传媒体系是民族地区公益性文化事业的重要组成部分，也是民族地区文化市场的重要组成部分。民族地区的现代传媒体系既发挥着传播党和国家的声音、宣传社会主义核心价值观和进行舆论引导的重大作用，又承担着向少数民族群众提供丰富多样的少数民族语言文化产品的基本职能。

我国民族地区现代传媒体系整体上还比较落后，与全国整体水平和发达地区都有一定的差距。但现代传媒的技术特征和国家经济实力的大幅提升使民族地区现代传媒体系具备了实现跨越式发展的条件。民族地区现代传媒体系的建设战略的目标应当是：深化传媒体制改革，加大财政投入，加快技术革新，推动民族地区新闻出版、广播电视电影和互联网事业加快发展，为民族地区实现跨越式发展创造信息和文化基础。

民族地区现代传媒体系建设战略应该围绕公益先导和加大供给两大原则进行。在出版领域，要对各类少数民族语言文字出版物提供财政补贴和税收减免，推动少数民族语言文字出版物的数字化出版，鼓励优秀汉文图书的少数民族语言翻译出版，奖励少数民族语言文字优秀著作，促进少数民族语言文字出版事业的繁荣。要增加非时政类的报刊数量，丰富少数民族语言文字报刊的供给。在广播电视领域，要围绕3项重点，着力增加少数民族语言节目内容的生产和供给。一是要加大公共财政对少数民族语言广播电视节目制作、译制的支持力度；二是要在制播分离的基础上，对社会资本开放节目和内容制作，使少数民族语言节目内容更加丰富；三是要积极推动少数民族语言广播电视机构与东部具有丰富市场经验和创新经验的广播电视台合作，加强节目创新，强化节目的吸引力。在互联网领域，要依托国家光纤通信网络，实施"宽带下乡"、"计算机下乡"等惠民工程，大幅提升民族地区城乡家庭计算机普及率和家庭宽带普及率，推动民族地区信息化基础设施建设实现跨越式发展。同时，要推动公共财政力量和市场力量相结合，重点打造一批具有全国性、国际性影响的少数民族语言文字重点门户网站，增强少数民族文化的网络传播力量。

3. 少数民族传统文化保护和传承战略

少数民族传统文化是少数民族历史上的生活方式和文化创造在当代的流传，是不同民族的文化特征、生活方式和价值观念的突出体现，也是中华文化多样性的具体呈现。在民族地区经济、社会和文化现代化的进程中，少数民族传统文化正面临失传、断裂、碎片化和遗产化的危机。少数民族传统文化保护和传承战略的目标应当是：进一步完善民族地区文物保护体系和非物质文化遗产保护与传承体系，通过公共教育课程设置、文物保护场馆建设、生态博物馆建设和民族文化生态村建设等各种方式，全面建立科学、高效的世界领先的民族文化传承体系，为少数民族文化传承和保护奠定基础。

推进少数民族传统文化保护与传承体系建设战略，应当围绕4个重点展开。一是要加强民族地区博物馆体系建设，完善少数民族文物和非物质文化遗产保护传承的基础条件。二是要促进少数民族传统文化保护传承工作与高新技术的融合，全面提升民族地区文物与非物质文化遗产保护的科技水平。三是要促进文物保护研究人才和非物质文化遗产传承人才的培养与民族地区公共科研服务体系、公共教育服务体系、公共文化服务体系的融合，使少数民族传统文化保护成为民族地区社会文化生活的有机组成。四是要加大执法力度，为少数民族文物保护和非物质文化遗产保护提供有力的法律保障。

4. 民族地区文化产业发展战略

文化产业作为文化生产力的主要表现形式，是推动文化创新发展的重要动力。进入21世纪以来，在国家相关政策推动下，我国民族地区文化产业快速发展，成为实现经济增长、推动产业升级转型和引领社会全面发展的重要力量。民族地区文化产业发展战略的目标应当是：深化文化体制改革，进一步完善文化市场，通过政策创新和人才培养工程，全面提升文化产业发展水平，推动文化产业成为引领民族地区全面协调发展和产业结构升级的战略性支柱产业。

实施民族地区文化产业发展战略，需要围绕5项重点来开展。一是要进一步深化民族地区新闻出版、广播电视等重点文化领域的改革，推动文化事业单位转企改制，为文化产业发展培养市场主体。二是要清理各种市场壁垒，加快文化市场开放步伐，为各类文化企业创造公平、高效的市场环境。三是要大力推动文化产业政策创新，实行比东部和中部地区更加优惠的人才、税收、土地、财政、金融支持等政策，吸引文化产业资本和文化产业人才到西部民族地区投资创业。四是推动文化创意人才的培养体系与民族地区职业教育体系和高等教育体系的深入融合，大力培养少数民族文化创意人才。五是要明确文化产业发展的战略重点，走文化旅游与创意设计相结合的道路。一方面要依托丰富多样的民族文化资源、独特的地域风光，重点开发民族地域特色旅游文化产业；另一方面要树立全球视野，大力提升文化产业的创意设计水平，推动民族地区文化产业迈向全球市场，走出以创意设计引领民族特色文化产业发展的文化创新之路。

5. 陆地边境"文化纽带"建设战略

我国的改革开放已经从沿海地区对外开放转向全方位对外开放，边境民族地区已经处于对外开放的新前沿。我国有30多个跨境民族，它们与境外同一民族血缘相近，语言相通，文化上存在较深的联系和相互影响。文化交流作为一种富含情感与价值认同的交流方式，在增加我国与周边国家关系的韧性与厚度、提升相邻国家人民对我国的认同度与友善度方面具有重要作用。在这种背景下，陆地边境地区和跨境民族在对外文化交流中的纽带作用凸显了出来。陆地边境"文化纽带"战略的目标应当是：全面加强陆地边境地区文化基础设施建设，推动跨境民族的民族语言文字和民族特色文化产品的创作和生产，充分发挥跨境民族在促进我国与相邻国家和地区之间的文化交流以及传播我国文化软实力方面的桥梁和纽带作用，推动我国陆地边境地区的繁荣稳定和国家软实力的提升。[1]

实施陆地边境"文化纽带"战略，需要抓好3项重点。一是要以更为积极进取、更为开放的姿态维护国家战略利益，把边境民族地区和陆地口岸地区公共文化服务体系建设纳入国家重点建设的视野，进行高标准的建设，使这些地区的公共文化服务设施在传播优秀民族文化和国家软实力方面发挥重要作用。二是要从边境民族地区整体发展的高度，加强跨境民族的文化保护，激励跨境民

---

[1] 此处参阅了国家民委文化宣传司和中国社会科学院文化研究中心中国少数民族文化发展战略研究课题组：《抓住主要矛盾，转变政策思路，建设西南边境地区文化纽带》，李河执笔，提交国家民委，未刊稿。

族语言的文化产品尤其是传媒产品的开发和生产。三是要根据边境民族地区的现代传播体系的特点，提升在对外文化传播和政治导向上实际具有"国家队"作用的地方少数民族语言广播电台、电视台的地位，并给予相应的财政支持，使之更好地服务于国家战略和国家利益。①

6. 少数民族人口教育水平提升战略

少数民族人口的教育水平是少数民族群众在全国统一市场就业、竞争和发展的文化基础，也是少数民族文化传承、发展的基础条件。1990~2010年，全国少数民族人口人均受教育年限从5.29年增加到7.88年，与全国人均受教育年限的差距从0.97年缩小到0.92年。但少数民族人口文化教育水平相对较低依然是制约民族地区和少数民族文化发展的重要因素。全面提高少数民族人口的文化教育水平，对于促进少数民族群众个人发展、繁荣少数民族文化和实现各族人民之间的教育公平具有重要意义。

少数民族人口教育水平提升战略的目标应当是：通过长期的国家战略，不断改善民族地区的办学条件、优化民族地区各级各类学校的师资水平和教材体系、完善民族地区各个阶段的教育机制，全面提升民族地区教育质量与教育水平，加快实现少数民族人口教育水平整体达到全国平均水平。

推进少数民族人口教育水平提升战略需要着力推动5个方面的工作。一是要实施民族地区教育基础条件全面提升工程。要全面加大国家财政对民族地区教育事业的投入力度，在较短的时期大幅提升民族地区各级各类学校校园建设水平以及电子化、网络化教学设备的水平。同时，要加强国家远程教育体系建设，在民族地区加快建成适应各个层级、各种年龄人群的多层次的远程教育体系，实现民族地区教育基础条件的跨越式发展。二是要实施民族地区师资力量提升工程，以师资水平提升为战略突破口，全面提升民族地区的教育质量。要通过加强培训、资格认定、提升待遇等方式全面提高民族地区各个教育阶段的师资的整体水平。同时，要建立优秀教育人才和志愿者到西部民族地区支教的国家制度，大幅扩大教育发达地区教育人才和志愿者到西部民族地区支教的数量和规模，全面加快西部民族地区师资力量的提升速度。三是要实施民族地区教材创新工程。要全面提高民族地区的各个教育阶段的教材编写水平，使之更加适合少数民族学生的学习特点，从而促进民族地区教育质量的内在提升。四是要推动民族地区与国内其他地区之间优质教育资源的均等化。要继续扩大新疆、西藏内地班规模和招生数量，并显著增加内地优秀中学和重点高校对中西部少数民族学生的招收数量和比例。同时，要推动教育发达地区的重点中小学、国内一流大学和重点大学到西部边疆和民族地区创办分校，大幅提升少数民族学生享受全国优质教育资源的机会。五是

---

① 此处参阅了国家民委文化宣传司和中国社会科学院文化研究中心中国少数民族文化发展战略研究课题组：《强化延边朝鲜族文化产业部门国际竞争力建设，扩大中国朝鲜族文化的国际影响》，章建刚执笔，提交国家民委，未刊稿。

要进一步完善民族地区各类继续教育体系，推动民族地区加快形成终身学习的社会氛围。

7. 少数民族语言文字传承发展战略

民族语言文字是少数民族文化、历史、艺术、思想传承的载体，在少数民族文化传承发展中具有决定性的作用，保护和发展少数民族语言文字是保护和发展少数民族文化的前提和基础。在我国55个少数民族中，除回族和满族使用汉语外，其他民族共使用72种语言，其中3/4以上的语言没有自己的文字，使用汉字。在其余有文字的少数民族语言中，共有29个民族使用54种文字，其中包括国家为苗族、壮族、布依族、侗族、白族等10个民族新创制的13种文字。但除蒙古族、藏族、维吾尔族、哈萨克族、朝鲜族等少数民族的语言文字在本民族人口内部或所聚居的区域广泛用于政治、经济、文化、教育等领域外，其他所有少数民族语言文字的使用范围都比较有限，语言活力较弱。

少数民族语言文字传承发展战略的目标应当是：全面建设我国少数民族语言文字传承发展体系，促进少数民族语言文字在少数民族文化发展领域的广泛应用，充分发挥少数民族语言文字在满足少数民族群众文化需求、传承少数民族传统文化和推动我国文化"走出去"方面的关键作用。

实施少数民族语言文字传承发展战略，关键在于3个方面。一是要制定科学规划，根据不同少数民族语言文字的使用范围、传承、影响状况等特征，分类制定传承保护措施，视不同情况通过记录保护、口头传承、教学应用等方式进行保护传承。二是要明确重点，对于一些使用人口超过数百万乃至上千万、社会文化领域应用较广，并在境外有一定使用范围的少数民族语言文字，要通过双语教学等方式进行有效的传承保护，并通过支持创作、翻译、出版印刷，加强广播电视和互联网等平台建设，拓展其实现应用的空间。三是要深入开展少数民族语言文字的标准化、信息化研究，着力解决少数民族语言文字在计算机平台和其他数字多媒体平台的输入方法问题，为少数民族语言文字适应当代传媒技术开辟道路。

四、制定少数民族文化发展战略需要处理的几个关系

少数民族文化发展战略涉及我国多民族文化建设中的一系列复杂问题，要使少数民族文化发展战略具有科学的决策基础并取得成功，必须从指导思想上处理好几种关系。

1. 保护民族文化多样性和增强中华文化认同的关系

丰富多彩的少数民族文化是中华文化的发展活力和多样性的根本保证，中华文化则是中国各民族文化的最大公约数和最大集合体，体现着全国人民共同的价值观和国家文化认同。发展和繁荣少数民族文化有利于促进中华文化的多样性，有利于切实落实和保障少数民族群众的文化权益，有利于促进民族地区多民族文化的共同繁荣。

推动中国少数民族文化发展战略，必须自觉保护促进少数民族文化的繁荣发展，为中华文化注入丰富的多样性内

涵，同时必须大张旗鼓地倡导对中华文化的坚定认同和自觉维护。中华文化的建构是一个历史的进程，无论是何种少数民族文化，都是中华文化的一部分，是中华文化多样性的体现。从中华民国时期开始，中华文化的建构进入现代民族国家的国家文化建构时代，这意味着不论何种少数民族文化，历史上与汉文化的融合程度与交往关系如何，都应自觉将自身的发展纳入中华文化繁荣发展的历史进程，纳入中华民族进行现代民族国家建构的历史进程。

以汉字文化为代表的汉文化是中华文化形成和发展的根基。汉文化作为中华文化的核心，集中体现着中华民族在历史上所创造的文化与文化积淀，以及近代以来中华文化吸收东西方文明、进行现代化转型，并不断创新的成果。汉文化集成了中华文化丰富的内涵与知识，不仅具有时代性、开放性、包容性、丰富性、多样性等诸多特征，更具有强大的整合性和创新性，是中华文化和中华文明最核心、最具有活力的部分，最能够代表中华民族先进生产力和中华民族先进文化前进方向。充分发挥汉文化在中华文化的当代建构和未来发展中必将发挥的核心和灵魂作用，是保护和促进民族文化多样性的现实基础和基本前提。

2. 保护少数民族语言文字和推广国家通用语言文字的关系

少数民族语言文字是少数民族文化传承发展的基本依托，也是少数民族群众心目中本民族文化的象征，寄托着少数民族群众对本民族文化的深厚感情。保护和促进少数民族语言文字的传承发展不仅有利于保护我国民族文化的多样性，也有利于促进少数民族群众对伟大祖国和中华文化的深厚感情。国家通用语言文字不仅是各族中华儿女的共同交往语言文字，也是少数民族群众在全国范围内自由流动、就业和竞争及实现个人发展的基础能力与文化资本，在社会主义市场经济制度已经基本建立的情况下，学习并掌握国家通用语言文字已经成为全国各族人民的自发要求。因此，在少数民族文化发展战略中，既要强调为少数民族群众掌握国家通用语言文字创造各种便利条件，也要强调保护和发展少数民族语言文字的重要性。因地制宜，提供形式多样、符合各族人民群众实际需要的双语教学政策，供各族人民群众进行自主选择，这是当前和今后相当长的时期内我国处理少数民族语言文字和国家通用语言文字的相互关系时所应遵循的基本原则。

3. 边境民族地区文化开放发展和维护国家文化安全的关系

我国的改革开放已经从沿海地区对外开放转向全方位对外开放，边境民族地区已经处于对外开放的新前沿。在这种背景下，边境民族地区跨境民族对外文化交流与维护边境地区国家文化安全的问题凸显出来。文化交流与影响力作为一种富含"情感"与价值认同的交流方式，在增加我国与周边国家关系的韧性与厚度，提升相邻国家人民对我国的认同与友善度方面具有重要积极作用。我国有30多个跨境民族，它们与境外同一民族血缘相近，语言相通，这些少数民族的语言和民族特色文化产品是我国文化"走出去"的重要桥梁和纽带。但是，为防范境外邻国和地区的"三股势力"、"疆独"势力、"藏独"势力、非法宗教传播等因素的渗透，我国在西北边疆、西南边疆等跨境民族广泛分布的边境民族地区对外文化交流上采取了防范为主的策略。这些做法对维护我国边境民族地区的社会稳定和取得反分裂斗争的胜利发挥了重要作用，但同时也影响了国家边境民族地区文化领域的对外开放和国家文化软实力的发挥。从发展的趋势看，未来10~20年，我国经济发展的结果将会使西部和西南地区跨境民族分布地区经济发展水平显著高于中亚、南亚和周边相邻国家，成为对周边国家和地区影响巨大的"经济高地"。如何推动跨境民族分布地区在对外开放的过程中发展繁荣社会主义先进文化和民族特色文化，形成与"经济高地"相匹配的"文化高地"，进而推动我国文化软实力的提升，是我国少数民族文化发展战略需要解决的重大问题。面向未来，我国边境民族地区文化发展的重点不应是对外安全防范，而应当是一种更为自信、更为积极进取、更加符合国家战略利益、未雨绸缪的文化开放发展战略。

4. 分类指导与共同繁荣的关系

建构中华民族文化、促进各民族文化共同繁荣，这是我国少数民族文化发展战略的核心目标。少数民族文化的自身特征、民族分布特征、民族地区经济社会发展的现状等因素，决定了推进国家的少数民族文化发展战略不能采取"一刀切"的方式，而是必须采取分类指导、因地制宜的原则。这意味着在少数民族文化发展战略的制定和实施过程中，必须充分结合不同民族地区的经济、社会、文化、教育、宗教等分布特征，建设具有民族地域特色的国民教育体系和双语教学系统，打造与当地具体情况相适应的、能充分满足当地人民群众基本文化需求的公共文化服务体系，发展具有民族地域特色的文化产业。只有充分落实分类指导、因地制宜的基本原则，才能有效地促进少数民族文化繁荣发展，从而实现各民族文化的共同繁荣，为中华文化的繁荣发展奠定坚实的根基。

Abstract: From the perspective of developing a strong socialist culture in China, the basement of enacting a national developing strategy of the ethnic minorities' culture is prospecting the current problems and making scientific judgments on their trends in the ethnic minority areas and in the field of the ethnic minorities' culture. China's national developing strategies of the ethnic minorities culture, mainly include the construction of the public cultural service systems in the ethnic minority areas, the construction of contemporary media systems in the ethnic minority areas, the preservation and inheritance of the ethnic minority folk culture, the development of the cultural industries in the ethnic minority areas, the construction of "cultural ties" crossing the border areas among China and its neighbors, the overall promotion of the ethnic minorities' level of education, the inheritance and the development of the ethnic minority languages, etc. It's overwhelming to deal with a couple of relations to enact China's national strategies of the ethnic minorities' cultural development. These relations are the balance of protecting the cultural diversity and enhancing of the identification of the Chinese culture, the balance of protecting and transiting the ethnic minority languages and generalizing the national common language, the balance of openly developing of the ethnic minority areas and the protecting of the national cultural security, as well as the balance of classified guidance and common prosperity in the field of ethnic minority culture.

Keywords: Developing a Strong Socialist Culture in China; Ethnic Minorities; Culture; Strategy

新媒体运用与治理的再思考
——基于网络文化管理的新视阈

◎ 王 浩*

摘 要：新媒体的产生和发展，颠覆了传统媒体的传播方式，使媒体传播更加便捷。这不仅改变了信息的传播方式，也改变了人们的生活方式、工作方式，带来了一场社会变革。新的形势下，如何运用新媒体加强和改进党的建设，提高党的建设科学化水平，是对党务工作者适应社会发展需要的考验。本文以此为发端，对新媒体进行概念性梳理，力求构建新媒体的运用和治理新范式，进而提出若干政策建议。

关键词：新媒体；网络；公共管理

近年来，随着现代网络技术的蓬勃发展，以微博微信、数字报刊、移动电视、触摸媒体为代表的新媒体大量涌现。这些新兴传媒具有交互性与即时性、海量性与共享性、多媒体与超文本、个性化与社群化等特征，贴近生活，得到广大受众青睐，发展迅速，对经济、社会、政治、文化多方面产生日益深刻的影响。[①] 在这一新形势下，用好新媒体，引导和传播主流价值与信息，让正能量传播在润物细无声中完成，已成为新时期党和政府以及社会面临的重要课题。

一、新媒体快速发展为公共管理带来新机遇和新挑战

（一）经济社会全方位转型推动新媒体成熟与发展

当前，中国社会结构已初现网络社会特征。经济全球化和社会信息化相互交融，文化发展和民主政治逐步推进，对人民的经济行为、生活习惯以及认知模式形成持续冲击。作为一种凡人媒介的新媒体由此应运而生。新媒体形式丰

---

* 王浩，清华大学公共管理学院博士后。
① 白燕燕：《浅议新媒体发展态势及对社会影响》，《中国出版》2013年第6期，第32-34页。

对 策 COUNTERMEASURES

富、互动性强、渠道广泛、覆盖率高、精准到达、推广方便,迎合人们碎片化时间的需求。通过新媒体,人们能够以喜闻乐见的形式,记录身边点点滴滴,打造精神寄托,回归真实自我。许多人甚至对微博、微信等新媒体产生强烈的依赖性和信任感,成为"粉丝"、"网民"、"微博控"。[①] 随着经济社会进一步转型,相信新媒体还将继续发展壮大,扎根民众,丰富内容,创新形式,在各方面发挥自身独特的影响力。

(二)新媒体相关制度体系有待建立健全与完善

新媒体是一种新事物、新现象。对于传统大众传媒,已有法律、法规和政策完全能够保障其活动为国家制度、意识形态以及各种国家目标的实现服务。然而,对于具有传播容量无限性、物质载体无形性、信息传播自由性等特征的新媒体,如今在立法、司法和执法等领域里,实际上已形成若干法律盲区,如在国内新媒体发展的过程中,政策法规的出台以及管理体系的调整是在匆忙之中启动的。新媒体面临的法律环境较为复杂,已有研究力量相对薄弱。对于新媒体相关犯罪的表现形式、犯罪原因以及综合防控对策现阶段还缺乏深入研究。因此,和新媒体相关的法律规制还有待建立健全。

(三)新媒体"极速"传播对传统管理模式形成冲击

从管理层面来看,与传统低维媒体相比,新媒体传播呈现快速化、全方位、多节点特征。通过新媒体,一个热点事件的存在加上一种情绪化的意见,就可能点燃一片舆论。这一类过量无序的舆论所催生的"虚拟民意",会在一定程度上干扰政府决策,影响公共政策制定与执行。[②] 另外,面对海量的信息和"极速"的资讯扩散,政府"把关人"由于受经费、人力和技术等多因素约束,鉴别和控制能力有限。从参与层面来看,虽然政务微博、"政务微信发布厅"已开始涌现,在社会管理创新、政府信息公开、新闻舆论引导、倾听民众呼声、树立政府形象、群众政治参与等方面起到积极作用,[③] 但是,总体来看,上述参与形式还没有形成有效规模和积极互动,参与者还停留在自发行为层面,没有形成或发挥"意见领袖"作用,少数党群干部对新媒体还缺乏足够认识,导致相应的公共管理绩效并不理想。

(四)新媒体发展中的网络安全和管理因素不容忽视

新媒体发展并不是一帆风顺。一方面,部分网民无视现行法律和伦理底线,在新媒体环境下,使用语言暴力进行诽谤、谩骂等人身攻击,利用人肉搜索;

---

① 肖卫波、黄静、钟森:《新媒体时代处理共青团与青年的关系》,《魅力中国》2013年第5期,第32页。
② 周建青:《新媒体影像传播主体的行为特征与社会伦理责任探析》,《中国出版》2013年第3期,第21-24页。
③ 郭全中:《传播新格局下的政府应对策略研究》,《西部学刊》2013年第1期,第22-26页。

无视他人隐私和个人权利，极力煽动对当事人现实生活的攻击，这已成为一个怪异而复杂的不良社会现象；①另一方面，中国如今已步入参与全球治理的深水期。现阶段还不能完全排除有敌对势力利用新媒体，采取形形色色的方法与手段进行政治、经济、文化渗透，甚至于暗中雇用写作"枪手"和网络黑客，利用新媒体煽风点火，散布各种黄色新闻和负面信息。对此，必须保持清醒认识。

二、科学运用新媒体的公共管理原则与取向

用好新媒体，发挥正能量，传播党和政府的声音，使党和政府的主张与人民的利益有机地统一，这要求在公共管理取向上应遵循以下原则。

（一）积极利用

用好新媒体，发挥正能量，需要积极鼓励党政机关和党政领导干部特别是与民生密切相关的部门和公职人员，通过微博等新媒体问政于民、问需于民、问计于民。妥善回应网上热点，释疑解惑、化解矛盾，努力引导好社会舆论。②当面对重大事件，特别是突发性事件、紧急状态险情和公共群体性事件等热点问题时，要率先发挥共产党员、共青团员先锋作用，抢占第一时间发布信息，准确高效传播正面信息，把党和政府的政策主张、处理问题的态度、解决问题的做法最早、最快地告诉最大范围的受众，从而压缩不良消息传播空间。③

（二）依法管理

用好新媒体，发挥正能量，需要牢固树立法制观念。新媒体不应该也不可能成为没有法律和道德规范的"真空"。从立法角度看，建立健全相关立法规制体系，是保障新媒体健康有序发展的关键因素。从执法角度看，加大政府依法管理的政策执行力度，是促进新媒体健康有序发展的必然趋势。从司法角度来看，司法机关应在坚持党的领导、自觉接受人民监督的前提下，保持司法活动的适度开放性，主动接受网络舆论的监督，把网络舆论监督当成司法公开、司法民主和司法公正的助推器。同时，要严格规范司法，保证司法机关依法独立公正行使职权，切实提高舆情处理能力。此外，强化新媒体民众法治观念和意识，打造坚强的网络他律防线，也是推动新媒体成长的内在要求。

（三）科学发展

用好新媒体，发挥正能量，需要遵循科学原则，强化创新意识。要充分发挥管理部门职能优势，加快建立法律规范、行政监管、行业自律、技术保障相结合的有效引导机制，及时整合传统媒体的资源，积极挖掘报纸、电视和电台参与新媒体潜力，放大主流新媒体声音。要创新参与模式，鼓励个人、组织和政

---

① 王亮：《新媒体环境下的谣言传播及防范研究》，《编辑之友》2013年第4期，第38-40页。
② 邱辰禧：《运用新媒体技术增强共青团吸引和凝聚力研究》，《电子世界》2013年第6期，第155-156页。
③ 荆学民、李彦冰：《微博恐惧凸显官员群体几大软肋》，《决策探索》2013年第4期，第31-32页。

府部门灵活、有效、务实地运用新媒体，积极推进官民互动，以新思维、新姿态为中国特色新媒体繁荣做贡献。要创新技术模式。欧美发达国家对新媒体信息管理及数据挖掘已进入常态化发展阶段，相应的技术创新能力也较强。中国同样需要增强科技创新意识，推进新媒体科学发展。

（四）确保安全

用好新媒体，发挥正能量，在积极鼓励各个方面运用新媒体服务社会的同时，也应正视目前新媒体使用中还存在着一些亟待解决的问题，依法依规予以查处，以确保网络公共安全。网络安全是新媒体健康有序发展的一个重要环节。相关部门应根据新媒体网络体系结构以及网络安全的特点，尽快建立比较完善的公共网络应急体系和舆情管理控制机制。广大新媒体受众要积极提高自己的网络安全意识，丰富自己的网络安全知识。[①]新媒体相关企业有必要加强与政府和行业的合作，来共同应对和解决新媒体网络安全问题。

三、相关结论与政策建议

重视新媒体，充分发挥新媒体在唱响主旋律、传播正能量方面的重要作用，是更好地贴近生活、贴近群众、贴近实际的必由之路。要认真贯彻落实科学发展观，增强党的领导能力，挖掘民众智慧，灵活利用新媒体，积极参与新媒体，有效管理新媒体，切实维护国家和人民根本利益。

（一）完善规制管理体系

制度建设是关键。从我国实际出发，法律部门应有序推进相关法律法规建设，打造结构鲜明、层次清晰的保障体系，同时还要积极参与国际立法和合作，注重新媒体相关全球法律体系的衔接。政府部门应加大经费投入，主动整合资源，创新对新媒体指导和监督模式，建立和完善新媒体舆情调查、追踪和考核体系，打造依法监管、行业自律、社会监督、规范有序的新媒体信息传播秩序。

（二）推动新兴媒体自律

新媒体在营造宽松传播环境的同时，易于娱乐化、商业化。对此，要切实加强新媒体从业者的伦理建设，通过灵活有效的教育、培训和政策指导方式，鼓励业界确立"既注重经济利益，又维护社会效益"的意识，发挥自身主观能动性，优化内容管理，创新业务模式。鼓励新媒体业界培养一大批具有良好社会责任感的新媒体意见领袖，以有效实施对传播内容和形式的及时引导。[②]

（三）培养理性受众队伍

提高广大新媒体受众的媒介素养，

---

① 翁爱萍：《浅谈新媒体环境下大学生思想政治教育的创新》，《中国科教创新导刊》2013年第5期，第168页。

② 李玉：《在新媒体下背景下，如何增强高校基层团支部的吸引力与凝聚力》，《经济生活文摘》2013年第2期，第277页。

是新媒体发展的重要组成内容。中国新媒体受众有很大比例属于青、中年人，他们大多具有较高的知识水平和较成熟的理性思维能力，是正能量源泉主体。①要鼓励有条件的社会组织、公务人员和政府部门贴近群众，开展社会管理和服务创新，和广大新媒体受众展开互动，说"好话"，聚人气，形成良性舆论场。同时，对极少数所谓"网络自由主义"者和"网络暴民"，进行引导、教育和清理，消除不稳定因素。

（四）打造新媒体新文化

文化是新媒体发展的灵魂。政府部门、传媒大众和社会组织应共同努力打造新媒体新文化，使新媒体真正成为传播社会主义先进文化的前沿阵地、提供公共文化服务的有效平台。要发动广大作家、学者、艺术家和各界先进工作者等使用新媒体阐释科学理论、宣传社会主义核心价值体系，关注各条战线上新涌现出的先进典型事例，打造具有中国气派、体现时代精神、品位高雅的新媒体文化品牌。

（五）创新传媒参与形式

鼓励各级党政、人大、政协、司法等国家机关和人民团体及公职人员，通过微博等新媒体了解社情民意。在参与形式上，要把握特殊时间节点，创新栏目内容，认真维护微博和博客，及时更新信息，提高沟通质量，扩大社会影响，多创造一些集活跃度、传播力、引导力、亲和力为一体的优秀微博。要高度关注"政务微信发布"、"政务手机报"、"公益性网络广播电视电影"等新媒体的发展，积极参与互动。

（六）树立网络安全意识

网络安全意识是用好新媒体的重要因素。这要求新媒体受众树立网络安全意识，增强自我保护观，在使用新媒体时应守法自律，不传谣、不信谣。党政机关和公职人员在使用新媒体时，要严格区分职务行为和个人行为，遵守有关政治纪律和组织纪律。新媒体业界应遵纪守法，加强信息发布管理，不给违法有害信息提供传播渠道，真正做到辅正驱邪，用新媒体投射中国人的智慧与情操。

（七）提高网络信息透明

网络信息透明是新媒体的内在要求。这要求新媒体管理者讲究方法和方式，创新技术与手段，使用柔性细腻和多样化的舆论引导技巧，实现日常监测和危机管理智能化。行政机关应建立和完善新媒体信息发布体制机制，逐步实现民意直通车，有效保障公众知情权，促使行政机关提高工作透明度以及工作效率。

综上所述，新媒体已成为经济社会发展中不可忽视的组成部分。党和政府要切实加强对新媒体的科学建设与管理，顺应时代潮流，有效实现思想引领和舆论引导，在参与互动交流中发声和传声，激发广大人民群众正能量，为中华民族伟大复兴提供坚实保证。

---

① 共青团湖北省委员会：《利用新媒体促进青少年全面发展》，《世纪行》2013年第1期，第31页。

对策 COUNTERMEASURES

Abstract: The emergence and development of new media, subvert the traditional media of communication and made the media communication more convenient. This force not only changed the way of information dissemination, but also changed the way people live and work, brought about a real social change. Under the new situation, using the new media to strengthen and improve CCP building, improving the scientific level of party building, are the tests on every party cadres to adapt to social development needs. This paper discusses the conceptual and originator of the new media, and aim to build the new paradigm of governance with the new media, and thus draw some policy recommendations.

Keywords: New Media; Networks; Governance

文化创意产业的实践品格

◎ 韩宝华[*]

摘　要：文化创意产业是融文化、创意、科技为一体的新型业态，其发展过程中涌现的大量问题很大程度上源于概念认识的偏差。从实践视阈详细展开对文化创意产业的静态思考，将其内涵、特性都统摄到创意实践活动之中，尝试建构实践层面的文化创意产业理论框架，能从理论意义上有效地避免对其误读，同时引导文化创意产业朝向应然方向发展。

关键词：创意实践；文化创意产业

步入21世纪以来，人类的经济生活与文化生活发生了巨大的变革。文化、科技与市场的融合更加紧密，各国之间文化的交流与碰撞愈加频繁，创意在经济发展中的作用日益显著。尤其是文化的高渗透性、强辐射性等特征，使其与科技、产业和市场紧密结合，形成了以科技和文化创意作为双引擎的文化创意产业，成为推动经济发展的新动力。正如美国未来学家阿尔温·托夫勒所说："资本的时代已经过去，创意的时代已经到来。"文化创意产业在我国方兴未艾，却已涌现了大量亟待解决的问题：战略规划短缺、理论先导不足、文化与产业的联系欠紧密、科技落后制约、缺乏文化氛围等一系列需要突破的发展"瓶颈"。如何解决这些问题？怎样才能给我国文化创意产业提供正确的指导？这都有待于学界对我国文化创意产业进行深入研究并予以解答。目前，学界关于文化创意产业研究成果颇丰，但大多数却停留在对其经济学现象特征的描述上，从学理上看，对文化创意产业还需要就其内涵和特征作全面而深入的探讨，为其健康发展提供一种理论背景，可以将这种探索视为理论与实践之间的对话。

---

[*] 韩宝华（1982~），女，河南商丘人。河南大学经济学院理论经济学专业博士后，河南大学马克思主义学院教师，主要研究方向：政治经济学、科学社会学。

一、文化创意产业的内涵

国内外对文化创意产业的内涵界定尚未统一,众说不一。这些界定大致可归为两类:第一类是侧重于产业层面的界定;第二类是倾向于实践层面的界定。笔者认为,立足于哲学的高度,第二类界定内在地包含了第一类界定的含义,这是由实践所负载的丰富价值内涵所决定的,以创意实践界定文化创意产业能很好地反映其本质与特征。

(一)"产业"与"实践"之分

无论文化创意产业的概念抑或内涵,目前学术界都尚未形成共识。甚至文化创意产业的称谓,各国亦根据本国的实际状况而命名。我国称其为"文化创意产业",国内一些学者认为文化创意产业与"创意产业"、"内容产业"、"版权产业"、"感性产业"可以相互置换。厉无畏在其《创意产业导论》一书中开宗明义地写道:"创意产业,又叫创意工业、创造性产业、创意经济、文化创意产业。"[1]

对文化创意产业的概念进行梳理,可将现存文化创意产业的内涵大致分为两种类型的界定:一种是侧重于产业层面的界定,比较有代表性的是英国创意产业特别工作组的定义、霍金斯的界定。英国政府如此定义创意产业:"源自创意与文化积累,透过智慧财产的形成与运用,具有创造财富与就业机会潜力,并促进整体生活提升之行业"[2];霍金斯强调专利授权,将产品在知识产权法保护范围内的行业称为创意产业,主要包括版权、专利、商标、设计4项产业。[3]另一种界定则倾向于将文化创意产业当作一种实践活动来考察,具有代表性的是联合国教科文组织,厉无畏、金元浦、张京城等学者。厉无畏认为,在英国的创意产业概念中,创意产业的核心内容是文化和创意,它推崇创新和个人创造力,是强调文化艺术对经济支持与推动的新兴文化理念与经济实践。[4]金元浦把文化创意产业定义为一种在全球化的消费社会的背景中发展起来的,推崇创新、个人创造力,强调文化艺术对经济的支撑与推动的新兴理念、思潮和经济实践。[5]张京城则将创意产业界定为那些具有一定文化内涵的、源于人的创造力和聪明智慧,并通过科技的支撑作用和市场化运作可以被产业化的活动的总称。[6]

从以上分析可以看出,国内外对将文化创意产业视为一种实践活动还是一种经济产业的说法各执一词。各国政府都倾向于文化创意产业内涵的经济阐释,将其界定为产业。从英国的"源于个体创意、技巧及才干,通过知识产权的生成与利用,而有潜力创造财富和就业机会的产业",到美国密苏里州经济研究与

---

[1] 厉无畏:《创意产业导论》,学林出版社2006年版。
[2] The Creative Industries Task Force.Creative Industries Mapping Document. UK, 1998.
[3] [美]约翰·霍金斯:《创意经济》,洪庆福等译,上海三联书店2006年版。
[4] 厉无畏:《创意产业导论》,学林出版社,2006年版,第3页。
[5] 金元浦:《文化创意产业的历史性出场》,《求是》2008年第19期,第58页。
[6] 张京城:《中国创意产业发展报告(2006)》,中国经济出版社2006年版,第7页。

文化创意产业的实践品格
The Practical Character of Cultural Creative Industry

信息中心的"创意产业是指雇佣大量艺术、传媒、体育从业人员的产业",对文化创意产业的界定都侧重其经济功能。但是学术界倾向于视文化创意产业为一种实践活动。本文沿袭学术界的观点,从哲学层面上研究文化创意产业,将其作为创意实践活动来考察。

文化创意产业是一种无边界产业。霍金斯认为:资本是指(或者不仅)具有目前使用的价值,但却(或者是"而且")是对未来的一笔投资,因而资本的概念就与利息概念同时发展,创意应被视为一种资本,它具有资本的基本特质,而且创意者可以增加或者改变投资。同时,创意是对未来创意和创意产品意义深远的投入,当然它也是人力资本中的一项重要元素。当然,创意资本只有在得到妥善管理的时候才能繁荣昌盛。这是一种思维的转变,从将文化创意产业看作一个特定的产业,转到将文化创意产业嵌入整体经济(创意经济)之中的认识转变,为创意的应用开启了更大的空间。创意可被一次开发,多次使用。

传统意义上的产业是同类企业的集合,按照研发、生产、销售的一般流程组织生产,形成单向的生产链结构,彼此间缺少横向联系,产业组织以垂直一体化为特征;而文化创意产业已经从相关产业中分离、独立出来,其本身成为其他产业的投入要素,创意产业可以为所有产业提供创意服务,在组织形态上,它打破了传统产业的界限,可以同时与不同的产业产生关联,如第一产业、第二产业、第三产业均可与创意产业相互融合,重塑传统产业结构。值得注意的是,我们不应当将文化创意产业局限于一个产业,文化创意产业应当是整体经济创造力与活力的指示器,是塑造"创意形象"、提升经济影响力的横断产业。正如厉无畏所言,创意成为其他产业的投入要素,通过超越传统产业的发展领域,推动产业间相互渗透、相互交叉,促成不同产业的重组与合作,是全新的产业概念。因此,他强调突破产业化的传统思维,明确提出了产业—经济—社会3个发展阶段,并归结为如表1所示:

表1 产业—经济—社会发展阶段

阶段	1.0	2.0	3.0
特征	创意产出	创意投入	创意溢出
形态	创意产业	创意经济	创意社会
产业	重点产业	融合型产业	产业品牌符号
政策目标	促进创意产出	促进更广泛领域的创新	促进各类创意社群的建设
政策重点	培育创意源头	营造创意转化和投入的软环境	重构消费、教育、体制等系统

表1将文化创意产业的发展阶段与互联网及其应用程序演化的3个阶段相类比:其中,第一阶段是发达国家文化创意产业及其相关政策形成阶段;第二阶段是文化创意产业形成无边界产业,并在发展中国家得以发展;第三阶段是现代文化创意产业发展已经超越经济系统,逐渐进入通过解放创造力来塑造新

观察 OBSERVATION

阶层和更新社会的发展阶段。①

正如戴维·思罗斯比（David Throsby）所述，文化创意产业并非一个产业，没有精确的产业界限。文化创意产业是一个经济模型，该模型以产生创意思想为中心，不断与其他投入要素结合，以涵盖不断扩大的产品范围，由此向外辐射。②诚然，文化创意产业可以创造产出、就业、收入和满足消费者的需求，但对于创意主体本身而言，文化创意产业是他们亲历的创意实践活动，不能是切除了创意主体的现代经济活动。虽然产业概念并不意味着任何意识形态的或者心存轻视的判断，更不一定意味着该产业的参与者只是为描述和分析特定商品以何种方式完成生产过程、消费过程和交换过程提供了一个方便的工具箱。但是，一些创意主体从事创意工作的动机也许并非为了经济收益，可能仅仅为了追求文化价值。即便可以忽略艺术家的活动或鉴赏家的品评具有什么高尚的动机，"产业"一词在文化创意产业中的应用，仍然强调了生产、交易、分配和消费文化商品及文化服务的经济活动过程。文化创意产业正是由于价值链取代生产链主导产业的生产流程、价值实现和利润分配，才具有了区别传统产业的新特征。文化创意产业的基本价值链是由内容创意、生产制造、营销、消费环节组成，其中营销环节较为复杂，可以分解为分销传播与营销推广两个环节，这些环节都需通过一系列的实践活动来完成。

总之，文化创意产业不是一种传统意义上的产业，对其功能的认识应反映到对其内涵的界定上，不能仅考虑其带来的经济收益，更应兼顾其社会功能的发挥。英文产业"Industry"的词源为拉丁文的"Industria"，意思为"为某种目的而进行的勤奋的活动"。产业作为人类生产实践过程中的特定组织形式，其演化过程则是非常明确的，以人类经济史为切入点，对创意实践进行了考察，可见文化创意产业是在新社会背景下发展起来的以商品为载体的系统化创意实践。创意实践活动新的组织形式催生了文化创意产业，文化创意产业是创意实践的表现形式，创意实践能从哲学的高度表达文化创意产业的本质。

（二）文化创意产业与"创意实践"之合

开放性是文化创意产业的典型形态③，创意实践恰能很好地反映文化创意产业的开放性特征。实践活动是历史生成的，不断发展变化的，它不仅仅是行动计划，更是行动本身。"我们的实践世界就是由这样一些行动以及行动所蕴含着的东西所构成的整体。实践包含着属于生活操行的一切事情"④。创意就是对现存的否定，创意实践是力图改变或维持生存状态的努力，是连接当下的现实世界与尚不存在的观念世界的努力和过程。同时，

---

① 厉无畏、王慧敏：《创意社群与创意产业的持续发展》，《社会科学》2009年第7期，第36页。
② [澳] 戴维·思罗斯比：《经济学与文化》，王志标等译，中国人民大学出版社2011年版，第122页。
③ [澳] 约翰·哈特利：《创意产业读本》，曹书乐等译，清华大学出版社2007年版，第138页。
④ [英] 迈克尔·奥克肖特：《经验及其模式》，吴玉军译，文津出版社2005年版，第46页。

除了具有行动性特征外,"实践"还具有价值性特征,即追求尚未完全实现的东西。这表明实践世界绝不是一个完全既定化了的世界,而是一个富有意义和趣味,驱使人们向往和愿意为之付出努力的世界,追求尚未实现的东西意味着对创意及其价值的追求。创意本身并不是实践经验,当创意进入实践之中时,它总是超越于主观意义上的创意。同时,不能把创意对实践世界的介入看作一种创意对外在世界的推广和应用之类,因为这是一种过于简单的逻辑,这样简单的逻辑在实践中是不存在的。如果不考虑现有实践经验的既定情形、它的容纳性和接受能力,那就很容易得出这样的结论:人们喜欢的任何具有"美好"价值的创意,都可以在现有既定的经验世界中立足和成长。但实际上,实现任何"美好"创意都得需要一些其他实践的依托、支持和维系。因此,必然考虑现有实践世界中已经具有了什么样的与已经实现了的创意及其价值,以及能够为新欲求的创意提供怎么样的支持。况且,某项创意也绝非天然地与实践相互支持,反而经常因为所需资源的有限性和导向的明显冲突,处于相互矛盾和消解的关系中,所以还需要考虑现有实践世界中已经具有了与已经实现了怎样的实践经验,与新欲求的创意是否矛盾,应如何予以解决。事实上,时间、资源的有限性,结构接受和容纳力的限制,置入新创意的可选择性空间往往有限,比实践理论分析所得到的空间范围常常还要缩小,况且还有诸多其他因素对创意实践产生作用和影响。

强调实践的复杂性,是强调要从现实的实践出发。创意实践往往是由很多怀有不同动机和目标追求,即在各方面高度异质的人们通过一种较为复杂的社会制度结构连接起来,作为一个复杂的社会整体运作发生的。如果行动者高度一致,群体的内在异质性被克服了,此时的创意实践结果就会产生变化,将完全不同于异质性未被克服的复杂群体施行的"创意实践"结果。异质性被克服的创意实践,只剩下经济生产领域的复制生产,实践活动的目标已高度明确、既定,且具有显著的重复性和一致性。那么,就要有新的创意实践来打破这种状态了。与传统只强调规模化物质生产的经济"复制"模式及其扩大化相反,"创意实践"模式的结构明显不同。创意过程中具有不同的价值目标指向,不同的实践主体怀着不同的目的和追求进入实践系统,这些具有辩证思维且复杂多样的创意主体构成了网状的创意组织、个人类型,相互之间的价值追求并不一样。这些不同的价值追求常常并不相互支持,不可避免地产生你涨我落、此消彼长的矛盾关系甚至直接的对抗,这样就意味着创意实践更大的复杂性和不确定性。创意实践自身所包含的这种社会性意义,决定了其发展必然走向产业化的趋势。文化创意产业是创意实践通过两条路径形成的:一条路径是创意的产业化。这包括两层含义:其一是将创意作为资源,利用现代大工业手段进行产业开发,实行产业化运作;其二是直接把创意变成商品,进行生产经营和销售。另一条路径是产业的创意化。这包括三层含义:一是让传统产业的生产经营销售过程创意化;二是将创意服务直接运

观察 OBSERVATION

用于传统产业的产品中，使其产品创意化；三是企业经营管理的创意化，推行创意管理。

文化创意产业的理论研究与实施过程都强调创意为王，创意是文化创意产业的灵魂。围绕创意，开发创意价值链，做大做强，才能实现利润的最大化。创意实践从哲学的高度表达了同样的含义。创意实践是超越生物性需要与能动地改造既存实践的革命性活动，是自由自觉的活动，高扬了人的自由的创造性，这也是以人的本质实现为对象的实践。与以"物"为生产对象的传统实践不同之处在于，传统实践以自然、物品为对象，虽然劳动过程中劳动者也完成了自我塑造和改造，但终归主要是为了制造物品，满足世俗生活之所需。创意实践却是强调创造出创意成果之余的人类实现，并为个性的自由发展创造出更多前提条件与可能空间。在继续关注实践的经济功能的同时，兼顾实践在文化和伦理上的关键地位。这与文化创意产业强调文化创意来源于文化，旨在为消费者提供差异化的文化体验不谋而合。

创意实践是具有价值负载的实践活动，这里的价值既包含经济学意义上的价值，又囊括哲学意义上的价值。它不同于传统经济学意义上的价值，在经济学中"价值"表示商品交换的社会尺度，即交换价值，其货币形式为价格。马克思指出：决定交换价值的真正尺度是商品的内在价值，即商品中凝结的人类一般劳动。创意实践包含的一系列创意活动，是以创意劳动为核心的，自然在其产品中凝结着人类劳动，所以能创造经济价值。但同时创意实践也具有科技、文学、艺术、审美、政治、道德、法律、管理、教育、历史、宗教、生活、习俗等方面的价值，还有人自身的内在价值、目的价值，它们决定着创意实践的目的、方向，为创意实践提供着人活动的动力与热情。价值是一种以主体目的、需要为尺度的主客体关系，它是客观的，是客体属性是否与主体相适合的动态关系，包括与主体的本性、目的、需要、能力等相接近、相一致。只要实践存在，这种关系就必然存在，创意实践自然也不例外。因此，文化创意产业必然具有经济功能与社会功能。从实践视阈看，文化创意产业是以文化内容和创意成果为其价值核心，借助高科技对文化资源进行创造与提升，将创意以特定组织形式进行商业性开发，投入规模化生产、分配、交换与消费，通过为消费者提供差异化的文化体验以谋求利润最大化的一系列市场化运作的实践活动总和。

二、文化创意产业的实践特性

文化创意产业作为特定组织形式的市场化创意实践活动，创意实践内在地规定着它的基本特征。文化创意产业作为一个新兴产业，创意实践的原创性，创意实践的文化性，创意实践的开放性，创意实践对创意、文化、高科技的整合性以及创意实践系统的不确定性带来的风险，决定了文化创意产业区别于其他产业的基本特征。

（一）创意性

文化创意产业是通过将创意实践进行规模化的市场运作并形成价值的特殊

实践组织形式，创意劳动是其中最重要的一种实践形式。创意劳动的原创性决定了文化创意产业的首要特征——创意性。传统产业中虽然也有创意，但与此不同的是，因创意劳动是发现新问题、将创意融于劳动过程之中，以运用新模式、新程序、新方法、新工艺等为特征的劳动，其复制成本远小于创作成本，成果受知识产权保护，这决定了创意性是文化创意产业的本质特征。文化创意产业要为消费者提供具有创意的商品，带来不平常的体验。文化创意产业是要产出新产品的产业，新产品既有对原有产品的更新，也有新创意市场化后的产品。这要求在文化创意产业生产、管理、营销过程中，将独具特色的创意贯穿始终。文化创意产业的产品是靠创意吸引消费者的购买与投资，要引起他们的共鸣，做到经济效益与社会效益的双赢。创意及其产品是创意人的智慧、灵感、知识思维、个性的综合发挥及运用，是创意人本质力量外化的辛勤劳动成果，这就是指创意成果的原创性，只有创意者拥有创意成果，在法律上具有专属性或知识产权性，他人无权占有。与传统追求规模化的产业不同，文化创意产业未必追求规模化以降低成本。创意投资才是文化创意产业最大的成本，决定产品市场价值的首要因素是创意。因此，在文化创意产业中，提供创意的人力资本是驱动文化创意产业发展的原动力。

（二）文化性

人类的发展史就是一部文化史，文化、教养使人类脱离了荒蛮时代，有文化的人充满智慧、修养、美好。人在创造生命与生活的同时，总是不断审视自己，将创意实践回归到体现人的价值和兴趣的生命与生活方向上来。文化是实践活动的结果同时又以其渗透性向经济政治等领域进行渗透。从生产方面讲，一切生产都是存在于文化的总体氛围中的，不可能脱离文化成为独立的系统。越是在发达的社会，文化的作用越彰显。文化创意产业同样成长于一定的文化背景中，以文化为基础。任何创意都是基于一定文化的创意，创意本身也必须是有文化的。

任何文化创意活动，都是以知识和智慧创造为特征的文化符号的积累、生产、交换和消费的创意实践活动，它与传统的以自然资源为基础的物质生产活动相区别。文化创意产业通常生产的是非物质性的产品，而传统产业生产的则是有形的物质产品。文化创意产业既有经济属性，又有意识形态属性。文化创意商品不仅具有商品属性，具有知识性和娱乐性，而且更重要的是它还对公众的价值取向和情感产生重要的影响力，对整个社会的伦理道德、文化环境、人文精神、科学文化等产生重要影响，可以产生一般物质产品无法比拟的社会效应。文化创意产业作为知识密集、技术密集、信息密集的产业形态，其构成要素都根植于文化之中。从消费方面讲，文化创意产品的消费也不能脱离其发生的文化环境。文化创意产业是为消费者提供文化体验的产业，而消费者不能够仅仅基于个人需要就形成井然有序的偏好，深受制度环境、控制和调整交换行为的社会文化的影响。随着机械复制技术的发展，大批量生产的物品正逐渐失去消费者的青睐，只有富含文化象征而熠熠生辉的非俗物，也就是文化内容更丰富的创意作品，才顺应时代消费的趋势。这时的物不再只是实在的自然物，而是衬托文化符号象征的躯壳，甚至就是文化符号的象征本身；不再只是劳动力的凝聚和体现，而更是某种隐匿的文化意涵的象征和声张。在其中，更重要的不是实在的抽象人类劳动，而是其物质内核力图要展现和伸张的文化意涵。文化的表意和象征通过类似聚变的方式集聚、扩大它那不凡和神秘的特质，使其成为超凡脱俗的符号象征。这样，人们才从追求实在的物上升到追求富含文化意蕴的创意产品，迈开奔向自由的步伐。

（三）整合性

文化创意产业的整合性与创意实践的系统性、开放性密切相关。作为系统化的文化创意实践，文化创意产业所具有的一切特性，是其整合各要素的性质和功能的结果。文化、创意、科技是构成文化创意产业的三大要素，三者的交融决定着其整合性特征。文化和科技表达着创意，同时其本身的成果又是新的创意实践的结果。科技为文化创意产业提供平台，创意是文化创意产业的驱动力，文化为文化创意产业提供资源的同时彰显着文化创意产业的成果。只有当创意与科技、文化相结合，实施严格的知识产权保护，建立高度市场化的交易平台，创意才可能渗透到经济之中，参与经济循环，产生效益。

布拉德·黑斯曼曾提出创意实践的5个特征：一是创意实践包含互动性；二是创意实践具有本质上的杂糅性；三是创意实践欢迎文化生产的新处所和新形势；四是创意实践在发行上趋向多平台、交叉推广；五是创意实践并不表现得仿佛与商业无关。[①] 这其中前4个特征都可以说与文化创意产业的整合性有关。这种整合是对生产与消费的整合，是对创意、文化、科技等各种资源的整合，是对各种传播手段的整合，它们通过对文化创意产业各个部门以及对其他产业的整合共同表现出来。文化创意产业各个部门之间互相渗透，创意的主体往往不是一个个体，每个成员都要自如地扮演多重角色，组成创意组织。"电影编辑过去曾被视为技术人员，而不被作为艺术人员，现在情况恰好相反，他们被视为对电影具有重大影响的艺术创作力量。"[②] 正是现代科学技术的广泛应用引发了人类创意实践方式的转变，分工的界限被打破重组，文化创意产业各部门更多的时候是合作完成创意工作，电影、游戏开发等文化创意行业的整合性表现得非常明显。视频、计算机合成图像、对话等往往是由很多编写者共同协调写入一个大的设计脚本，甚至有些年长的图形设计者开始还坚持手工绘图，当他们脱离"技术恐惧症"后往往更加沉迷于用现代科技工作的便捷高效。有的设计者甚至认为，自己的苹果计算机像一支萨克斯，掌握计算机技术后即兴发挥的感觉，如同在一块永远不会干的画布上作

---

① [澳] 约翰·哈特利：《创意产业读本》，曹书乐等译，清华大学出版社2007年版，第142-143页。
② [美] 理查德·E.凯夫斯：《创意产业经济学》，孙绯等译，新华出版社2004年版，第108页。

画。① 人们的生产方式、生活方式、消费方式在创意、文化、科技共同嵌入后，界限也越来越模糊，他们正在共同迈入文化创意产业打造的创意世界。

文化创意产业更广泛的融合性还体现在它能与各行各业相互融合、相互渗透。这种融合性将技术、文化、制造和服务融为一体，有利于产业的延伸，大大地拓展了经济的发展空间。具体而言，一方面，文化创意产业与传统产业在互动中融合。高新技术，特别是信息化催生的文化创意产业表现出极大的生命力，这一生命力不仅表现在它的高速成长，还表现为对传统产业的高度渗透。另一方面，文化创意产业自身的发展对优化产业结构、促进产业升级、转变经济增长方式具有广泛而重要的意义。

（四）可持续性

创意实践活动主要从无形资源如文化、信息中挖掘创意，依赖科技手段提升创意并加以开发。如霍金斯所说，创意被视为一种资本，文化创意产业的资本本质上就是创意实践中文化资源和智力资本的开放性。这种无形资本代替了对传统自然资源的开发，而这些资源又可随创意实践的发展不断丰富，取之不尽，用之不竭。其一，创意实践所依赖的文化创意资源具有开放性，它不是一个固定存量，而是动态变化的，这决定了创意实践的开放性。具体而言，它与自然资源不同，其内容不是一成不变的，因为随着时代变迁、社会变革、社会文化与人类思想也与时俱进，不断走向进步和发展。在这种极具生机的资源的支持下，文化创意产业的发展必然是可持续的。所以，在发展文化创意产业时，应以发展的眼光来看待对文化创意资源的开发与利用。

其二，创意实践的开放性决定了文化创意产业具有可持续性。文化创意产业以营利为目的，通过满足消费者的文化、艺术、精神、心理、娱乐感受，赋予商品以差异化的体验来实现其附加价值，这是由创意实践的发展所决定的。经济发展的状况证明，创意劳动的对象由深加工和人造材料占主体逐渐转向对无形资源如创意、信息、知识等文化资源的开发，商品的价值中文化附加值所占比重越来越大。温饱线上的生产者、消费者与中高层消费者对文化价值的消费具有明显的差异。在经济发展水平低下、技术比较落后、物质还比较短缺的时代，人们重视的是商品的使用价值。对于温饱线上的人们来说，他们可能不受文化价值的诱惑，而专注于满足其迫切生理需要的物质。他们与消费客体的关系基本上是一种自然的关系，也就是把消费客体视为实实在在的、没有什么文化价值的、不散发神秘光晕的客观物品。但是，对于走向知识经济时代的我们来说，希望通过实践在生活中维持某种品位、高度、与众不同的体验，对于一般的物质消费品却不足为奇。发达的现代复制技术使生产这些普通消费品的能力大大提高，一旦有需求就足以大批

---

① [美] 约翰·帕夫利克：《新媒体技术》，周勇等译，清华大学出版社 2005 年版，第 184 页。

量地生产出来，商品日益丰富并趋向同质化，于是商品"文化性"价值的需求就越来越多。当文化创意产业向传统的制造业渗透时，便有利于推动传统制造业向高附加值产业升级。以服装行业为例，服装行业可谓是传统产业，但当将创意设计与服装生产相结合以后，服装行业又成为一个附加值行业，它具有知识密集型的特点，能够有效克服资源"瓶颈"的约束，保持持续快速的发展。文化创意产品尤其是原创性的作品，都是高附加值产品，所以文化创意产业也必然是具有高附加值的产业。因为从事文化创意产业的劳动是复杂劳动，而复杂劳动的价值是简单劳动价值的倍加。特别是创作原创性文化创意产品的劳动，其价值更是远远大于简单劳动，这完全符合经济学的相关规律。正因为投资文化创意产业的回报远高于其他产业，众多的投资者才会趋之若鹜。

（五）高风险性

创意实践具有辩证的发展形式，即具有通过对象化直到异化来实现自身、通过自我否定来肯定自身的意义，这样就具有一定的风险性，创意文化产业也由此成为高风险的产业。

首先，创意主体越来越多地由创意组织来承担，这使得创意实践更具有风险性。特别是文化水平相差很大，由各自不同的文化背景引导着的成员，不但彼此在方向追求上各异，而且进一步会在行动模式的其他各个方面都迥然相异，无法拧成一股绳。在规模达到一定程度后，就难以在有限的单位时间内克服巨大的联合成本而联合起来，联合成本更大了，人群的异质性更大更多了，创意实践的复杂性就更强了。现代文化恰恰就是给了在创意组织中合作行动的个人以价值、意义追求的自由选择权。创意实践活动在更加富有活力的同时，其"目的"在这种背景下会面临异质化和复杂性增强的麻烦，这就使得行动的结果可预测性急剧下降，不确定性、结构复杂性、异质性和联合成本的巨大意味着风险攀升。

其次，创意消费日益进入创意实践系统并趋于中心化，文化创意产业的价值实现越来越依赖于消费者，而由于时间的积累，创意主体对文化价值的消费具有偏好性。可以将文化消费理解为一个过程，该过程既有助于满足现状，又有助于积累引导未来消费的知识与经验，因此，文化创意产业的发展易于受到需求影响。消费者的参与更导致了整体系统不可思议的结构性变化，加剧了文化创意产业中创意实践的复杂性与风险性。

最后，创意实践所依赖的科技和制度，都具有明显的风险性特征。某些效率极强的现代技术与制度具有很大的风险性，比如，计算机病毒甚至都足以摧毁所有的电脑信息。而与现代技术和生产关系联系在一起的创意劳动，所蕴含着的风险性、破坏性，也早已引起人们的重视。正如霍金斯所言，创意可善可恶，创意世界不是必然走向美好，也同样蕴含着走向摧毁、引发危机等负面的可能性。正是文化创意产业的风险性、不确定性、可能性维度的凸显，使它走到"实践"层面上来。

三、结语

将文化创意产业理解为特定组织形式的创意实践活动,要求既反对单纯强调其经济价值的产业化理解,也抵制对其经济价值完全忽视的做法。应该在两者之间寻求一种效益最大化,要看到创意实践的哲学价值承载,是一种从当下现实世界向尚未实现的某种价值世界努力的行动,不能仅仅对其作以世俗的经济化理解,完全以满足物质欲求为目的,消解一切实践价值如个性、自由等。否认那些超出世俗价值的使实践主体成为有尊严、高于物的"人"和有个性的"个人"的实践活动。要像重视物质生产一样关注经济组织和社会组织中的文化意识形态,高扬自由和解放的旗帜。有鉴于此,不少学者越来越强烈地主张复兴古典视界,纠正过于世俗和低下的近现代视界。当然,也要像马克思那样,承认现代社会的基本转变,把以生产物质财富为目的的行动视为正当和基本的实践行动,而不再是戴着中世纪的有色眼镜将它们视为低下和粗俗的活动,强调生产活动的至上性,重视日常生活,重视经济生活。在马克思看来,首要的和基本的问题是吃穿住,而不是无视根基和条件的求善与成圣。在现代分工社会中,人不可能像在自给自足的农业经济时代那样生活,不出卖或不变相地出卖自己某个方面的能力、作品,根本无法生活在商品化的现代社会中。贾平凹、张艺谋卖出自己的劳动成果——小说或电影,与劳动者出卖劳动力,没有本质性的差异。要看到,创意实践在为社会更多的人创造了必备物质条件和前提之后,才能在此基础上得以发展。通过创意实践否定之否定的辩证过程,人类才能从必然王国步入自由王国。自由王国的社会实现,必须以必然王国的充分发达和进步为必要的前提。

为防止对创意实践的误读,保证正确地理解创意实践,要特别注意以下几个问题:

第一,创意实践不能无视实际状况如何就先构筑创意,然后付诸实践,而是要先着眼于实践状况,着眼于实践着的人们的实际状况来思考理论的建构,不能从超验出发构建不切实际的幻想,这就是创意与幻想之间的差别。

第二,将文化创意产业视为创意实践,并非意味着创意不重要,更不是意味着创意实践是先做再说的那种"实践",而是在以实践的视角反观创意的同时,动态地将创意付诸实践之中。将创意置于恰当的位置,把它看作是一个分析、总结、完善实践的某个环节,而不是一个训导实践、把实践当作隶属于自己、实施自己方略的环节与通道。无视实践的变化以及驱动这种变化的、日趋复杂的社会性,把诸多明显影响实践行为主体的因素忽略掉,在一种过于理想和单纯的环境中探讨创意问题,这是我们应当竭力防止的。

第三,创意实践中的"实践"绝非当下状态的世俗活动,而是负载着创意变革、重组、提升和规范、约束既存现实的多种价值,其具体内涵的确定需要根据现实的状况来调适。但这绝不是说排斥创意实践产业化,舍弃文化创意产业的经济效益,而是意味着对创意系统的组织、关系和管理等的重视。因而创意实践并不像创意的"天才神话说"那样强调个体,而是一种凸显关系与结构的复杂性的创意系统过程。于是,创意实践使创意主体范围得以扩大,意味着一切人,特别是中下层的平民百姓也能成为创意主体,也可以纳入创意实践体系中来,他们不再是单调的物质劳动生产者,而是像那些理性成熟状态的人一样,在从事"劳动"的同时也能从事"实践",甚至更能完成"实践"的内在要求。马克思曾让"来自苦难和受压迫状态的人"通过"实践"成为自己解救自己的主体,将"人"与"主体"统一起来,将主体性与社会性统一起来。这种统一是主体间平等的互动模式,超越了近代主体性哲学中蕴含的主体间的压迫性逻辑。由此,就很容易理解创意消费所强调的消费者与生产者、商品、消费者之间的互动形成过程,并在实践视阈下给予解读。

Abstract: Cultural creative industry is the new industry pattern of combining culture, creativity, science and technology together, a lot of problems arise in the process of its development was largely due to the misunderstanding of its concept. The article expands the static thinking of cultural creative industry from practical perspective in detail, governs its connotation and characteristics into creative practice activities, tries to construct the theoretical framework of cultural creative industry on practice level, to avoid the misunderstanding effective from theory significance, and guides towards the rational orientation.

Keywords: Cultural Creative Industry; Creative Practice

网络叙事与文化建构*

◎ 周志雄**

摘 要：独特的网络场域和叙事主体带来了网络叙事与传统叙事的不同，从叙事的语言层面到叙事的话语风格、话语立场、叙述文体，网络叙事以广泛的写作实践进行着当今最大众化的写作。网络叙事所复活的是古老的讲故事的传统，是对当代文学感性解放内在脉络的赓续，其主要功绩不在于奉献经典作家、作品，而在于促进文学阅读、写作活动的大众化，促进文学形态的丰富性，为当代文化建设提供新的契机。

关键词：网络叙事；文化建构；感性解放

在线说故事，即时互动，借用网络多媒体手段书写自己的经验或想象，借助商业网站的力推，在众多粉丝的追捧下激发写作者的潜能，网络极大地解放了民间的创作，写作语境和写作方式的变化必然带来文学叙事的变化。网络叙事的主体是多职业的自由身份者，他们借助网络获得叙事的权利，他们的个人经验和对文学传统的民间式理解蕴含了新的文化内涵，有当代文化发展逻辑的合理性，网络叙事参与时代的文化建构，为当代文化的发展提供了新的契机。

一、网络语汇与叙述文体

本文所言的叙事是一种广泛意义上的文学表达，即通过讲述，通过语言乃至声音、图像叙述真实或虚构的事件。在网络空间中，叙事是普遍的，在线的博客、微博、BBS论坛、文学网站，随处可见不同主体的叙事。限于篇幅，本文所论及的主要是网络叙事的主要形式——网络小说。独特的网络场域和叙事主体带来了网络叙事与传统叙事的不

---

* 本文系国家社科基金重大项目《百年中国文学与当代文化建设研究》（项目编号 10&ZD098）成果。
** 周志雄，男，山东师范大学教授，北京大学中文系博士后，主要研究中国现当代文学。

同,从叙事的语言层面到叙事的话语风格、话语立场、叙述文体,网络叙事都有新的变化,网络写作主体以广泛的写作实践进行着当今最大众化的写作。

传统的写作理论认为,写作者要锤炼语言,要有自己的语汇系统,不外乎是从书本中学,从生活中学,如老舍先生所言,学习写作语言的途径是:"多念有名的文艺作品,多练习多种形式的文艺的写作,和多体验生活。"① 对于在线的写作者来说,语言还可以从网络中学。网络提供了一种新的生活方式,网络语境生产了一套表情达意的符号系统,网络上诞生的语言被广泛地应用到网络写作中,网络语言丰富了艺术的表现力,扩大了语言的边界,发挥了民众的语言创造力。

网络语言是在网络环境中产生的,带有简洁、时尚、调侃的意味,多用谐音、曲解、组合、借用等修辞方式,或用符号、数字、英文字母代替汉字表达。2001年于根源教授编写的《网络词典》,收录网络词汇4000多条,2012年7月出版的《现代汉语词典》第六版,收录了"给力"、"雷人"、"宅男"、"宅女"等网络词汇。网络语言的使用给文学叙事带来时代气息,《第一次的亲密接触》的成功无疑与网络词汇的使用分不开,小说中用了很多的网络词汇,诸如"当机"、"狗腿"、"恐龙"、"见光死"、"吐槽"、"菌男"(俊男)、"霉女"(美女),这些词汇的使用使小说有一股清新的网络文风,给人以"陌生化"的阅读效果。其他如"痞子蔡"在聊天室里的plan,谈不上语言的精致,他与"轻舞飞扬"的聊天之词也谈不上有文采,但是有个性,读来颇为吸引人,颇有开网络小说新风之意味。

语言是建构文学作品的材料,是思维的外壳,语言关系到作品的写作面貌,一套语言系统代表着一类文学作品的风格。语言的更迭,渗透了文学的时代气息,构成了文学的发展历程。中国现代文学以白话文代替文言文,促进了文学的现代转型,使现代文学的面貌发生了根本性的变化。语言背后是文化系统的支撑,文学语言有阳春白雪和下里巴人之分,高雅的语言婉转、含蓄、蕴藉,民间的语言通俗、明朗、机智、活泼。当代很多作家都意识到语言对一个作家的重要性,王蒙的语言有气势,如同排炮般有冲击力,汪曾祺的语言淡雅、清丽、水净沙明,莫言的语言绚丽夸张,有张扬的感性风格。当代文学前30年,形成了一套政治语言系统,对文学的渗透十分明显,在"伤痕小说"中有明显的政治语言的痕迹。先锋小说作家对政治语言进行了必要的更迭,语言实验化倾向突出,开启了一个文学的新时代。网络语言制造的一种调侃式的幽默的写作风格,改变了20世纪中国文学过于沉重的面貌,戏谑的网络叙事语言以一种娱乐化的形式开创了一种新的叙事范型。作家徐坤认为:"网络在线书写越是简洁越好,越出其不意越好,出来的话,越不像个话的样子越好。一段时间网上聊天游玩之后,我发现自己忽然之间对传统写作发生了憎恨,恨那些约定俗成的、

---

① 老舍:《我怎样学习语言》,见《老舍论创作》,上海文艺出版社1982年版,第223页。

僵死呆板的语法，恨那些苦心经营出来的词和句子，恨它们的冗长、无趣、中规中矩。"①如徐坤所言，网络在线写作语言的"出其不意"打破了传统写作的沉闷和无趣，这其中意味着汉语文字表现力的突破。

马克·波斯特将印刷媒体时代称为第一媒介时代，将互联网时代称为第二媒介时代。第一媒介时代是信息制造者高高在上的时代，是知识分子启蒙者的时代；第二媒介时代是民间精神盛行的时代，知识分子权威受到挑战。"在信息制作者极少而信息消费者众多的播放型模式占主导地位的那个时期，亦即我所称的第一媒介时期，存在着某种触犯知识分子作者权威感（Sense of Authorship）的东西，而无论所论及的文化客体具有怎样的质量，这种冒犯总是存在。"②在第二媒介时期，信息制造者和消费者集为一体，马克·波斯特所言的这种对知识分子话语权威的冒犯变得更普遍了。网络写作者多是二三十岁的年轻人，他们没有丰富的人生阅历，他们是非职业写作，他们的在线写作不追求高深的哲学思想，不追求艺术上有突破性的创造，他们的阅读也是接受种种传统书面文学的影响，冒犯知识分子权威，对传统经典的解构和戏仿成为一种叙事的策略。颠覆宏大叙事，放弃知识者的启蒙立场，并不是放弃立场，不过是以民间的立场来取代启蒙的立场。周星驰主演的电影《大话西游》在20世纪90年代末受到一代大学生朋友的追捧，大话之风在网上蔓延。今何在的小说《悟空传》就是一部明显受到《大话西游》影响的小说，承续《大话西游》对经典小说的解构叙述，《悟空传》将《西游记》神圣的取经之旅转化为一场备受怀疑的人生闹剧，唐僧、沙僧的坚定佛家弟子形象被颠覆，孙悟空英雄的形象也被改写，佛家弟子被写成了几个俗人，历经艰险的漫漫取经之途演变成为人物各自打着内心小九九的情欲故事，师道尊严的师徒关系被庸俗化，令人充满敬意的取经之行的合法性受到了怀疑和诘问。在这种戏谑的方式下，经典小说《西游记》以一种新的方式得到了当代的"复活"，《悟空传》是对《西游记》的当代改写，其承载的是当代社会文化心理的变革。

二、网络叙事的审美表达

网络小说中最有代表性的是那些玄幻、悬疑、历史、盗墓、穿越、耽美、校园等类型化题材的小说，从各大网站的作品类型分类到占据各大畅销书榜的下线实体网络小说，主要都是网络类型化小说。这些小说多借用通俗小说的写法抓住读者，网络读者将网络小说的审美特征概括为"爽"的机制，南派三叔创办《超好看》，其宗旨是："以故事本身为卖点，重要的是，读者可以从故事的精彩情景中获得单纯的阅读快感。事实上，凡不以好看为目的写小说都是耍流

---

① 徐坤：《网络是个什么东西》，《作家》2000年第5期。
② [美] 马克·波斯特：《第二媒介时代》，范静哗译，南京大学出版社2001年版，第6页。

氓。"① 网络小说遵循"故事为王"的硬道理，如何将故事讲得吸引读者，是网络小说作者重点考虑的。"慕容雪村"在接受记者采访时说："取悦读者是我的本性。"② 要很好地吸引读者，悬念是网络小说基本的手法，在故事结构上，主要是以线性结构来叙述故事，来龙去脉一点点地呈现，让读者被人物的命运、故事的发展所吸引。

网络小说常用顺序的写法，网上连载的上百万字的超长篇网络小说采取的是每天更新的方式与读者见面，采用顺序的写法是为了便于阅读，不至于让读者将写作的内容弄混，一般是按照人物成长经历的发展为序。《间客》、《诛仙》、《小兵传奇》、《遍地狼烟》都是采取这种顺序，人物的个人成长历程就是小说的结构，读故事就是读人物的命运。这种写法与中国古代通俗小说又有些不同，带有很鲜明的现代小说的意味，主人公的人生历程是艰难曲折的，其成熟及其成功之途是建立在挫折和一步步的历练的基础上，在主人公之外，再设计其他的陪衬人物，进行对比，以突出主要人物。

传统小说中的悬念、巧合、无中生有、一波三折等叙事技巧在网络小说中被广泛运用，这些技巧的运用增加了网络小说的可读性。《蜗居》是一个写实的故事，小说中那种盘根错节的矛盾纠纷，一波未平一波又起的故事结构，展现了作者"编故事"的才能。网络连载是用"中断讲述"的方式来延宕信息从而造成悬念，叙述中写作者也常有意地设置悬念，让阅读的过程变成读者与作者之间"猜谜"的智力游戏。蔡骏的小说自称是"心理悬疑"小说，所有的小说叙述都是围绕"设谜—解谜"的过程来展开，他办的一本杂志书名为《谜小说》。网络上把伏笔的设置称作是"挖坑"，揭示展开伏笔的过程称作是"埋坑"，"坑"被填平以后又开始设下新的伏笔，不断如此往复，形成叙事的推进。应该看到，蔡骏的"心理悬疑"小说吸收了现代小说心理分析的特点，在故事布疑、解疑的过程中，展开人物的精神心理分析，使故事既有很强的可读性，也有现代小说的细腻感。

从小说的开篇来看，截取横断面的写法常被网络小说采用，这种写法的好处是入题快，直接将读者带入人物故事的矛盾之中。《成都，今夜请将我遗忘》以主人公陈重打牌输钱后勾引叶梅开篇，陈重与妻子赵悦的矛盾由此展开，叶梅后来成为陈重的朋友李良的妻子，陈重与叶梅的身体游戏又注定了他与好友李良之间的悲剧性冲突无可避免。这种结构方式类似于曹禺《雷雨》式的开篇，人物间的恩怨情仇已经注定，读者进入的是故事的中场，故事冲突集中、紧张，让读者的心随着人物的命运变化而动。陈重与赵悦大学时代的经历成为故事的背景，小说一面是人物在现实中的堕落，一面是对大学时代的缅怀，两相对照，人物历经"尘世"，精神面貌已经发生了根本性的变化，小说的内涵因两重维度而更加丰富。

---

① 王科、黄葆青、丁燕、刘晶：《写小说不以好看为目的是耍流氓》，《钱江晚报》2011年9月15日。
② 钟刚：《取悦读者是我的本性》，《南方都市报》2008年11月23日。

网络叙事的特点还在于所写的文本是和读者互动的，互动性增加了文本的流动性、不确定性，写作者可以一边写，一边和读者进行交流，读者的鼓励也会成为写作者写作的动力。由于读者的差别很大，读者与作者之间的互动使网络文学的阅读接受过程是一种霍尔所说的"生产性文本"产生的过程，因而也往往创造出与那种标准化的、齐一化的文化产品不同的作品来。通过在线交流，写作者直接面对读者的意识会大大地增强，其写作的兴味也会极大地提高。没有人会甘心自己辛辛苦苦写出来的文字被读者忽视，写作者注重吸引读者的关注力，将作品尽量地拉近自己的感性生存状态，以生活感受性见长，以便在网上寻得更多的知音。

网络叙事的总体风格是娱乐性的，其面对的是大众网友读者，而不是少数有文学修养的阅读者，这种情形有些类似于古代说书场。对于中国文学来说，"五四"以来的现代小说的传统不过是近百年的事，而自隋唐以来的通俗小说的传统则有上千年的历史，网络小说在叙事手法上更接近古典通俗小说。当然网络叙事的作者主体也接受现代西方小说的影响，那些受金庸、古龙、琼瑶等港台地区通俗小说影响的写作者，也在不知不觉间吸收了现代小说注重"情调"和"风格"（茅盾语）的写法。根据严家炎先生的研究，金庸的小说跳出了传统武侠小说编故事的创作路数，突出人物性格的刻画，作品不仅塑造了一系列的扁平人物形象，还突出了圆形人物形象。

其小说的内在结构是西方近代式的，采用多重矛盾、多条线索的网状结构，其情节悬念是积累了大仲马的浪漫主义小说和近代侦探小说、推理小说的艺术经验而发展起来的。金庸小说借鉴和吸取了"五四"新文学和西方文学结构模式，大大拓展了的生活容量。[①] 网络小说作者和读者多是通俗小说的爱好者：蔡智恒最喜欢的作品是《三国演义》，蔡骏写"悬疑小说"受日本电影《午夜凶铃》和通俗作家斯蒂芬·金的启发，桐华写穿越小说最初受到漫画《尼罗河的女儿》和好莱坞电影《时光倒流七十年》的影响，对"沧月"写作影响最大的作品是《笑傲江湖》、《七剑下天山》、《基督山伯爵》，"流潋紫"喜欢的书是《红楼梦》、《二十五史》、《聊斋志异》、张爱玲作品、苏童作品、林清玄作品、亦舒作品，"猫腻"的写作受金庸、古龙等作家及《阿甘正传》、《教父》、《007》等电影的影响，"江南"的小说《此间的少年》以15部金庸小说中的人物作为"同人"展开想象……可以看出，相对"五四"以来的现代文学传统，网络叙事主体更多受到中外娱乐化的通俗文学的影响，重视故事的趣味更甚于思想的启蒙和艺术的创新，应该看到，他们与古代的说书人是不同的，他们的故事有现代文学的艺术视野，其叙事内容渗透了现代精神，不是古代英雄、神魔、儿女故事的简单重复，其叙事手法如同上文所分析的，不乏对现代小说技巧的借鉴，这种超越雅俗叙事的综合借鉴蕴含着新的创造性。

---

① 严家炎：《金庸小说论稿》，北京大学出版社2007年版，第117-119页。

三、感性解放与叙事的个体经验

网络媒体的普及及其民间化,让更多的写作者有了自主写作、自由发表的机会,话语权力完全下放,写作、发表不再是神秘的事情,不需要经过出版编辑的审核,甚至不需要反复构思、精心锤炼,可以随心所欲地"我手写我口"。网络叙事不需要一本正经的面孔,不需要温良恭俭让地恪守写作规范,也不必对主流价值和知识分子顶礼膜拜,一切都可以从"我"说起,对一切宏大的、神圣的、主流的叙事传统进行解构。亵圣不是网络文学的独创,是对当代作家王朔和王小波写作的继承,王朔反的是知识分子的体制,包含着一种民间机智在其中,王小波以身体叙事反抗社会体制的压迫,以自我的身体快感反抗"文革"时代历史专制的压迫。亵圣思维是对崇高、神圣等宏大价值观念的解构,从叙事的策略上是以人物的"低化"与"俗化"来呈现世界的"本来面目",以身体、感官的张扬来释放写作者的冲动。网络是一个最能容纳多种声音的地方,一切民间的感性的乃至不无粗俗的个体体验都能在网络中找到宣泄的出口,写作者身份的广泛性和匿名性也决定了他们写作体验的多样性。

网络叙事能贴近读者,也是把日常生活经验审美化的结果,网络是一个能充分放纵感官欲望的空间,青春期的苦闷、生活的压抑转化为创作力。在互联网上,各种性爱的图片,身体的暴露,是很普遍的。文艺复兴以来,人的解放是从身体的解放开始的,很多革命家发现了身体解放中隐藏的革命力量。马尔库塞、萨特、梅洛·庞帝、罗兰·巴尔特、福柯、弗·詹姆逊、伊格尔顿等,以身体的革命展开形而上的哲学革命。摄影是对视觉无意识的解放,影像对应的是对隐秘的内心渴望的呼应。互联网打破了身体的禁忌,网络叙事对身体感官欲望的描写也无所顾忌得多。

文学是想象虚构的艺术,文学的想象力是写作者重要的素质,没有想象力就不能很好地写作。文学世界是一个充满各种可能性的世界,文学的想象力表达着人性中尚未被格式化的潜能,想象力的解放,在于解放了人的感觉的丰富性,常以对快感和潜在本能的释放为先导。网络写作自由发表、匿名(网名)写作,写作者意随心动,自由地发挥,随意地编造故事,可以将想象能力最大限度地发挥出来。网络小说很多作品都是上百万字,故事的构架、语言的运用,一个"异托邦"世界的构筑,都是需要想象力的。在网络小说中,悬疑、玄幻、穿越、架空、寻宝打怪都是充满想象力的。章学诚认为中国小说经历三变,即汉魏之事杂鬼神、唐人之情钟男女、宋元之广为演义,借助想象力,这些古典小说形式在网络中重新复活。小说所构筑的世界与现实生活是有距离的,穿越小说中,现代人与古人相遇,现代人的思维与古人相互碰撞,产生出无数的盘根错节的偶然性,发生种种啼笑皆非的故事,都是通过想象力完成的。代表"清穿三座大山"的《步步惊心》、《恍然如梦》、《梦回大清》等穿越小说构筑了一个想象的世界,那种争权夺利之下女人的心计被想象性地放大,错综复杂的恩怨纠葛展示了写作者的艺术才华。"猫腻"的《间客》是一部想象的小说,主人公上天入地,在帝国、联邦、西营三界之间自由穿行,它所讲述的是一个坚强的主人公不断成长的故事,主人公的个人经历非常曲折,个性很坚强,从来不畏惧强权,甚至以个人之力去挑战国家,让读者读起来特别"爽",这种白日梦式的完美人物,是通过想象力完成的。网络放大了小说中的想象因素,"风歌"、"沧月"、王晴川、"我吃西红柿"等作者以武侠小说加动漫、悬疑等天马行空的想象力赢得了读者的喜欢。对于网络小说的作者来说,并没有丰富的人生经验,也没有更多的创作经验,但他们有的是一种自由自在的不受拘束的想象力。《与空姐同居的日子》这篇小说看似是写实的,实则是一个想象的故事,故事有明显的编造的意味,有太多的不可能性,小说涉世也不深,作者编造了两个同居男女在一起的种种故事,最终以喜剧性的结局收尾,小说读起来很轻松,有青春文化"乐感"趣味。

生活是艺术的老师,车尔尼雪夫斯基说,美在生活,在中国当代文学史上的一个特定时期,强调作家对生活的体验,写作者常常带着一定的任务去体验生活,这无疑是必要的。但如胡风所说,处处有生活,不是缺少生活,而是缺少对生活的熔炼和发现。网络小说写作者的身份各有不同,他们来自各行各业,他们的写作为读者提供了丰富的生活经验,网络写作为多样个体经验的呈现提供了可能。

作为职场小说,《杜拉拉升职记》、《我的美女老板》、《浮沉》等为读者打开一扇职场的窗子。小说表现了职场的现实规则,让读者把小说当作生活教科书来读,不过这已经和革命时代的教科书有很大的不同,写作者总结的是个体性的职场经验,阅读者从中可以学到很多的实用技巧。诚如李可在《杜拉拉升职记·自序》中所言:"书应该提供怎样的帮助呢?我以为,好书应该做到集中地提供逻辑的、生动的、有效的信息。所谓逻辑、生动而有效,光是经验分享还不够,这些经验是要容易理解和记忆的,实用的,并且是有意思的,还要周到而通用,能上升到常识甚至原则的境界,以便于人们达观的遵从及现实的获益。"[①]还有很多的小说写作者并没有特别丰富的生活经历,但只要一个人有所爱好、有所特长,就可以写作,并且写出让读者喜欢的文字。蔡智恒的小说内容比较单一,但其独特的个性,理工科学生对语言的奇妙感觉,让他写出一些具有独特个性的语言。"天下霸唱"喜欢看探索性的电视节目,这为他写作《鬼吹灯》提供了经验基础。所谓一代人有一代人的文学,网络小说的写作者多是"70后"、"80后"、"90后",他们成长的经验与上一代人有很大的不同,这一代人多为独生子女,有更好的家庭物质条件,父母对孩子抚养的方式是放养而不是圈养,孩子有更好的才艺修养,家长对孩子个性的发展更为尊重,他们从小在网络语境中长大,遇到问题喜欢"百度",而不喜欢问人,他们的知识面更宽,个

---

① 李可:《杜拉拉升职记·自序》,陕西师范大学出版社2008年版。

性发展更为充分,在写作中,也更能不拘陈规。网络时代,通过信息传媒,真正能做到"秀才不出门,能知天下事"。动漫、游戏、国外电影、课外知识,都成为他们写作的资源而被充分利用。

网络叙事的意义不是确立一种价值标准,更不是一种真理或本质标准,而是一种新的趋向,是人的总体经验的构成的一部分,网络叙事也相应地成为一种美学形式。中国网络文学的主流在艺术上并未有根本的革新,网络叙事复活了讲故事的传统,是对当代文学感性解放内在脉络的赓续。就目前网络文学的实绩来看,其主要功绩不在于奉献经典作家、作品,而是促进文学阅读、写作活动的大众化,促进文学形态的丰富性,通过影视、游戏改编等途径衍生出更多、更丰富的文化产品,从而参与时代文化的建构。

Abstract: The unique network field and the narrative subject brings the different between network narration and traditional narration. From the narrative language to narrative style and discourse, network narrative is one of the most popular writing. Network narrative raised the ancient tradition of storytelling, is the venation of liberation of contemporary literature continuously, its main contribution lies not in the dedication of classical writers, works, but to promote the literature reading, the popularization of writing activities and rich literary form, providing a new opportunity for the contemporary cultural construction.

Keywords: Network Narrative; Cultural Construction; Liberation of Sensibility

贤良港海祭妈祖民俗非物质文化遗产的价值初探

◎ 林菲菲　林能杰*

摘　要：本文探究莆田贤良港海祭妈祖民俗文化的活动源流和现状，分析海祭妈祖民俗非物质文化遗产的精神内涵与文化价值，以及它所体现的现代意义与社会功能。阐述了民俗文化旅游产业的经济发展模式，同时指出在发展民俗文化旅游产业经济的基础上，更应注重民俗非物质文化遗产的传承和发展。

关键词：莆田贤良港；妈祖民俗文化；海祭妈祖；民俗文化遗产

一、海祭妈祖民俗文化活动的源流、现状

（一）海祭妈祖民俗文化活动的历史发展概述

中国传统的妈祖民俗文化体系是一种地区的民间信仰发展成为地域性的文化体系，也是我国民俗文化的重要组成部分。经过历史长期的发展演变，妈祖民俗文化具有了地域性和世界性兼容的特征，同时也逐渐朝多样化方向发展。

莆田贤良港海祭妈祖民俗文化活动作为妈祖民俗文化的外展行为，由始至终都是一个地区的民俗文化的奠基，是民众世俗生活中文化形式的传承与发展的结晶，也是该地区民众对于中华传统民族文化内在的认同感。[①]

莆田妈祖故里贤良港中的港里村，是福建省历史文化和旅游名村，能够相对完整地传承海祭妈祖民俗文化活动的全貌，表现了妈祖故里的人们对于"妈祖"这个祖姑（莆田方言）的崇高敬意。海祭妈祖传统习俗最早缘起于古代的祭海龙王的民俗文化活动，后来妈祖作为

---

* 林菲菲，武汉理工大学艺术与设计学院2011级全日制艺术学（艺术教育方向）学术型硕士；林能杰，武汉理工大学艺术与设计学院教授、博士，艺术教育专业方向硕士研究生导师。

① 曹本冶：《中国民间仪式音乐研究》华东卷（下），上海音乐学院出版2007版，第3页。

福建最高的海神，人们就以此祭祀习俗规格形式来纪念和歌颂这位女神生前的功德。

海祭妈祖是贤良港的乡民们一种延续千年的祭祀妈祖民俗文化活动，主要是在海边以舟船祭拜的形式为主，它是妈祖民俗文化中不可缺少的重要组成部分，为妈祖民俗文化增添了独特的习俗魅力。自宋朝以来，很多史料上记载海祭自古以来就有，船只出海前都会先庙祭，上船后再举行海祭形式，祈求航海平安。[①]毫无疑问这是海洋文化与民俗文化碰撞出来的火花，是人类征服海洋漫漫征途上的一道独特的文化景观。海祭妈祖民俗文化活动不仅体现了历史传承性，同时也是深入研究妈祖民俗文化内涵具有典型意义的实例。史料记载，海祭妈祖民俗文化活动是宋末起源的，那时一般是在贤良港的古渡口，面对天然圣迹"三炷香"隆重举行。[②]经过历代的传承与发展形成了"春秋两大祭"——农历的三月二十三与农历九月初九，而海祭妈祖民俗文化活动则是"秋祭"。历代漕运都是由户部管辖，他们在这一天祭祀妈祖都是为了保护漕运，并在漕运结束后，再次祭祀妈祖，以报答妈祖女神的佑护。清朝之前，海祭妈祖的祭祀形式一直为民间所用，不被官方所用。贤良港的乡民们为了感念妈祖生前的功德，在海边举行海祭仪式。这一民俗文化活动具有特殊的文化底蕴，符合人类文化历史发展的秩序，特别是在这一古老的海祭民俗文化活动中，保留了很多非物质文化遗产艺术表现形式，如戏曲、音乐、舞蹈等，成为中华民族传统文化传承的重要载体。这种活动贴切大自然，涉及多种学科领域，具有深刻的精神文化内涵与重大艺术文化价值，是妈祖民俗文化与海洋文化共同发展的密不可分的真实写照，是世界非物质文化遗产

图1　海祭妈祖民俗文化活动现场

[①] 罗春荣：《妈祖文化研究》，天津古籍出版社2006年版。
[②] 林仙久：《林默的贤良港》，德宏民族出版社2012年版。

贤良港海祭妈祖民俗非物质文化遗产的价值初探
The Intangible Cultural Value of the Folk Custom of Worshiping Mazu in Xianliang Port

"妈祖信俗"中的重要组成部分。

（二）海祭妈祖民俗文化活动的发展现状

由于历史上的种种原因，1974年贤良港通往湄洲的公路码头被移建于文甲，这个千年古港因此被荒废。同时，由于大量修建妈祖庙宇，庙祭妈祖成为祭祀这位女神的形式主流，并在1985年天后祖祠被拆用于修建村部，贤良港和天后祖祠被人们、被社会所淡忘，使海祭妈祖民俗文化活动逐渐趋向消亡。如果不采取些抢救性的保护措施，这一民俗文化活动很可能面临消亡。

图2　28艘船模搭建而成的祭台

21世纪以来，随着经济和文化的进步与发展，贤良港成立了妈祖天后祖祠董事会，经多方收集历史文献资料，贤良港海祭妈祖民俗文化活动省级"申遗"终于在2010年5月10日获得成功，这一古老的民俗文化活动得以保护与发展。自2010年起，贤良港海祭妈祖活动规模进一步扩大，在海祭妈祖升天1023周年的民俗文化活动中，东南亚海外上万妈祖信众云集贤良港参与海祭活动。① 与之前几年相比，海面祭台面积由300平方米扩大到上千平方米，可容纳所有参祭人员。这艘巨型"妈祖神舟"高约3米，是由28条（妈祖在世28年）仿古船只并联而成巨大的祭祀平台，上面供有妈祖及其父母的神像，摆有大香炉和各种祭品。祭祀广场还有民俗表演、莆仙戏演出、"海神杯"书画笔会等，海祭活动内容丰富多彩。在这一古老的祭祀民俗文化活动中，保留了很多珍贵的非物质艺术文化遗产，具有非常宝贵的文化价值与学术研究意义。

---

① 林仙久：《林默的贤良港》，德宏民族出版社2012年版。

二、贤良港海祭妈祖民俗非物质文化遗产的精神内涵与文化价值

（一）海祭妈祖民俗非物质文化遗产所传递的精神内涵

海祭妈祖民俗非物质文化遗产作为妈祖民俗文化精神的重要外延形式，植根于中华民族民俗文化精神这块肥沃土地，发出璀璨的人文光芒。妈祖民俗文化精神的核心主要是以人为本，崇尚观照人、关怀人、激励人，一切以人为中心。这种民俗文化精神所呈现的是对人的尊严和价值、命运的维护、追求和关切，是重视人类价值、人格价值、社会价值和自然价值，体现了人类对于"真、善、美"的永恒追求。①

妈祖民俗文化精神，首先凸显的是高贵的人类价值，即人的存在本身就是超越价值的自然属性，即人的形体本身。妈祖本身具有身先士卒的表率作用，"见义勇为、慈悲仁爱"都是妈祖民俗文化精神的重要核心部分。②妈祖民俗文化精神的核心内涵其实也是一种生命意识，对人的生命的敬畏和关注，从而集中于人类价值的张扬，即"乐人之善、济人之急、救人之危"。妈祖民俗文化精神还是一种坚持不懈的奋斗精神，妈祖给予人们的救助，不仅是某种单纯的"恩赐"，不是让受惠者不劳而获，也不是给予包治百病的灵丹妙药，妈祖民俗文化精神对于激发人的战斗力和意志力具有鼓舞和激励的作用，妈祖给予人的自尊、自强和自救以强大信念，用灵智的天启之光，来驱赶人们内心的惊恐，使得人的心灵有归属感，冷静地观照自我生命价值，从软弱屈服中奋起。妈祖民俗文化精神成为人类在追求自身生存与发展过程中的精神支柱，以"真、善、美"价值理想为核心，妈祖民俗文化精神所呈现的正是一种人们对于自身的自强不息的奋斗精神。人的社会性决定了个人价值不能离开整体价值，个人价值只有在整体价值中才能得以实现。由于人类的社会活动具有群体性，因此和谐适合中华传统民俗文化精神的基本要素，是妈祖民俗文化精神中重要的构成要素之一，也是妈祖民俗文化精神的精辟之处。妈祖民俗文化精神对于士气凝聚的教化功能起到引导作用，也成为不畏艰险精神的强大推动力，其精神内涵还包括了和谐团结、同舟共济、诚信友爱、以和为贵和宽容海涵等中华优良传统民俗文化精神，是中华民俗文化精神的精粹呈现。

（二）海祭妈祖民俗非物质文化遗产所呈现的现代意义

在日新月异的当代社会，海祭妈祖民俗非物质文化遗产研究的意义已超出区域性民俗文化研究的范畴，趋向世界化。这些非物质文化遗产作为妈祖民俗文化重要的传承载体，对于当代社会文化来说，具有深远的教育意义和积极的社会作用。

---

① 林文豪：《海内外学人论妈祖》，中国社会科学出版社1992年版，第202页。
② 林文豪：《海内外学人论妈祖》，中国社会科学出版社1992年版，第204页。

贤良港海祭妈祖民俗非物质文化遗产的价值初探
The Intangible Cultural Value of the Folk Custom of Worshiping Mazu in Xianliang Port

在海峡两岸的政治方面，海祭妈祖民俗非物质文化遗产的研究对于推动两岸关系改善和国家统一具有重大深远的意义。自古以来，我国台湾地区妈祖民俗文化自发生到形成，从未断过，妈祖民俗文化作为两岸重要的文化沟通桥梁，成功打破了两岸长达几十年的僵局，突破了重重阻碍，把两岸同胞紧密相连在一起。妈祖民俗文化不仅消除了两岸同胞们心里的芥蒂，同时也促进了两岸经济、文化等方面的友善往来。这些非物质文化遗产作为妈祖民俗文化的重要传播载体，从文化的认同感和归附感的角度来说，对于地域归属和国家统一具有重大意义，也成为中华民族用来安定团结的重要媒介之一，从而促进海峡两岸和谐社会的构建。这也正是我国台湾同胞们对于中华民俗文化的认同，对于一个民族、一个国家的认同感。同时，海祭妈祖民俗非物质文化遗产，作为我国台湾同胞们的中华情结的重要载体，不仅拉近了两岸同胞之间的距离，也起到了推动中华民族强大的民族凝聚力的作用。

在经济方面，对于推动海上贸易和发展民俗文化旅游产业具有重大意义。通过传承与开展妈祖民俗文化活动，开发民俗文化旅游产业不仅是一种商业手段，而且是传承和发展妈祖民俗文化精神的重要途径。从古至今，千年历史的妈祖民俗文化具有丰富的文化资源而作为妈祖民俗文化派生出来的海祭妈祖非物质文化遗产，成为重要的民俗文化旅游资源之一。这些民俗非物质文化遗产具有很强的渗透力和感染力，从而逐渐形成一种妈祖民俗文化旅游项目，吸引众多海内外游客前来。妈祖民俗文化的深厚民俗历史文化底蕴，为我国民俗文化旅游产业奠定了良好基础。

在社会文化属性方面，妈祖民俗文化精神内涵包含了人与自然和谐相处理念，和谐至上、大爱为仁的妈祖民俗文化精神是中华传统民俗文化精神中重要的核心，也是"以和为贵"精神的延伸和扩展。妈祖民俗文化精神拉近了人与人之间的距离，是构建和谐社会精神文化不可缺少的重要精神理念。

同时，妈祖民俗文化精神中还包含了中国传统的儒家文化精神，即"孝悌之道、忠心爱国、慈悲仁爱"精神。海祭妈祖民俗非物质文化遗产作为妈祖民俗文化精神的传承载体，不仅符合妈祖民俗文化的需求和当代社会的需求，具有调和人与自然、人与人、人与社会之间的关系的作用，是一种特有的沟通方式，也是人类文化生活基础构成的重要因素。

（三）海祭妈祖民俗非物质文化遗产的社会功能

首先，海祭妈祖民俗非物质文化遗产对于民俗文化历史认知起到了帮助作用。它是妈祖民俗文化的外显形式，其本身就是一种历史的开创和沉淀。在研究非物质文化遗产的过程中，我们可以同时探究民俗文化历史的本身，洞察中华民俗文化的精神实质所在。研究海祭妈祖民俗非物质文化遗产的过程为探究中国民俗文化找到了一个很好的实例，从而获得民俗文化的精辟所在。通过对这些非物质文化遗产的研究，也可以从中了解一个民族的民俗文化历史发展的进程，这是历史承上启下的发展趋势的纵向统一。人类社会每发展到一个阶段，都会发展和形成一些民俗非物质文化遗产。这些民俗非物质文化遗产内容将会成为民族民俗文化精神的一种重要教材。这种民俗非物质文化遗产将以它特有的传递方式和传承途径，为后人留下先人的光辉历史和贡献、功德，对了解中华传统民俗文化的精华起到了很大的帮助和作用。

其次，探究这些民俗非物质文化遗产对发扬民族精神起到了很大作用。海祭妈祖民俗非物质文化遗产是妈祖民俗文化传递的重要媒介。在原始社会时期，人们对于世界的认知是主观和感性的，他们认为自然界中的一切生物都像人与人之间的关系，因此认为海神妈祖具有很强大的"神力"，并对其产生了信仰，从而形成了妈祖民俗文化体系，这些民俗非物质文化遗产作为妈祖民俗文化的关键传播媒介，与民间老百姓的生活紧密相连，在很大程度上满足了人们的精神需求，并在人们陷入困境时给予了精神帮助，这些非物质文化遗产正是妈祖民俗文化精神呈现的最好载体。这些民俗非物质文化遗产，经过历朝历代的不断传承、创新，使中华传统民俗文化得以不断创新改革。每个朝代的人文历史不同，人文生活背景不同，每个朝代的群体和个体属性不同，正是这些不同，使人们从中获得很强的民俗文化历史的共同认知感和归附感。海祭妈祖民俗非物质文化遗产以其特有的传承途径，把中华民族大家庭紧密相连在一起，对于促进中华民族兴旺、国家繁荣昌盛，起到民族凝聚力和社会推动力的作用。

海祭妈祖民俗非物质文化遗产对教化民众行为、构建和谐社会起到了很大作用。妈祖民俗文化作为一种无形的文化心理形式，对于每个信徒都具有潜移默化的渗透力和感染力，从而达到感化并约束其个体行为的效果。妈祖民俗文化精神依附于这些非物质文化遗产，符合中华民族传统民俗文化精神的精髓，传承和发展妈祖民俗文化，符合当代社会道德的需求、有利于发扬中华传统美德精华以及促进当代社会的和谐。妈祖民俗文化和中华传统民俗文化一脉相承，是中国传统儒家文化的扩展和延伸，中华民俗文化中那些传统优良美德，都是该民俗非物质文化遗产所蕴含的社会功能的呈现。

三、贤良港妈祖民俗文化旅游产业的发展模式

妈祖民俗文化中的非物质文化遗产，是我国现代民俗文化旅游产业发展中的特色载体。要推动妈祖民俗文化特色旅游，把妈祖民俗文化建成国际旅游精品之一；促进海峡西岸经济区的民俗文化旅游产业发展，进一步推动海峡西岸经济区建设。

妈祖民俗文化旅游产业的发展为以贤良港为中心的北岸开发区的经济发展提供了契机。作为妈祖故里（贤良港）的北岸经济开发区，已形成贤良港天后祖祠、妈祖阁、妈祖城"一祠、一阁、一城"三位一体的民俗文化旅游产业发展模式。[①] 北岸经济开发区牢牢抓住妈祖

---

① 林仙久：《林默的贤良港》，德宏民族出版社 2012 年版。

贤良港海祭妈祖民俗非物质文化遗产的价值初探
The Intangible Cultural Value of the Folk Custom of Worshiping Mazu in Xianliang Port

信俗这张世界遗产名片，充分发挥妈祖民俗文化的国际影响力，从而促进地方民俗文化旅游产业发展，获取更多的经济效益。目前贤良港已构成如下3种旅游产业模式：

其一，以"祠"作为旅游产业的发展模式。贤良港天后祖祠是很多东南亚地区妈祖信徒们追根寻祖、观光旅游的圣地，具有得天独厚、人杰地灵的旅游区位优势。以贤良港为中心的北岸开发区自成立以来，依托形式多样的妈祖民俗文化活动及妈祖民俗非物质文化遗产的呈现，全方位提升妈祖文化品位，2007年5月"首届闽台妈祖民俗文化活动周"在当地举行，天后祖祠积极参与协助。2008年4月，贤良港董事会团体应邀赴我国台湾地区参加金门天后宫访问，受到热烈欢迎。一系列两岸妈祖民俗文化的交流活动既增加了两岸文化交流，又激活了该地区的旅游观光产业市场，吸引众多海内外游客参与当地妈祖民俗文化活动，并受到妈祖民俗文化精神的感染，对贤良港妈祖文化董事会给予多次经济捐赠，从而带动了周边相关妈祖商品与商家的销售，例如，贤良港妈祖纪念像挂饰、妈祖塑像、妈祖线面以及与妈祖相关的书籍销售。

其二，以"阁"为桥梁的文化产业模式。妈祖阁，坐落于妈祖故里的麟山之巅，2008年4月开阁。总体造型端庄古朴，融合了传统风格和现代气息。阁内设有五色土展示厅、陈列厅、展览馆、接待休息厅等，是妈祖信众和广大海内外游客们焚香朝拜、观光旅游、休闲度假的神圣之处。妈祖阁成为妈祖故里贤良港的传世民俗文化景观之一，每年接待游客成千上万，它与妈祖公园相得益彰，为当地民俗文化旅游产业带来很大效益，也是弘扬妈祖民俗文化精神，促进海峡两岸文化、经济交流的重要平台之一。

其三，以"城"作为旅游产业的发展模式。全面建设妈祖民俗文化的载体，开发建设妈祖城，集休闲、娱乐、购物、餐饮、金融、文化、教育等功能于一体，分为旅游观光区、休闲度假区、生态居住区和教育服务区等，形成以妈祖民俗文化旅游为重点，以生态旅游、滨海旅游等为配套的国际知名民俗文化旅游胜地，促进莆田地区众多企业的经贸文化交流和合作，从中获得更好的经济效益。

四、发展民俗文化旅游产业，促进妈祖民俗文化传承与发展

随着全球化和科技现代化的兴起，海祭妈祖民俗非物质文化遗产成为民俗文化旅游产业的重要组成部分和重要传播媒介。在当代社会，这种民俗文化不再是单纯提供民俗文化精神信仰服务、团结地方民众、教化人心的角色，它更趋向现今的多元化发展。通过政府和民间贤良港妈祖董事会联合组织的现代运作方式——举行海祭妈祖民俗文化活动，对海祭妈祖民俗非物质文化遗产进行外在呈现，使得传统妈祖民俗文化达到现今贤良港观光性和创业化的目标。妈祖民俗文化与当地观光旅游产业的融合，一方面带动了地方民俗文化发展，另一方面也可以让现代年轻一代的潜在信徒们对传统的妈祖民俗文化有更多的接触和了解，同时促进海祭妈祖民俗非物质

文化遗产朝现代化方向和多元化功能发展，丰富莆田地区的妈祖民俗文化面貌。

通过莆田贤良港的海祭妈祖民俗文化活动，弘扬中华民族传统文化，扩大其在世界各地妈祖信众的影响，增强中华民族文化认同感和归属感。在大力发展海峡民俗文化旅游产业的经济基础上，更应该注重民俗非物质文化遗产的传承和发展。

五、结语

海祭妈祖民俗非物质文化遗产面临着消亡的趋势，为了使之得以传承和保护，当地政府开始采取保护措施。其保护形式和保护手段分为静态保护和动态保护：①对海祭妈祖民俗非物质文化遗产的静态保护，是利用现代科技手段，将民俗非物质文化遗产通过文字、声音、实物等记录在照片、音频、光盘、博物馆、图书馆和信息库里。文化是一个社会历史沉淀的过程，也是一个自然生长的过程，趁其还处于生存状态，记录其生存状况，即使最后消亡，也能拥有宝贵的非物质文化遗产。②动态保护是让这些民俗非物质文化遗产传承和发展受到现代生活的约束，即迎合社会生活。由于贤良港的社会条件和观念价值，我们无法对其采取动态保护方式，唯有加快对其静态保护步伐。这两种传承保护形式对于海祭妈祖民俗非物质文化遗产的保护都具有重大意义。

Abstract: This paper, with thorough analysis of the history and status quo of the custom of worshiping Mazu in Xianliang Port in Putian, expounds the spiritual and cultural connotation of this practice as an intangible cultural heritage, its social functions as well as its implications for our modern society. Meanwhile it furthers the discussion in terms of the economical model of the tourist industry of folk culture, emphasizing that greater importance should be attached to inheriting and developing the intangible cultural heritage of folklore when much attention is being given to folk culture tourist economy.

Keywords: Xianliang Port in Putian; Folk Culture of Mazu; Marine Worship; Cultural Heritage

数字媒体环境中传统文化传播与保护
——以 ahage.net 为例 *

◎ 秦 枫 **

摘 要：从传播学角度或从文化传播的角度来考量数字媒体，数字媒体环境中的文化传播过程，既遵循拉斯韦尔的"5W"传播模式，同时传播内容又有别于一般的信息传播，传播机制也有自身的特点。数字媒体的精髓是"文化为体"，文化内容的产生模式均由网站用户生成，即用户生成内容模式（UGC）。其传播模式应为：融合全媒体，多元化传播。多种媒介交互发力，共同推动文化传播。数字媒体还促使线上线下对传统文化资源的保护。

关键词：数字媒体；传统文化；安徽文化网；传播

传统文化价值的传播有利于民众文化素养的提高，文化素养的提高有利于社会整体素质的增强，更有利于国家软实力的提升。在文化强国语境下，论及传统文化传播与保护实属必要。用什么文化去增强综合国力，不言而喻，在数字媒体环境下，必须挖掘传统文化价值，使之呈现出强大的生命力，为其他产业或行业赋予文化内涵，提供精神和智力上的"燃料"，提高产业附加值。

传统文化的传承、创新以及价值的重现，其前提与基础是保护与传播。"传播"有利于文化的普及和素养的提高；"保护"有利于文化的传承和利用。尤其在互联网时代，传统文化的传播与保护是当前面临的新问题。本文以安徽文化网（www.ahage.net，下文均用 ahage.net）为例探讨分析数字媒体环境下安徽文化（传统文化）的传播特点、传播内容生成模式、传播模式以及传统文化的保护机制。

---

* 基金项目：国家社会科学基金青年项目，徽州文化资源保护与产业融合研究 [14CGL056]；高等学校省级优秀青年人才基金重点项目，徽州文化遗产资源数字化及其应用研究 [2013 SQRW0132D]。

** 秦枫，男，安徽宿州人，安徽师范大学传媒学院讲师，中国科学技术大学在读博士。研究方向：文化资源与文化创意产业、数字媒体。

一、概念阐述

（一）数字媒体

数字媒体技术融合了数字信息处理技术、计算机技术、网络技术等。但从传播学角度或从文化传播的角度来考量数字媒体，不能仅仅将之当作一个纯粹的技术概念，而应将数字媒体看作是一种新型的传播方式，互联网时代，文化的传播、保护和发展离不开数字媒体。数字媒体不仅能进行大众传播，还能在大众传播的基础上进行分众传播和互动传播。"文化为体，科技为酶"是数字媒体的精髓，其传播内容是文化，传播动力是"科技"，即赖以生存的基础是互联网技术。

（二）传统文化

在文明演化过程中，每个历史时期反映的民族特质和风貌的文化，是不断沉淀、继承、发展和创新的。本文以安徽文化为切入点，以数字媒体技术为考察背景，以 ahage.net 为研究对象，以管窥中国传统文化在数字媒体环境下的传播和保护机制。

ahage.net：中文域名是"安徽文化网"，该网站是由个人创办的公益性网站。致力于打造安徽历史文化第一门户网站，主要由安徽文化的爱好者共同打造和维护，是安徽省内唯一一家专业的历史文化类网站。发布与安徽有关的历史、文化、风俗、戏曲、建筑等各类信息，致力于安徽省内文化研究、文物保护、非物质文化的挖掘与整理、宣传与推广，打造安徽文化的交流平台。该网站以数字传播为手段，以安徽文化为内容，强化安徽民众本土文化认同感，提升安徽文化影响力，打造安徽文化软实力。

二、传统文化与数字媒体互动融合

（一）现实使然

早在 2006 年，李长春在广东考察时就指出：大力推进文化创新，运用高新技术特别是数字技术改造传统文化的创造、生产和传播模式，最大限度满足人民日益增长的精神文化需求。要以文化创新为动力，把民族文化与高新技术结合起来，提高民族文化的影响力。他在多次讲话中要求科技与文化融合，安徽文化网将此融合付诸实践。在数字媒体时代，历史文化与科技传播手段的结合，使得历史文化历久弥新，书墨气息一旦与现代科技融合，必将迅速扩散，陶冶"工业化"的生活，历史沧桑感也随数字媒体传播技术倍感珍贵。正如曼纽尔·卡斯特（Manuel Castells）所说："新电子媒介并未脱离传统文化，而是吸收了传统。"[①]

文化传播是基于人类社会的需要，文化传播促进了人类社会的发展。科学技术愈发达，传统文化愈珍贵。似乎科

---

① [美]曼纽尔·卡斯特：《网络社会的崛起》，夏铸九、王志弘等译，社会科学文献出版社 2006 年版，第 348 页。

数字媒体环境中传统文化传播与保护——以 ahage.net 为例
The Protection of Traditional Cultural and Communication in Digital Media Environment: A Case Study as "ahage.net"

技在侵蚀着传统文化、割裂了传统与现代,但实质上二者是紧密联系,共同发力。科学技术愈发达,传播途径愈多元,传播手段愈便捷,文化传播愈广泛,必将促使历史文化转变为现实存在。数字媒体不仅是科技的进步,更是时代的进步、文明的体现。数字媒体不仅将文化全球化,同时,它也必须根植于某种传统文化价值的土壤中,才能更好更稳定地发展。[①]

(二) 融合实例

传播文化,当然要找到一个好的切入口和平台,当前民众对传统文化的渴求,想了解历史、了解传统但又无从下手。ahage.net 作为数字媒体,为社会提供一个了解传统、了解安徽文化的渠道,为安徽文化爱好者提供了良好的交流平台,为传统文化提供了新的表达方式。ahage.net 平台就是根植于安徽文化这一土壤中,在其中汲取文化养分。它极大地扩展了安徽文化的传播范围和渠道,影响传统文化发展方向和普及率。该网站工作人员和网友在 ahage.net 上将身边的传统文化现象、文学作品、艺术作品、民间民俗等数字化编码,使之适应网络传播的语言,通过网络技术进行传播。例如,ahage.net 将名人字画作品数字化拍摄或扫描,通过该平台展示和传播;将某些亟待需要保护的文化(遗迹)信息在平台上发布,以引起社会或官方的关注,从而起到文化传播和保护的作用。

传统文化为科技提供传播内容,提升网络文化内涵。传统文化为生硬的科学技术营造宽松的人文环境,以柔克刚,刚柔并济。ahage.net 以传统文化立网,从 ahage.net 形式到内容均展现中国传统文化元素,例如,从 ahage.net 网页设计可以嗅出传统文化的书香气。网站主页背景是以水墨色调为主,图纹是中国传统文化中的水墨窗格雕花,水墨是中国传统文化的典型;网站站名由著名书画家王守志先生题写,字迹雄健,意象开阔,收放自如,为网站平添了几分书墨香,同时也通过网站传播书法艺术。

三、数媒环境中传统文化传播与保护机制

数字时代民众已不再满足于传统媒介去获取文化知识,而需要在新的媒介平台上与其他用户进行交流,并实现自我价值。数字媒体传播模式则有利于适应新型受众,ahage.net 就是一个传播文化的互动交流平台。如上所述,数字媒体已超出网络技术的范畴,它的发展已然影响社会的各个领域,特别是成为文化传播、传承、保护、创新的驱动力和正能量。数字媒体环境中的文化传播过程,既遵循拉斯韦尔的"5W"传播模式,同时传播内容又有别于一般的信息传播,传播机制也有自身的特点。

(一) 数字媒体传播特点

数字媒体作为一种新型传播形式打破了时空的樊篱,其依赖于网络技术的开放性、身份的隐匿性、交流的互动性和信息的聚合性,为传统文化的传承和保护提供了便利。传统文化也凭借数字

---

① 黄佳:《数字媒体如何传播传统文化》,《新闻爱好者》2010 年第 5 期,第 49 页。

案例 CASE

媒体平台拓展了更广阔的发展空间。

（1）公共性：ahage.net 用户均是文化爱好者（如教师、作家、画家、企业员工、学生等文化爱好者），对传统文化有着浓厚的兴趣。基于某一个文化主题形成一个公共的虚拟的空间，或者可以说是哈贝马斯所设想的"公共领域"，在此虚拟领域内，网友或用户可以不受时间和地域的限制分享各种观点，不仅可以发表自己的文化资料，也可以完善其他用户的文化信息，实现文化补充、文化增值，在模式上由单纯的"读文化"向"写文化"以及"共建文化、共享文化"发展。

（2）隐匿性：在数字媒体传播中用户身份的隐匿性，淡化用户身份、年龄、地域等现实，使之变得虚拟，使任何人在网络等媒体上与人交流时都是在虚拟空间进行，模糊了传播参与者的身份，降低了信息传播的准入门槛。网络用户可以通过 ahage.net 或超链接方式随心所欲地获取信息，而且数字媒体本质是一种技术形态，基于现实因素的考量，网络为公共领域的建构提供了一个很好的途径，为社会的发展和公众的科学文化素养的提高提供了平台。

（3）互动性：数字媒体打破传统的单向传播，最大的特点就是注重用户的互动交流。互动传播是双向交互而又循环往复的信息运动过程，即在文化传播中，网站用户既是网站内容的浏览者，也是网站内容的制造者。即安徽文化网中内容生产者不是唯一的，每一个网友既是网站内容的消费者，同时也成为网站内容的生产者。每一个人既是传播者又是接收者，传播者和接收者各自兼有双重身份，每一个人都可以从 ahage.net 平台接收信息，又可以利用依赖这个平台传播发布信息。文化资源的共享则是互动传播的基础。

（4）聚合性：文化信息在网络上不断积累、聚合，不会丢失，形成文化集合或积聚，在该平台上不断完善安徽传统文化，以供更多人群共享和使用。根据长尾理论，众多用户贡献其所掌握的点滴文化资源，将身边的文化信息及时上传、分享，完善和丰富整个网站，将海量的文化资源信息整理成一个庞大的传统文化数据库，来满足各类用户的精神文化需求。

（二）数字媒体传播内容

数字媒体的精髓是"文化为体"，即文化是数字媒体传播主体内容。ahage.net 所传播的内容主要是与安徽相关的历史、遗迹、文化、风俗、戏曲、建筑等各类信息。

从文化内容表现形式来看，主要为图片、文字等，将不同时期不同区域的文化事象转化为数字化的语言，将历史文化转化为现实存在展示于该平台上；从文化内容形成时间来分，既有安徽古代的文化资源，也有现代的文化信息，利用网络技术手段将静态的安徽文化演绎为历史过程；从文化内容来源上来说，既有网站用户原创文化作品，也有转载的文化信息、文化新闻等。

对于安徽文化的本身可以从不同视角去区分和归类，但这些文化内容对于网站来说，它的产生模式均由网站用户生成，即用户生成内容模式（UGC）。数字媒体的传播内容来自它的用户。ahage.net 用

数字媒体环境中传统文化传播与保护——以 ahage.net 为例
The Protection of Traditional Cultural and Communication in Digital Media Environment: A Case Study as "ahage.net"

户基于兴趣（热爱传统文化、传播传统文化）为聚合点形成一个社群，社群由不同专业背景和知识结构的人员组成，没有哪一个成员可以掌握所有的文化信息资料。所以每个成员都有可能从社群其他用户那里获得自己需要的文化资料，同时也贡献自己所拥有的文化信息和观点，或根据其他用户的文化主题增补更多的信息资料，或对其他用户提供的文化信息进行审核修改，以保证平台上的文化资料的正确性和权威性，或以其他用户所传播的文化为蓝本进行加工创造，形成一种新的文化形态，以促使文化的多样性和多元化。

从安徽文化网实例来看，数字媒体传播内容生成过程，也是文化传播、文化创新的过程。这与一般的信息传播有一定区别，一般的信息传播是对信息的客观存在的陈述，在信息传播中不应改变信息本身，但根据二级传播原理，信息从媒介到舆论领袖到受众，再从受众到媒介的过程中，传者（受者）可能会根据自己的偏好或外界干扰，最终导致信息偏差。

前者会形成积累效应，将文化信息不断积聚，把安徽传统文化和当代文化建设及发展成果用数字媒体技术表现出来，形成文化资源电子数据库，使之成为传播传统文化的重要媒体和平台。而后者会形成耗散效应，信息内容不断消耗或偏差，形成不实或片面的信息。

（三）数字媒体传播模式

传统文化在数字媒体环境中的传播模式应为：融合全媒体，多元化传播。多种媒介交互发力，共同推动文化传播。

所谓全媒体传播，是实现任何人、任何时间、任何地点、以任何媒介对传统文化的传播。ahage.net 用户都是一个信息点（或接收点或发射点），通过自己的途径，可以是传统媒体（如报媒、书籍、实物、原始的文化资料等），尽可能地传播安徽传统文化。用户可以从 ahage.net 网站平台上获取（接收）文化知识或信息，也可以通过 ahage.net 网站平台发射自己所拥有的文化信息资料，再通过 ahage.net/bbs 讨论扩展，让数字媒体发挥二极管的效用，不断扩大传播范围和受众人数。

同时进行多元化的文化传播，即以主网站为基础，将安徽文化网延伸至 QQ 社群、腾讯微博、新浪微博，将文化信息在腾讯或新浪微博上转发，然后再通过个体信息传播渠道不断延伸和扩散，使得传统文化价值如涟漪般传播。

与其他媒体或社会组织或政府机构建立合作关系。与安徽电视台等传统媒体合作开展有关传统文化的活动，被文化部指定为"中国文化市场三十年"系列活动唯一民间网站支持媒体等。通过与其他组织的合作，以活动为载体，提高 ahage.net 本身的知名度和可信度，扩大其社会影响力，同时也更好、更快、更广地传播了传统文化。

（四）数媒环境下传统文化保护机制

（1）线上宣传：网站用户根据个人兴趣或出于对某种文化的保护，添加某个文化信息，在这一主题下，其他用户对该信息点再传播，进行更深的文化探寻，以增加该主题的内容，增加该文化信息的提及率，使之在线上充分地宣传，引起其他用户或社会的关注。

（2）社群集合：基于某个文化保护的信息点形成一个虚拟的趣缘社群。出于对文化遗迹或文化事象的保护，网站用户会形成一个细分的社群，成员会从各自专业知识的角度在数字媒体平台对该文化的现状、保护措施进行线上的讨论，为下一步的实践达成一致意愿。

（3）线下行动：线上的趣缘社群，是一种虚拟的网络行为。但他们会因文化的志趣从虚拟的数字平台回归现实，为了某一文化约定或文化探寻或文化保护，结成松散的集合，从线上走向线下，由虚拟回归现实，以实际行动真正关注和保护散落民间、濒临消失的文化。让传统文化价值的时空传播变为现实传承。

（4）协同保护：ahage.net平台上的文化传播和线下的文化行动，引起社会和官方重视。安徽文化网自成立以来，先后多次实地探访民间文化（物）等活动，如参观合肥徽文化博物馆、探访芜湖大清监狱和花街、关注庐江即将拆除的西门湾和岗上老街等，该活动均由网站用户自发组织，吸引了一批民间文化爱好者、文化名人、学者专家的加入和参与，引起了广泛的关注。安徽文化网还针对非物质文化遗产保护、日军在安徽的暴行、毛主席与安徽、纪念邓小平视察黄山三十周年等制作了专题、开辟专栏，在各地及部门引起强烈的反响。网站发起的文化探寻和文化保护行动，凝聚了文化人士协同保护和传播传统文化。

数字媒体的发展为传播和保护文化提供了各种融合的渠道，加强了对传统文化资源的挖掘和保护。安徽文化爱好者以ahage.net为载体，发布身边的需保护的文化资源，以唤起网友和社会，甚至官方的重视。

四、数媒时代传统文化传播的思考

党的十七届六中全会通过的《中共中央关于深化文化体制改革　推动社会主义文化大发展大繁荣若干重大问题的决定》（以下简称《决定》）中提出要发展现代传播体系，其中就包括网络媒体，同时提出"文化与科技相融合"即文化领域的现代科技知识普及和现代科技在文化创作、生产、表现、传播等方面的应用。安徽文化网（ahage.net）不管是技术层面还是内容层面，都契合《决定》的要求，社会组织或机构都应利用好数字媒体这一平台，在充分考虑现实文化生存环境和文化传播目的前提下，观照社会大众接受水平的角度，将数字媒体平台改进得更加人文、便捷和友好，提高传统文化普及率，提升民众文化素养，促进文化传播的便捷性和文化知识的可达性。

（1）协同提升。在数媒环境下，网络技术平台上的信息过于冗繁，良莠不齐，若有更多的个人或组织能利用自身的兴趣或力量来提升、净化数字环境，传统文化价值才能得到发扬和认同，整个社会的文化素养将大幅提升，从而起到文化普及和文化提升的作用。

（2）社会支持。安徽文化网是由个人创办的公益性网站。仅是一个民间自发性网站，与其他地区或省份（江苏文化网、江西文化网）的文化网有质的区别，上述两省文化网均是省文化厅主管。

身份的不同,可能会导致获取政策资源或社会支持的能力偏弱,可信度也会打折扣。若能得到社会或政府更多的关注,相信会发展得更好。

同时,该网站坚持其公益性,网站的运营和维护费用均由社会赞助或个人出资,缺乏盈利能力。为了网站的长期良性发展,可以考虑一定的盈利模式,以维持网站运营,如以会员制来收取会费,以补贴网站费用支出。

Abstract: From the perspective of communication or cultural transmission from the standpoint of digital media. Digital media environment in the process of cultural spread, both follow the Lasswell's "5W" mode of transmission, and the dissemination of the contents are different from general information dissemination, dissemination mechanism also has its own characteristics. Digital media is the essence of the "culture", the cultural content of the model by the web site user generated, i.e. the user generated content model (UGC). Its mode of transmission should be: integration of all media, diversity transmission. A variety of media interaction force, and jointly promote the cultural communication. Digital media has also prompted the line of the protection of traditional culture resources.

Keywords: Digital Media; Traditional Culture; ahage.net; Transmission

案 例 CASE

环境、行为、文化韵味：历史上鄂伦春人和外界的交往*

◎ 何 群**

摘 要：鄂伦春族是世代生活在中国东北部大小兴安岭地区的传统狩猎民族。一般而言，狩猎并辅之以采集、捕鱼的生存方式，较之畜牧、农耕等文化样式，区别或主要特点在于，这是一种自然攫取经济，是人类主要与自然发生关系的初始而简单的生存方式，是"简单文化"。从1647年迁移至黑龙江南岸到1949年，几个世纪的经历表明，尽管该族游猎区域广大，周围少有人烟，然而，他们并没有过着一种完全孤立、没有任何其他文化影响的生活。事实是，他们一直与外部社会发生着或多或少的互动。这种互动形态，饶有趣味地生动体现了环境与人类行为的关系。其中蕴含的文化韵味，既包括文化交流，同时更多情况下表现出简单文化因内在适应限度局限而蒙受损失的民族关系特点。这一角度的观察，无疑会增添对鄂伦春族等小民族真实世界的理解。

关键词：环境；行为；文化韵味；鄂伦春人

鄂伦春族是世代生活在中国东北部大小兴安岭地区的传统狩猎民族。一般而言，狩猎并辅之以采集、捕鱼的生存方式，较之畜牧、农耕等文化样式，区别或主要特点在于，这是一种自然攫取经济，是人类主要与自然发生关系的初始而简单的生存方式，是"简单文化"。从1647年迁移至黑龙江南岸到1949年，几个世纪的经历表明，尽管该族游猎区域广大，周围少有人烟，然而他们并没有过着一种完全孤立、没有任何其他文化影响的生活。事实是他们一直与外部社会发生着或多或少的互动。这种互动形态，体现了自然环境与人类行为的关系。其中蕴含的文化韵味，既包括文化交流，同时更多情况下表现出简单文化

---

* 本文是笔者所主持的2013年度国家社科基金项目"内蒙古等地三少民族对改革开放以来环境巨变的适应"阶段性成果。

** 何群，内蒙古师范大学社会学民俗学学院教授，中国社会科学院民族学与人类学研究所博士后。

环境、行为、文化韵味：历史上鄂伦春人和外界的交往
Environment, Behavior, and Culture: the Communicaton of Oroqon Oroqon and the Outside in History

因内在适应限度局限而蒙受损失的民族关系特点。

一、狩猎文化形成和维持的环境条件

了解鄂伦春族狩猎文化及其形成这种传统文化的环境条件，是理解该族历史上民族关系特点的基础。一种文化是一种技术、社会结构和观念的综合构成，它经过调整而适应于其自然环境和周围的其他文化。文化在人类与其生态环境之间起着举足轻重的作用，人类通过文化认识到能源或资源，同时又通过文化获取、利用能源或资源。一般而言，简单、原始的生产技术形成和维持于特有的环境；同时，越是简单、原始的生产技术越是更多地受环境的制约。鄂伦春族有史以来即为狩猎民族。他们的狩猎文化——简单文化，是历史上适应周围的自然环境和社会文化环境的产物，适应特有单一环境的结果，形成简单文化。当环境发生急剧变化时，简单文化的特点，却限制了他们适应新环境的能力。

概括而言，从元明时期以来到1949年，鄂伦春族狩猎文化形成、维持的自然环境和社会环境，具有3方面特点：其一，可以攫取作为生活资料的自然资源非常丰富，足以满足他们的生存；其二，地广人稀，其他文化的影响微乎其微；其三，与外部世界交往甚少，外界的影响始终没能彻底动摇传统狩猎文化。

就自然环境而言，17世纪中叶以前，鄂伦春人主要分布在贝加尔湖以东，黑龙江以北，直到库页岛的广大地区。石勒喀河、黑龙江、精奇里江（结雅河）、牛满河（布列亚河）、恒滚河（阿姆贡河）流域以及库页岛，都是他们游猎和居住的地方。19世纪中叶移居到黑龙江南岸、大小兴安岭地区以后，他们的居住区和活动范围，主要在黑龙江和内蒙古自治区的东北部地区，即东经122°~131°，北纬48°~53°。两岭两江一山——大兴安岭和小兴安岭、黑龙江和嫩江的交叉纵向排列，伊勒呼里山在两岭之间的横向逶迤，构成类似"Π"形的鄂伦春族所居地域的基本框架。

暂且不论历史和社会环境因素，适应"两岭两江一山"的自然条件，狩猎成为鄂伦春人的生存方式。大兴安岭由东北向西南斜贯于黑龙江省和内蒙古自治区境内，平均宽约230公里，南北长约1400公里，高度在海拔800~1700米。北段高度平均不足900米。中段高度为1200~1500米，南段高度在1500米以上。西麓多波状丘陵地，东坡陡峻，河流湍急，多布库尔河、甘河、奎勒河、诺敏河、绰尔河发源于此，从西向东流汇嫩江。这些河流构成许多峡谷，在峡谷之间有很多大小不等的盆地。大兴安岭北部山地，位于我国最北端。大体从北纬50度往北是我国最寒冷的区域。气温最低均在零下48摄氏度以下。这里是我国唯一的寒温带落叶松、樟子松森林分布区。林地面积在12万平方公里以上。气候特点是温度低、湿度大。最低温度可达零下52摄氏度。全年积雪期长达150天以上，不适合发展农业。年降雨量达450毫米以上，遮天蔽日浓密潮湿的森林中，也不适于发展畜牧业。然而广袤的林海、草滩中禽兽群集，野生动植物资源丰富，为人口微少的狩猎群

案 例 CASE

体——鄂伦春人提供了足够的生存资源。小兴安岭自伊勒呼里山脉向东南伸展，直抵松花江畔，海拔为600~1000米，大部分是300~500米的丘陵或洪积台地。呼玛河、宽河、法别拉河、逊河等大小支流，从西向东注入黑龙江；北至伊勒呼里山，盘古河、呼玛河从山北流出汇入黑龙江；南有汤旺河、梧桐河，流汇松花江。小兴安岭气候比大兴安岭地区温和得多。松花江和黑龙江河谷虽然夏季较长，有时很热，但冬季很冷。植物同样繁茂，野生动物与大兴安岭也不同，没有犴和野生驯鹿，野猪和狍子很多。鄂伦春族近几百年来就在这方圆几十万平方公里的大小兴安岭山区进行游猎活动。元明时期，汉文史籍以"林中百姓"泛指这一地带包括鄂伦春族在内精于骑射的各个民族，而清朝，泛称其为"索伦诸部"。

从社会环境来看，考察该族迁移至黑龙江南岸后的社会文化演变史，构成其社会环境的基本因素为两方面：一是外部统治者——政府和各种政治势力。主要包括清朝、民国时期的统治制度和日本侵略势力的控制以及1945年之后国民党和日伪残余纠集形成的政治势力。二是与政府行为直接关联的其他环境因素。其中具有举足轻重影响的历史事件，包括清政府对东北实行"封禁"和"封禁"的废除；"黄金之路"的修通以及清末民初推行的鄂伦春猎民"弃猎归农"政策。

清初（1668年）朝廷对东北实行"封禁"和晚清时（1904年）"封禁"的废除，政府控制下的汉族人口的大规模迁移东北，土地资源开发，农业的兴起，城镇、市场的涌现，潜移默化地改变了鄂伦春族传统的社会环境和自然环境，日益渗透并侵蚀着狩猎文化，推动了传统狩猎文化的变迁进程[1]。当时外地人口流入状况，据记载，至宣统三年（1911年），黑龙江地区的荒地均已在不同程度上得到开垦，改变了昔日人迹稀少的格局。1911年，黑龙江有居民187739户，206万人，垦地306万晌，生产粮食185454.36公斤，有余粮50026.08公斤作为商品粮投放国内外市场。此外，还有烟草、大麻、靛蓝、甜菜等经济作物外销各地。农业的发展促进了粮食工业的全面兴起，出现了油坊、烧锅、纺织、磨坊等作坊。当时黑龙江11个地区，包括鄂伦春族所在的布特哈、墨尔根以及外围的齐齐哈尔等地，有285家油坊和114家烧锅。[2]

另一历史事件，是漠河金矿的发现与"黄金之路"的修通。1883年，漠河

---

[1] 从顺治元年（1644年）到康熙七年（1668年）是东北"自由放垦"时期，清廷鼓励汉族人出关垦殖土地。康熙七年（1668年），清廷取消《辽东招民开垦条例》，颁布"封禁令"，禁止汉民进入东北垦耕。咸丰初年（1851年），东北沙俄入侵、民众不满，局势危急，"封禁令"已难以贯彻执行。面对严峻的局势和社会舆论压力，清廷不得不取消对东北的"封禁令"，宣布出放东北全部土地，招民领垦。光绪三十年（1904年），日俄战争爆发，东北地区成为日俄侵略角逐之地。为保卫领土主权，清廷宣布开禁放垦黑龙江地区的全部土地，农业开发速度快、面积广，一直深入鄂伦春族生活腹地西布特哈、东布特哈、墨尔根，即今天的内蒙古、黑龙江省鄂伦春族聚居地区。

[2] 马汝珩、成崇德主编：《清代边疆开发》，山西人民出版社1889年版，第419-420页。

环境、行为、文化韵味：历史上鄂伦春人和外界的交往
Environment, Behavior, and Culture: the Communicaton of Oroqon Oroqon and the Outside in History

一名鄂伦春人在为母挖墓穴时，挖出若干大块金砂。[①]还有一种说法，是一名鄂伦春人在漠河今被称为老沟河的河谷，为葬马掘墓时发现许多金苗。[②]总之，发现丰富金矿的消息不胫而走。来漠河采金的人不仅有俄国人，还有日本人、韩国人等，仅1883~1884年，就盗采黄金219000多两。在这种形势下，清朝派李金镛开创漠河金矿，调派"库玛尔路协领派佐领台吉善带领鄂伦春马兵20名为其前引，由墨尔根轻骑简从，穿林越谷，牵用马驮，经由山谷辟路直达漠河，首创嫩漠山路站道"。[③]即"黄金之路"。"黄金之路"从嫩江到漠河共有驿站30所。[④]漠嫩公路——"黄金之路"的修通，成为连接中原与东北边疆的重要交通枢纽，为内地和边疆经济文化交流提供了条件。对世居居民鄂伦春族而言，这条纵贯其生活腹地的公路的出现，外地人口的进一步流入，各种信息、文化的传播，进一步改变了以往因地理上的相对隔绝、封闭而形成的文化基本上单独进化的历史。与此同时，外部人口的日益增多，对自然资源的利用、开发，日益威胁着传统狩猎生产所需要的生态环境。

清末民初政府出于国家实际利益的考虑而在鄂伦春族中推行的"弃猎归农"措施，可以说是政府干预该民族文化变迁的重要历史事件。"弃猎归农"举措主要实施于现黑龙江省境内黑河、呼玛等地鄂伦春人地区。这种政府干预文化变迁的是非功过世人仍在评价，话语嘈杂。作为历史经历，其影响一直延存至今。

穿越几个世纪的时空，可以发现，尽管社会环境的变化从没有停止，但是总的来讲，环境的改变尚没有达到狩猎文化难以维持的地步。

鄂伦春族狩猎文化形态，能够延续至20世纪50年代，在一定时期内狩猎工具的改进固然起了作用，但并不说明这种自然攫取经济在任何历史条件下都有其旺盛的生命力，而主要是依靠地广人稀这个有利的外部条件，为他们提供了足够的回旋余地。社会环境单一，缺少文化借鉴和交流的机会，几百年时间里，几十万平方公里的大小兴安岭地域内，只有数千人口的鄂伦春猎人在这里从事狩猎，辅之以采集、捕鱼。在最早，他们是自给自足，后来与外界发生以动物皮张、药用、补品部分，交换他们所需要的枪支、子弹、火柴、粮食等生活必需品。

清朝封禁时期，鄂伦春族所活动的黑龙江流域、嫩江流域，一直是一个地

[①][③] 王兆明主编：《新生鄂伦春族乡志》，黑龙江人民出版社2003年4月版，第16页。
[②] 关小云：《大兴安岭鄂伦春》，哈尔滨出版社2003年7月版，第4页。
[④] 即墨尔根站、二站、三站、四站固巴河站、五站雅鲁萨台河站、六站库凌河站、七站、八站三松河站、九站鄂多河站、十站阿鲁河站、十一站嘎鲁河站、十二站庆洞站、十三站二根河站、十四站兴安岭站、十五站北实黑站、十六站会实清站、十七站达拉罕站、十八站谭宝善站、十九站依沙溪站、二十站依西肯站、二十一站窝洛站、二十二站布拉戈站、二十三站盘古河站、二十四站安盖站、二十五站额木尔河站、二十六站扎林库尔河站、二十七站祥龙河站、二十八站祥牛河站、二十九站永河站、三十站漠河站。这些驿站名称沿用鄂伦春族对这些地区依山川、河流而命名的传统称呼。见《近代鄂伦春族大事迹》，转引自关小云著《大兴安岭鄂伦春》，哈尔滨出版社2003年7月版，第6-8页。

案例 CASE

广人稀的地区。当时黑龙江有所谓"边外七镇",其中属于黑龙江的有3镇,即卜奎(今齐齐哈尔市)、墨尔根(今嫩江)和瑷珲(今爱辉),加之上述清朝便于军中运输而先后设立的若干台站。除此以外,这广阔的地区内,几乎没有多少人烟。在现内蒙古地区,地理环境更为封闭,到处都为莽莽苍苍的森林所覆盖,成为野兽们的栖息之地。这种优越的自然环境,对于仅有几千人的狩猎民族来说,自然是不愁没有驰骋的余地的。据计算,森林里从事打猎和捕鱼的族群所必需的自然条件是,1平方公里不超过0.05人,草原上的狩猎族群1平方公里不超过0.09人;兼事简单农业的狩猎民族,才达到1平方公里0.1~0.2人。①1949年前,黑河地区有300余户鄂伦春人,分散在51处,每处之间的距离几十华里到100华里。1951年鄂伦春自治旗成立时,全旗面积5.9万多平方公里,有人口778人,其中鄂伦春族774人,即85.4平方公里才有1个人,以攫取经济为特征的狩猎文化所依托的人口与自然资源的关系不存在紧张问题。

在上述环境条件下,鄂伦春族传统狩猎文化表现出以下主要特点:社会组织建立在以血缘关系为基本纽带的氏族基础之上。以血缘、亲属关系结成的社会基本生产单位——"乌力楞",组织规模只是由2~3家,或4~8家,最多不超过12家的单位组成,家庭人口一般是4~7人。整个社会实行共同劳动、平均分配、互助互惠制度,社会关系十分简单;与简单的技术、社会组织相适应,宗教观念上以万物有灵作为基本信仰,供奉山神、共同的氏族祖先,宗教观念渗透到技术、组织制度等文化各个层面,具有牢固的社会功能。社会推崇狩猎能手,给予长辈、长者特殊社会权威,崇尚舍己为公、诚实守信美德。作为简单文化的一个类型,传统狩猎文化相对于复杂文化多元和异质性特点,除了具有简单文化谋生手段较为原始以及与生存技术相关社会组织结构相对松散观念上的萨满教信仰外,还具有容易受到环境的约束、适应急剧变化环境的能力较差的性质。

狩猎是人类最初始的生存技术,辅助部门采集和捕鱼也是直接作用于自然,因此,关键是要"地广人稀"。"地广",即要有足够的可供狩猎生产得以进行的地域空间,而且要求丰富的动植物资源,可供其食肉衣皮。"人稀"有两层含义:一是所生活地域"人稀",人口稀少,对只有数千人的鄂伦春人来说就是地广,拥有可通过狩猎维持生存的空间——自然资源;二是所在地区社会文化环境单一、单纯,与外界交往极为有限,文化借鉴、冲击的可能性很小。因而,狩猎文化的其他层面——以血缘为纽带的氏族部落、"乌力楞"组织得以维持,社会内部推崇平等互助,相信神灵的存在和对命运的主宰等简单文化形态才得以延存。

二、文化交流与简单文化受损

从上述社会环境的讨论可以推断,

---

① 沈斌华、高建纲:《鄂伦春族人口概况》,内蒙古大学出版社1989年版,第53页。

环境、行为、文化韵味：历史上鄂伦春人和外界的交往
Environment, Behavior, and Culture: the Communicaton of Oroqon Oroqon and the Outside in History

历史上鄂伦春族对外交往的对象大致线索有两条：一是与政府、外部政治势力的关系，或者准确地讲，是政府和外部政治势力对他们的干预以及他们基于简单文化特点的应对方式；二是随着晚清以来东北"封禁"的解除，汉族等异族人口的大规模进入，鄂伦春族与异族人的关系。按照以上历史线索，清朝统治以前，鄂伦春族与外界有没有交往，没有查到有关史料，无从可考。17 世纪中叶迁移至黑龙江南岸后，密切了与中央政府和周边社会的联系，枪支、马匹等先进生产工具输入进来。具体讲，鄂伦春族对外交往对象，或者说他们的社会文化环境，主要包括官方"安达"、商人、日伪、国民党残余势力等因素。其对外交往，有两个比较明显的特点，即经济交往表现为很强的政治色彩，或者说，交换不仅仅是经济行为，而且是蕴含着政治隶属关系的仪式意味，如与中央政府的关系；交往的过程和形态，具有狩猎文化简单性的特点，不仅存在文化交流，也存在冲突，简单文化往往表现为某种弱势，蒙受损失。

历史上与"安达"、商人的交往情形生动地表明了这些特点。17 世纪中叶鄂伦春族迁移至黑龙江南岸以后，清朝政府加强了对鄂伦春族的统治。除了政治上采取依托鄂伦春族氏族制的"路佐制"制度外，向朝廷进贡、纳貂制作为政治隶属关系的体现，一直延续了 200 余年。官方"安达"（"谙达"，鄂伦春语，"朋友"之意），即是在每年的贡市上与鄂伦春猎人进行交易的清廷官员。从 1616 年开始，清廷即规定鄂伦春等渔猎部落每年要向朝廷进贡。"黑龙江土贡以貂为重，肇自天命天聪之年（1616~1636 年）"。[①] 1683 年（康熙二十二年）鄂伦春族隶属于布特哈总管衙门后，纳贡成为定制。如规定："布特哈无问官兵散户，身族五尺者，岁纳貂皮一张，定制也。"[②] 贡貂是在每年的贡市上进行。"每岁五月，布特哈官兵悉来齐齐哈尔纳貂皮互市，号曰楚勒罕，译言盟会也。"[③] 清廷将鄂伦春族价值很高的貂皮征收后，给一些布匹、银两作为赏赐。这种赏赐，严格地说不是商品交换，是政治臣服的象征和仪式，当然客观上是一种物资、文化交流。贡貂完成后，进行物资交流。鄂伦春等其他渔猎部落，未入选的貂皮和其他各种细毛皮张，都可在楚勒罕上出售，然后购买一年所需的金属工具、粮食、布帛等生产生活资料。清廷官员和商贾，对鄂伦春族未入选的貂皮以及猞猁等皮张垂涎三尺，以贱价逼卖。官方"安达"同样发现了鄂伦春人纯朴和商品意识淡薄的特点，在布特哈总管衙门统治的 200 多年中，极尽敲诈勒索之能事，"所捕貂皮，辄为'安达'诸人以微物易去，肆意欺凌，不啻奴畜"，鄂伦春人"受制益苦，浸成寇仇之势"。[④] 在这种情况下，迫使清朝统治者于光绪八年（1882 年）撤销了布特哈总管衙门，同时也废除了"安达"制度。

---

① 徐宗亮纂：《黑龙江述略》，光绪十七年刻本。
②③ 西清撰：《黑龙江外记》，《小方壶舆地丛钞》本。
④ 万福林修，张伯英等纂：《黑龙江志稿》，民国 21 年印本。

案例 CASE

废除了官方"安达",私人"安达"成为同鄂伦春人进行交换的主要承担者。私人"安达"中有达斡尔人、满人、汉人。一个"安达"继续承包一户至几户鄂伦春家庭。"安达"一般每年春秋各来一次。第一次进山是在农历四月鹿茸期以前,第二次进山是在农历十月落雪以后。托河地区的"安达"都是结伙前来,到现在斯木科西10余里的地方卸车。鄂伦春人闻讯前来,与之交换;或是"安达"驮载货物到猎民居住地区。据1963年国家少数民族社会历史调查组在爱珲县新生村的调查,民间"安达"是这样出现的:有官方"安达"时,鄂伦春人的口粮都由官方"安达"供给,没有官方"安达"后,鄂伦春人的口粮断了来源,于是大家驮了狍肉、狍皮等猎品,下山到屯子里去换粮。进屯子后,有的户就招呼,问换不换。换了一次后,有的说,你们下次打到猎品再来换,这样就慢慢地建立起"安达"关系了。这种情形说明,在已经发生文化借用的情况下,对粮食、枪支、子弹、盐、布匹的需要已不可逆转,生活的实际需要,迫使鄂伦春人下山去找交换对象。尽管他们仍不习惯下山,并需要出去很远。与私人"安达"的交换存在两种方式:不记价的包干制交易;与记价"安达"的交易。不记价的包干制的交易,是猎民将猎品中除狍皮,一部分鹿犴皮和兽肉外的全部猎品,如鹿茸、鹿鞭、鹿胎、鹿尾和灰鼠、猞猁等细毛皮张全部交给自己的"安达"。"安达"提供给弹药、粮食等生产和生活资料。长期依靠狩猎,辅之以捕鱼、采集的自给自足自然经济生活,鄂伦春人还没有形成价值、商品观念,对外部商品市场也极不了解,很少考虑交换是否是平等互利,而是以得到所需生产、生活资料为满足。他们在交换中既不记价,也不记账,因而互相间也就没有欠债的问题。20世纪50年代国家组织的调查中鄂伦春人反映,这一时期,他们和"安达"的关系相处较好。他们之间,依辈分和年龄不同,互相以亲属相称。早期这种不记账的"安达"关系,维持的时间也都比较长。有的甚至延续两三代。据老人们回忆,他们与"安达"间的关系之所以保持如此长久,是由于他们之间友好和睦,不算细账,不分彼此,相依为命。绍宝说:我和我的"安达"亲如一家;干善柱说:"安达"和后来的商人不同,商人是为了剥削人发财,"安达"就不同,经常互相争饭碗;文吉善的看法:"安达"应分为两类:一类是为人刻薄、剥削虐待鄂伦春人;另一类是为人忠厚,交换中互不吃亏。[①] 这种不记价的包干制交易,迎合了鄂伦春社会互惠互利的经济原则和习俗,因而得到鄂伦春人的接受。然而,因为缺乏详细的民族志资料,对这种交易的内幕还难以展开分析。但还是让我们在今天狐疑的是,这种包干制的交易,双方之间,特别是作交换一方的鄂伦春族,如果对价格和市场无知,对自己的猎品价值多少心中无数,那么,在交换中是否受损,那真要凭天由命了。这难

---

① 《民族问题五种丛书》内蒙古自治区委员会编:《鄂伦春族社会历史调查》(第一集),内蒙古人民出版社1984年2月版,第110页。

环境、行为、文化韵味：历史上鄂伦春人和外界的交往
Environment, Behavior, and Culture: the Communicaton of Oroqon Oroqon and the Outside in History

道不是某种文化挫折？实际上，由于鄂伦春人的猎获品价值较高，而"安达"供给鄂伦春人的生产生活物资有限，所以鄂伦春人遭受着剥削。与记价的"安达"的交易多是发生在民国以后。行商逐渐深入鄂伦春族地区后，与猎民进行交易，因而，原来与"安达"的"一揽子"交易发生了很大变化。从此以后，在结为"安达"时，就要讲定是进行包干制的"一揽子"交易，还是进行记价交易。这种变化的主要原因，猎民的总结是，因为"山货人"（商人）多了，"安达"奸了，和山货人学坏了，而鄂伦春人的心眼也多了。①

和商人的交往，在官方"安达"垄断鄂伦春族交换期间，鄂伦春族周围地区，就不断有小商小贩活动。在官方"安达"被废除后，私人"安达"和私商便活跃起来。在私人"安达"与私商的竞争中，私人"安达"处于被动地位。因为"安达"供给鄂伦春人的商品品种有限，资金短缺，一年又只能在农闲季节进山两次。私商有较多资金，有种类繁多的商品，有四通八达的商业网络，有充裕的时间，因此，鄂伦春族地区的交换到清末民初，满人和达斡尔人所从事的古老的家长式贸易，被汉人的新式商业所取代。这些小商小贩的来历，多是清廷东北封禁解除后，从山东、河北等地来的各种冒险分子，追求安逸生活，想获得厚利的人，一般多是汉人。这些人进入鄂伦春地区后，有的打猎，有的从商，有的采金。他们的到来，进一步打乱了鄂伦春人的传统生活秩序。

包括汉族商人在内的汉人的进入对传统社会的冲击和文化冲突，史禄国曾有过分析：北方通古斯人开始和汉族猎手相遇后，不久就逐渐被他们赶走。想赚大钱的商人们在做生意时，毫无顾忌地进行欺骗，采金的人渗入偏远地区，迫使大兽离开原来的地域。……在新开放地区，他们最初是劳动者，以后就成为债主和商人，将通古斯人置于真正被奴役的地位。由于基本观念和风俗习惯的不同，通古斯人不同意汉人做生意的方法。尽管如此，通古斯人现在已开始采用汉人的做法。比如他们在买卖东西时，不说实价。但他们仍不明白为什么汉人从通古斯人手里买了一张皮子，竟用两倍的价钱卖给另一名通古斯人。通古斯人对汉族债主抱有反感，他们只许通古斯人将猎获物卖给自己，不准他们出售给别人。②

鄂伦春人最早接触的商人是进山的小商小贩。他们虽然资本微薄，货物数量不多，但商品品种却多达几十种。他们用这些小商品换取鄂伦春人的兽皮和皮制品。小商贩跟随鄂伦春人到处游动，方便了鄂伦春人的生活。与此同时，资本雄厚的行商也进入了鄂伦春地区，当地人称这种行商为"跑老客"。这些行商中有的经过一段时间积累后，就变成了坐商。他们在鄂伦春人经常游猎的地区设立了店铺，大量收购猎品。坐商懂得

---

① 《民族问题五种丛书》内蒙古自治区委员会编：《鄂伦春族社会历史调查》（第一集），内蒙古人民出版社1984年2月版，第112页。
② 史禄国：《北方通古斯的社会组织》，内蒙古人民出版社1984年版，第152-153页。

鄂伦春人重义轻利，因此，与"安达"一样，当猎民到达商店后，商店老板待如上宾，殷勤招待，请吃饭、喝酒、吸鸦片、留宿，并且在价格上比同行商交易合理。猎民受到坐商的蒙蔽，几乎所有猎民都力求每年能到坐商那里去一两次。离鄂伦春人生活区更近的金矿、林木经营者，眼看厚利被坐商夺去，当然是不甘心的。他们利用鄂伦春人不愿远出的习惯，同样也大量赊给鄂伦春人物品，并以烟、酒盛情招待办法拉拢猎民。他们赊给猎民物资是有条件的，就是要求猎民出售猎物时要和他们一同到市场出售，不准单独去出卖。猎民为了及时得到急需的物品，就不得不接受这个屈辱的条件。这些人经常把猎品代卖后，把自己的债务扣下，有剩余时才给猎民。事实上出卖猎品时，猎民常常因为事先被请喝了酒，醉后往往不知道卖价多少，从而受这些人的欺骗。

不论是行商还是坐商，与鄂伦春人交易都是以货币论价，价格确定后，以货换货，从不用现金。只是当猎民出卖鹿茸时，卖够生产生活资料后还有剩余时，才找给一些现金。在鄂伦春人中，除个别人外，没有积累和保存货币的，而且绝大多数人也不识钱数。所以，所谓以货币论价，实际是商人单方面的事。商人在每次交易中，都用市价衡量是否有盈余和盈余多少，而鄂伦春人所关心的是他所需要的生产生活用品。因而有时也以猎物去直接换取所需要的物品。调查中，老年人普遍说，他们接触和使用货币，是新中国成立以后的事。因此，无论是行商或坐商还是金矿、林木经营者，都以各种办法欺诈、掠夺鄂伦春族，因为这些人知道，鄂伦春人既缺乏价值观念，又对市场行情很陌生，对自己的猎品哪一种值多少钱，也心中无数。与商人交换时，商人让他们要价，他们要得高，商人说不值那么多钱。商人还价时，一般都将价钱压得很低，最后只好按商人给的价出售。

从上述描述很容易发现，无论是与官方"安达"、私人"安达"，还是与散商、坐商之间的物质交换和交流，鄂伦春人的最大特点是缺乏商品意识。交换时不计价值，不考虑他们付出的猎品和所得物品在价值上是否相当，只要求取得自己所需要的东西。这与他们对"商人"概念的理解相一致。他们称商人为"安达"，其原意是"朋友们"、"义兄弟们"。狩猎社会的分配制度，交换和互赠之间是没有区别的，所以把交换的对方看作是朋友。当然，鄂伦春人有时也会觉察到交换的不合理或是感到自己吃亏，那也只是以得到的物品是否能满足需要为标准，而不会是也不可能是发现商品本身价值不相等。如果交换中和商人发生争执，那是因为商人所给的物品不敷需用。如果商人给他们的东西能满足实际需要，或者多给一些烟、酒，即使他们付出的猎品在价值上有悬殊，他们也不会感到这中间有什么问题。商人就是利用他们文化的这种单纯性来获取高额利润的。鄂伦春人因为文化而在交换中蒙受损失，显示出明显的被动和弱势地位。

理解对外交换中鄂伦春人似乎对"吃亏"的不敏感，还需要深入其社会，了解他们的生活环境和生活实际。

按照鄂伦春人的古老习俗，家里的

环境、行为、文化韵味：历史上鄂伦春人和外界的交往
Environment, Behavior, and Culture: the Communicaton of Oroqon Oroqon and the Outside in History

任何东西都不得出售。可以作为礼品送人，也可以不经主人的许可拿走，但绝对不许买卖。他们认为最好的办法是"说几句好话和拿些酒来"作为补偿。交换同类物品或家畜是很普遍的。马匹和狗经常变换主人。交换的一方有时显然是或者似乎是吃亏。史禄国讲了一个他在调查中"亲身经历的事例"。从中可以看出在彼时彼地，那种"交换"模式也许是最好的。他说："在一次考察中，我有几匹马，在骑过一段时间后，我发觉其中一匹良种母马不能进入沼泽地区。它神经过敏，没有林区经验，总是跌倒。兴安通古斯人想要一匹母马，我也想要一匹对走沼泽地有经验的马。他们拿来交换的那匹老公马的价值，虽然不及我买那匹母马花费的一半，可是它却是我在这次调查中最好的坐骑。在这次交易中，虽然我赔了钱，但有关各方，包括我在内，都很满意。实际上，如果不了解每次具体交换的真正动机，是难以得出通古斯人喜欢的结论的。在我与通古斯人交往有了经验以后，我发现说他们喜欢交换是考察者的误解。"① 他还叙述道："但价值间的差额是从来不补齐的。对不同种类的物品也实行交换，这形成了他们同其他民族集团间进行交易的基础；但是明显的或看起来是吃亏的交换在通古斯人中是很普遍的。为了清楚说明这种交易，我再举一个例子。当我在库马尔千地区停留期间，我有两条看门狗。按我的看法，这两条狗，特别是其中一条只不过是很普通的狗。一天一位通古斯老人来找我，提出要拿一张熊皮换我那条狗，这对我当然是有利的。据通古斯人说，那条狗适于猎獾。那条狗我是无偿得来的，因为对额尔古纳河的哥萨克人来说，那条狗是一钱不值的。但是我喜欢那条狗，因为它同我们一起度过了考察中最困难的时刻，而且性情很好。我稍微犹豫之后，提出把这条狗作为礼物赠送给那位通古斯人。可是他没有同意，指出：在天冷的时候我需要熊皮褥子，这确实是很对的。于是这笔交易就圆满地做成了。"② 他对此继续分析指出："同他们交易的人充分地利用了这一点。不同种类物品之间的交换，在通古斯人中从很古时代就存在了，他们不懂铁器的生产，只能从邻人那里换取，而他们却普遍具有邻人所希求的物品，这产生了一种新形式的财富——毛皮和革皮，它们可以在任何时候进行交换和出售以换回现金。这种财富，随着汉人和俄国人等外族商人的闯入而大大发展起来，成为通古斯家庭的个人财富之间差别的基础。"③ 以上所引史禄国在鄂伦春社会的经历和分析，可以帮助我们走进当时鄂伦春人所生活的环境，他们与外界发生的交易，不是现代意义的"经济"行为，而是一种复合行为，是多种因素促成的、反映了特定时空和特定文化场景下具有多种内涵的事件：文化之间的各取所需，如上述公马、母马、狗和熊皮的物物交换；地广人稀，没有过

---

① 史禄国：《北方通古斯的社会组织》，注释（14），第474页。
② 史禄国：《北方通古斯的社会组织》，注释（15），第475页。
③ 史禄国：《北方通古斯的社会组织》，内蒙古人民出版社1984年版，第467页。

多选择和计较；实际生活急需的考虑；还有当时条件下淳朴的人情因素。当然，如果鄂伦春族遭遇的交易对象是纯粹的商人加上文化霸权主义者合二为一，情况可能就不同了。鄂伦春人对交换物品的必需和对外界商品市场的不知，加上与外界极为有限的联系、社会经验的缺乏，很可能使他们在交易中受损。

除了交往中简单文化受损，客观地讲，简单文化与复杂文化之间的交流是客观存在的，这是由两者在技术和器物方面的互补性决定的。如清朝时期开通通往漠河的驿路①，因为外地来的筑路者对当地的地理、气候和生存环境均不熟悉，因此，"1914年，黑河观察使公署命令库玛尔路、毕拉尔路协领，保护嫩漠路工测勘人员的安全"，"库玛尔路协领徐希谦命令刚通佐领，带领鄂伦春兵数十名，为张宣中将做向导，协助嫩漠路工作的进行"。后来国家20世纪五六十年代开发大小兴安岭，鄂伦春人也是提供马匹和人力，为勘探队带路，为建设者驮运物资，立下汗马功劳。

同时，由于文化的接触，早在清朝初年，马匹、铁锅、火枪传入鄂伦春社会，改变了鄂伦春人与自然环境的关系，改变了他们的谋生能力（马匹、火枪与驯鹿、扎枪比较，生产能力提高）。总的

---

① 出于对抗沙俄侵略、保卫边防需要，应当说，清朝康熙皇帝对通往黑龙江、制止沙俄侵略的道路交通问题是十分重视的。面对沙俄的侵略野心，除通过谈判应对外，还细访黑龙江地区的土地形貌，道路远近，强调驿递关系于保证军需的重要。

开通通往漠河的驿路经历了两步：开通黑龙江通往瑷珲的驿路，始于康熙二十二年（1683年）勘测，完成于康熙二十三年（1684年）。康熙二十四年（1685年）四月，当瑷珲兵将得进剿雅克萨之际，为奏报军机迅捷，康熙又命理藩院侍郎明爱自墨尔根到雅克萨之间设立另一路驿站，以后，这条驿路增设至漠河共30站。

驿站的设立对抗击沙俄侵略，保卫边疆领土，沟通边疆特别是鄂伦春族与内地交通发挥了重要作用。随着雅克萨战争的结束，清军撤走，驿站也随之荒废，只偶尔有鄂伦春猎人骑马经过。这条驿路一直到1885年即光绪十一年，清政府派吉林修补道李金镛从陆路赴漠河，督办金矿，由鄂伦春族佐领台吉善带兵前引，重新开辟。

光绪二十年（1894年），为了往内地运送漠河、呼玛一带的黄金，清政府决定开发这条山路。从方便、节约考虑，若从齐齐哈尔经瑷珲再到漠河，水陆两条计1500多公里，不仅路途遥远，同时水上运输费用昂贵。如果租用俄国船只，又怕其趁机寻衅，再次入侵瓜分领土。而这条山路由嫩江到漠河只有900多公里，略近一半。

据记载，当时在原始森林中开发这条山路是十分困难的，因为"盖从山曲洞，间以窝集，别无蹊径可寻，大木环蔽天日，号称树海，力伐亦无出路，兼系请部落采扑游猎之场，烈而焚之，势多窒息"。"1914年，黑河观察使公署命令库玛尔路、毕拉尔路协领，保护嫩漠路工测勘人员的安全"，"库玛尔路协领徐希谦命令刚通佐领，带领鄂伦春兵数十名，为张宣中将做向导，协助嫩漠路工作的进行"（见《近代鄂伦春族大事记》，转引子关小云《大兴安岭鄂伦春》，哈尔滨出版社2003年7月版，第6-8页）。漠嫩公路——"黄金之路"的修通，作为连接中原与东北边疆的重要交通枢纽，为内地和边疆的经济文化交流提供了条件。而对当地土著民族——鄂伦春族而言，这条纵贯黑龙江地区鄂伦春族生活腹地、游猎区域的公路，外地人口的进一步流入，各种信息、文化的传播，进一步改变了以往因地理上的相对隔绝、封闭而形成的文化基本上单独进化的历史。与此同时，外部人口的进一步增多，对自然资源的利用、开发，日益威胁着传统狩猎生产所需要的生态环境。因为据记载，早在1907年，因墨尔根、布特哈等处荒芜渐僻，貂兽绝迹，署黑龙江将军程德全等奏获准，貂贡再缓1年（见王兆明主编：《新生鄂伦春族乡志》，黑龙江人民出版社2003年4月版，第17页）。

这条公路出现的意义，不仅在于当时，而且承担了后来。1955年国家实施大兴安岭开发建设，就是沿着古驿道的主干线，建设了42处森林经营所，南起几站，北到洛古河，东靠黑龙江，林海腹地古驿道两侧，建设网点星罗棋布。从前总略显荒凉的古驿道，如今沿线已分布着大小村庄，有的成为乡镇、林场、林业局所在地。"漠嫩公路"已成为"S-209"黑龙江省省道。

环境、行为、文化韵味：历史上鄂伦春人和外界的交往
Environment, Behavior, and Culture: the Communicaton of Oroqon Oroqon and the Outside in History

来说，马、枪、金属工具以及其他许多产品都是鄂伦春人渴望得到的，并且替代了当地较差的传统产品。总之，两种大不相同的经济制度的接触造成了两方面的相互适应：一方面，外界使他们自己适应于鄂伦春人贸易习惯中那种外交和馈赠的性质（"拜把兄弟"，先宴请，后交换；如果鄂伦春人的猎狗咬死周围汉人家的羊，汉人不多理论，只是把羊拉走了事。因为他们清楚在鄂伦春传统观念中，狗是没有过错的）；另一方面，鄂伦春人也逐渐接受汉人价值观念的影响。

三、宽厚、诚恳、重朋友与政治水平

一直到现在，鄂伦春人的宽厚、诚恳，是几乎所有接触过鄂伦春人的人都注意到的。从传统功能分析，这不是鄂伦春社会一种抽象的公正标准，应该从它的实际应用来理解。在依靠狩猎为生的民族中，共同分配是维持生存所必需的。由于猎人狩猎不一定每次出猎都有收获，猎获的野兽与猎人的数量不等以及肉类难以储存等原因，狩猎社会的分配形式通常是宽宏大量的。分配上的道德观念在这个社会是长期养成的，几乎没有人敢违反。由生计方式所决定的道德观，他们推崇做人要诚实，因为诚实会得到别人的尊敬。而且，要为人厚道，厚道才会得到他人的信任。他们特别重视要忠于自己的誓言。人与人交往，说话要诚实守信，不得乱许愿。许愿要还愿，说话要算数。利人才利己，害人也是害己，相信有因果报应。他们一旦发誓，这种誓言常常作为对外人的保证，即使这种保证在对他们自身不利的时候也信守不渝。"朋友"这两个字对于鄂伦春人来说，其含义不是像我们现在这样，只是表示一个含糊和几乎不明确的意义，它不只是一个问候和社交用语，而是表示决心和那个他认为够朋友的人站在一边，同时也可能是对那些企图危害他"朋友"的人的一种威胁。

鄂伦春族历史上的著名事件——"刚通事件"的一些细节，透露出该群体某种"淳朴"的为人处世原则。有研究者描述和评价指出：1924年于呼玛河流域、塔河、盘古河一代，佐领刚通、骁骑校吴滚都善带领300多名猎民参加了鄂伦春族反抗奸商盘剥的武装斗争。刚通死后，起义仍在进行。当参加者聚集到逊可义河时，由于人数增加，发生了粮荒。为了解决吃粮问题，他们不得不派人到太阳沟金矿公司抢粮充饥，夺到了380多袋面粉，解了燃眉之急。但是，鄂伦春人"'抢了白面、马匹后'，还'遗下鹿角'。据安罗卡代为呈报公文所记：'鄂伦春人抢劫两处曾给绥安站约值大洋三四百元之一架半鹿角，又给王松涛处茸角半架，已卖大洋150元。谓此次前来系为口粮、子弹并无仇怨，今既拿物太多，先行给此茸角，将来俟将曾受凌辱做彼买卖之山内商人杀尽，仍然大围云云。'可见暴动的鄂伦春人是何等纯朴"！[①] 这里笔者所发现的鄂伦春人的"纯朴"，是狩猎文化讲究与人为善、讲

---

① 关小云：《大兴安岭鄂伦春人》，哈尔滨出版社2003年7月版，第26页。

案 例 CASE

信用、排斥偷盗行为等社会制度、观念、风气的直接表现；同时，如同猎人设在森林里的"奥伦"（仓库），过路者或急需食物等生活什物的人可以不经过主人而自己去取用，后来演变为取用后，等自己丰裕时再还送的制度一样，在他们的概念中，也许，上述官方所定论的"抢粮充饥"中的"抢"并不符合事情的实际，或许适宜用"借"或"临时取用"。从他们拿粮的同时便以鹿角权做是用来购买或交换粮食的举动看，更不应该定性为"抢粮"了。事实是，因为文化的差异，外部社会对鄂伦春人和这个族体多有误解。更为严重的是，外部环境——包括各种政治势力、当政者，一旦因为这种文化误解、误读从而误用——出台某些与狩猎文化异质性很强的改造政策，甚或完全以一种新的文化替代狩猎文化，不提供使狩猎文化得以实现逐渐转型的适应机会，其结果往往事与愿违。

几乎所有的鄂伦春族变迁研究，都非常重视清末民初"弃猎归农"（从 1894 年清政府同意黑龙江将军对鄂伦春族实行"弃猎归农"的奏请始）政策在传统狩猎民族中推行过程和结局问题。因为这个传统狩猎民族的文化转型、产业转换的前景，可以说至今悬而未决。在此，结合论题提及的是，主要迫于政府的压力，猎人接触了种地。作为一种自然选择，鄂伦春人只有雇工以应付，而区别于人们惯长理解的"地主与长工"之间的关系，他们与雇工之间具有的互助、亲情特点的雇佣关系，是饶有兴味的文化现象。当前，鄂伦春族生产方式的探索方兴未艾，主旋律仍是兴"农

业"。笔者在猎民村猎民家庭容易进入的话题就是他们与联户、雇工的关系——如何合作、如何分成，等等。"弃猎归农"过去了 100 多年，话题实质依旧，不能不让人动容。100 多年前鄂伦春族使用雇工，是他们为适应政府弃猎归农这种巨大变动不得已而为之的产物。由猎向农的急剧转变，导致他们求助于农民，形成对外部掌握农业技能的人口的依赖、依附。汉族、满族等会农耕者，首先成为鄂伦春人的雇工，继而，有的人由雇工成为鄂伦春人的女婿，然后左右家庭新的产业安排，而猎人沦为被动地位，由此显出狩猎文化瓦解的端倪。

论及鄂伦春人与雇工之间的雇佣关系，内涵耐人寻味。鄂伦春氏族社会讲究互惠互济，排斥自私和个人对财物的贪婪，因此，头脑里剥削、压榨雇工的意识极为淡薄；况且，鄂伦春人对农业技术知识懂得很少，因此，对雇工也就无法进行严格监督，一般是靠雇工自觉地来做，土地耕种得什么样就是什么样。个别人家有雇打头的，一般是达斡尔人或满族人，他们农业技术高，劳动比其他人积极，在劳动中带头，在技术上作指导，一年的农业生产都由他计划安排。有打头的人家比没打头的人家强，雇工的劳动稍好一些。但是比在汉族地主的监督下劳动要轻松得多，雇工一般愿意为鄂伦春人当雇工，因为在这里劳动自由、轻松一些，吃的也较好，工资比其他民族给得多。没有出现过鄂伦春人过分地压迫和剥削雇工的事。看来，出现这种关系格局，是简单文化与复杂文化相遇时的必然。

与重义气、重朋友、讲信用的价值

环境、行为、文化韵味：历史上鄂伦春人和外界的交往
Environment, Behavior, and Culture: the Communicaton of Oroqon Oroqon and the Outside in History

观相联系，在鄂伦春人与外界交往的每个时期都可以体现出他们处世的这种特色。这种单纯的社会经验，与狩猎的生存方式相关，即环境的封闭性、单纯性，基本上自给自足的狩猎辅之以采集、捕鱼经济。这样的生存环境和生活方式，以及与外界有限的交流，因文化差异所处的被动地位，也形成了他们性格上的某些封闭、排外等特点，从而又影响了已经极为有限的对外交流。

1949 年新中国成立前，依外部社会环境场景的变化，鄂伦春族接触过官方和民间的"安达"、日伪势力、国民党地方势力、共产党的影响。文献表明，当时他们对所在国家甚至周边地区的政治局势，特别是在他们在这种局势中所处的政治地位是不了解的。当他们无奈与外界发生难以回避的关系时，他们"政治水平"所能达到的程度是看对方够不够"朋友"，有时是迫于外部人多势众的压力，有时取决于获得物质上的一些好处，所以往往最终上当受骗被利用。

对此，《新生鄂伦春族乡志》提供了某些历史记载：

黑龙江将军丰绅奏请，从鄂伦春族挑选枪队 500 人，每年 4 月于内兴安岭旺山一带操练 40 日，后犒赏布匹银两遣回。

1900 年，呼玛尔河库丁驻军叛变，库玛尔路协领徐希廉派佐领保忠、台吉善、骁骑校来忠、察多吉善率鄂伦春兵 70 人镇压之。

为讨伐呼玛尔一带土匪，库玛尔路派佐领刚通率鄂伦春兵 50 人协助统领辛天成剿匪。骁骑校德奇琛、委官阿栋阿带兵 20 人、马 60 匹，随队押粮到连盏。同年，黑龙江副都统对维持地方治安有功的鄂伦春人赏银 1000 元。

1942 年 2 月 1 日，抗联三支队在闹达罕遭遇战胜利后，黑河特务机关恼羞成怒，命令铃木喜一中佐组织 70 名鄂伦春人尾追三支队。由于鄂伦春人熟悉山路，三支队四处受截，使三支队牺牲 66 人，被俘 2 人。[①]

柴少敏先生根据葛德鸿[②]口述而写成的鄂伦春族口述史著作《葛德鸿传——一个鄂伦春人的足迹》，就日伪时期鄂伦春族的政治处境和他们的应对方式以及原因，提供了翔实资料。书中记载：1937 年，日本侵略者为强化其法西斯统治，在鄂伦春猎民中组建"山林自卫队"。他们对纯朴的猎民进行欺骗宣传，言称成立鄂伦春山林队是为了自己保卫自己，不受汉人的压迫。说日本人是真心帮助鄂伦春人的，可以供应吃的、用的、枪、子弹，还给大烟。一代又一代的游猎生涯，使鄂伦春人处于与外界隔绝的封闭状态。平时极少接触外界，人们的政治思维几乎是一片空白。日本人先入为主，很快蒙骗了猎民。将绝大

[①] 以上记载见王兆明主编：《新生鄂伦春族乡志》黑龙江人民出版社，2003 年 4 月版，第 15-25 页。
[②] 葛德鸿，1917~1994 年，男，鄂伦春族。鄂伦春族中最早走出原始森林，接受先进思想的民族上层人物之一，1949 年 10 月首任在鄂伦春族发展史上具有历史意义的古里高鲁供销社主任，1953 年当选政府委员，为动员组织猎民定居及帮助他们适应新的生产、生活做出重要贡献，历任自治旗主要领导。本资料根据柴少敏《葛德鸿传——一个鄂伦春人的足迹》（内蒙古远方出版社，1997 年 5 月）相关内容整理。

多数猎民编进了"山林自卫队"。①而在日本帝国主义投降以后，在中国共产党领导的东北解放区，开展了清算斗争和土地改革运动。一些恶霸地主，反动资本家以及日伪残余匪徒，逃窜到鄂伦春族地区对鄂伦春族猎民进行反动宣传，造谣共产党不信任鄂伦春人，恶意歪曲共产党的民族政策，曾迷惑了一部分鄂伦春猎民，逼迫他们与人民政府对抗。他们利用鄂伦春人重感情、讲义气的特点，施用了叩头盟誓的阴谋手段，将一些鄂伦春人绑上了他们的战车。②

四、结语

综上所述，可以归纳出鄂伦春族历史上民族关系的某些特点：经济交往表现为很强的政治关系色彩。与外界的交往，看似经济行为，实则不仅仅是经济行为。问题是鄂伦春人对这些交往的理解也许是十分简单的，所能做出的选择无非无奈听命于外部更强大的势力，或者是为了得到狩猎所无法获得的急需的生活必需品。对交往的另一方而言，如国家最高权威通过官方"安达"进行的向朝廷的贡貂活动，这是一种政治统治制度，客观上也是一种技术文化交流。"弃猎归农"的推行，是官方出于国家利益的考虑，只是缺乏建立在对鄂伦春族传统文化的理解从而科学决策的能力。鄂伦春人传统文化因此经受迅速瓦解是意料之中的，简单文化与复杂文化一经接触，简单文化表现出明显的被动性并招致挫折。如形形色色商人的歧视和蒙骗，而一些外部政治势力——日伪、国民党残余势力，则是公开地压迫、利用；可以断言，鄂伦春族历史上对外交往的过程和形态，充分反映了狩猎文化简单性的特点。不仅存在文化交流，也存在冲突，简单文化往往表现为某种弱势，蒙受损失。

小民族因社会和政治经验单纯而饱受欺骗和屈辱现象也得到一些学者的关注。有研究者通过亲身经历加纳土著人待客的一种仪式——由主人先尝美酒之后解释言说"尊敬的客人，根据我们的传统，开瓶之后，先由主人尝一口，以保证酒里没有毒药。你已经看到了，酒是好的，没有毒"，敏锐地意识到"酒与权力之间的一种微妙关系"。③误中强者奸计的屈辱也不乏其例。在位于西非的尼日利亚，奴隶出身的贾贾通过努力成为奥波博的土王，并垄断了当地的棕榈油贸易。1883年，英国领事休依特向英国政府力陈将贾贾驱逐出境，但当时并未采取行动。1887年9月18日，贾贾

---

① 柴少敏：《葛德鸿传——一个鄂伦春人的足迹》，内蒙古远方出版社1997年5月版，第52页。
② 柴少敏：《葛德鸿传——一个鄂伦春人的足迹》，内蒙古远方出版社1997年5月版，第101-114页。
③ 李安山：《小民族、社会科学与人类文化（代序）》，载何群编《土著民族与小民族生存发展问题研究》，中央民族大学出版社2006年6月版，第2-3页。作者阐述到：当地的这种习俗如何形成不得而知，但可以肯定的是，当地的土著民族在历史上因喝酒吃过亏。这是上当受骗后总结出来的经验，并在后来待人接物的过程中用礼仪的形式固定下来。也许是先人在奴隶贸易期间喝过生人的酒成为了被缚的奴隶（这种情况在西非海岸确实发生过）？或者是在殖民统治前期的绥靖过程中因贪杯而误中他人奸计？……可以说，在人类遭受殖民主义侵蚀的过程中，作为受害者的土著民族遭受的是一种难以名状的苦难。他们中很多被强者欺骗、愚弄、蹂躏。

环境、行为、文化韵味：历史上鄂伦春人和外界的交往
Environment, Behavior, and Culture: the Communicaton of Oroqon Oroqon and the Outside in History

收到一封来自英国代理领事约翰斯顿的信，邀请他到奥波博河畔一家英国商行的"商站"开会。来信写道："如果你明天参加会议，我立誓担保你来去自由，绝不食言。"贾贾与会后，英方在会上宣布为了奥波博的安定，他必须离开奥波博。他被英舰押送到阿克拉，并死于他乡。① 因文化差异导致政治关系上的误解及被欺骗利用，在美洲殖民时期土著印第安人也曾经遭遇，如殖民时期美国印第安人对白人授予他们的"印第安人和平奖"本意的无知。有研究对此进行了分析。指出：在印第安人民族感到在尊严和权力上与白人殖民政权处于平等地位的时候，礼物成了政治上的黏合剂，使两个种族为了共同的利益联结在一起。印第安人固然对具有实际价值的礼物很重视，但对具有政治意义的礼物就更加重视。这种政治礼物的一个主要例子就是印第安人和平奖。这是欧洲国家和后来的美国为进行交往送给印第安人部族首领的一种雕刻或压铸的奖章。这种奖章究竟有什么象征性和实际意义？在当时（1783 年），有人指出白人授予印第安人奖章是怀有侵略意图时，白人找到许多外交辞令为自己辩护。事实是，"授予和接受奖章，在美国人看来是臣服的意思，但在印第安人看来，这标志着承认某个印第安人的权力，特别是在与白人进行必要谈判的时候。这些证章常常是强加于印第安人的，但印第安人自己提出的更多一些……在印第安人心目中，证章是'友谊的象征'、'权力的象征'和'声望的纪念品'"。②

印第安人与白人交往时政治意识之低，根源在于他们以往单纯的社会环境和政治生活。C.赖特·米尔斯在他的著作《社会学的想象力》中，就"政治淡漠"现象进行比较分析时谈道："说前工业化世界中的农民'政治上淡漠'，与说现代大众社会中的人们同样如此，这两种说法并不具有相同的意义。一方面，在这两种类型社会中，政治组织对人们生活方式和处境的重要性有很大的区别。另一方面，人们得以投入政治的规范机会也有差别。再者，由现代西方社会整个中产阶级民主潮流所产生的介入政治的期望，在前工业世界中并不是始终存在的。"③ 因社会发育水平和文化进化程度的差异，或者说是文化特点的不同，具有优势的文化与弱势文化互动而引出的优势文化对弱势文化构成文化剥夺的事实，揭示着"小民族"问题的来源，回答着"他们是如何落到今天这一步"的问题。

---

① [英] 艾伦·伯恩斯：《尼日利亚史》，上海师范大学翻译组译，上海人民出版社 1974 年版，第 222-230 页。转引自李安山《小民族、社会科学与人类文化（代序）》，载何群编《土著民族与小民族生存发展问题研究》，中央民族大学出版社 2006 年 6 月版，第 3 页"注释①"。
② [美] 威尔科姆·E.沃什伯恩：《美国印第安人》，陆毅译，商务印书馆 1997 年版，第 103-104 页。
③ [美] C.赖特·米尔斯：《社会学的想象力》，陈强等译，三联书店 2001 年版，第 159-160 页。

Abstract: The Oroqens is a traditional ethnic group inhabiting in the Xingan ridge area of northeast of China and living by hunting for their food from generation to generation. Generally speaking, the main characteristic or distinction between the way of life of hunting, assisting by acquisition and fishing, and other cultural styles such as animal husbandry, agriculture is that the former is a plain culture, a kind of natural-resources-grabbing economy, an original and single way of life in which people mainly contact with Nature. From the migration to the South Bank of Heilongjiang in 1647 to 1949, centuries of experience showed that the Oroqens did not lead a completely isolated life without adopting any other culture, although they had an extensive hunting regions sparsely populated. Actually, they had more or less interaction with the external society constantly. This kind of interaction forms vividly reflects the relationship between the environment and human behaviors. The cultural implication contains in those includes both the cultural exchanges and, more often, the suffering of the loss of the inherent characteristics of the ethnic relations for the limit inner-flexibility of a simple culture. Inspecting from such an angle will enhance our comprehensions to the true state of affairs of ethnic minorities such as the Oroqens.

Keywords: Environment; Behavior; Culture; Oroqon

信息社会语境下的中国设计文化产业发展趋向研究

◎ 郑杨硕*

摘　要：本文以信息社会为研究背景，对中国设计文化产业发展的趋向展开深入探讨，重点研究3个部分：第一，在设计学的视角下，分析与解读了"文化"的概念及内涵，明晰了设计对于文化发展的巨大推动作用；第二，在当今的信息社会，设计文化产业应该如何传承与发展创新，探讨了它的社会定位以及未来发展路径；第三，以疯狂的"苹果"现象为研究对象，从文化竞争力的角度予以深刻剖析，探讨"苹果"的成功对于中国设计文化产业发展的启示。

关键词：设计文化产业；信息社会；文化竞争力

一、设计学视角下的"文化"解读

关于"文化"一词，中国古代的《周易》曾评价道："关乎天文，以察时变。关乎人文，以化成天下。"19世纪的英国的人类学家泰勒在《原始文化》中也曾记载道："所谓文化或文明是包括知识、信仰、道德、艺术、法律、习俗以及包括作为社会成员的个人而获得的其他任何能力、习惯在内的综合体[①]"。若尝试用科技哲学家凯文·凯利的话来进行总结，文明的历史从来就是人类自身所创造的社会组织发生的连锁性连续事件[②]，那么"文化"则可理解为人类在文明演进史中所保留下来的产物。

文化涵盖了人类生活的方方面面，浓缩着人类社会活动的所有轨迹[③]。从宏观的视角看，文化大致可分类成物质文

---

* 郑杨硕，湖北武汉人，2013年6月毕业于武汉理工大学艺术与设计学院并取得艺术学博士学位，目前为清华大学美术学院设计学博士后。

① 《文化学辞典》，中央民族学院出版社1988年版，第109页。

② 凯文·凯利：《技术元素》，电子工业出版社2012年版，第11页。

③ 郑杨硕：《信息交互设计方式的历史演进研究》，武汉理工大学博士学位论文2013年。

化、制度文化、精神文化。其中，物质文化体现的是人类劳动创造的综合性的物质关系，人类活动的物化形态结果均可理解为物质文化；制度文化特指人类社会里各种社会群体关系的综合，比如常见的经济制度、政治制度、法律制度等；精神文化则更强调大众心理层面上的文化，道德、哲学、宗教等内容均是"文化"内涵的最本质体现。从微观的视角，文化可理解为3个层次要素的组成，分别是：内在层次，主要强调某种无形的特殊含义；中间层次，主要强调操作性、功能性、安全性等含义；外在层次，主要强调有外在形态的、可感知的物质表现①。

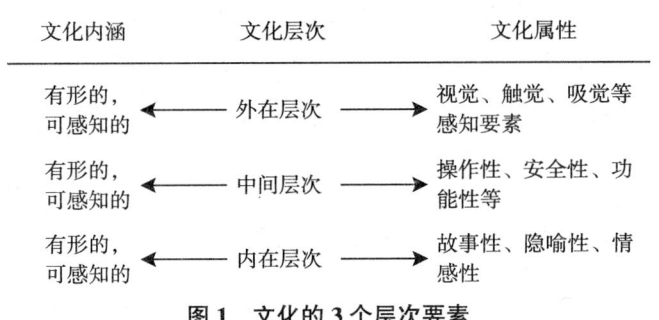

图1 文化的3个层次要素

20世纪90年代，基尔特·霍夫斯泰德（Geert Hofstede）在《文化的结局》一书中写道："文化是处于同一个环境中的人们所共有的某种心理程序，即具有相同的教育和生活经验的人们所共有的心理程序。"文化虽然是无形的，但在人类社会中已无处不在。从古至今，人类为了自身的生存与社会生产的需要，所进行的每项社会活动几乎都受到了文化因素的支配与影响。张岱年在《文化通论》一书中也曾如此评价："人类生于自然环境之中，而图维持其生活，则不得不对自然环境有所改变。当从事改变自然环境之时，而人所有之性质亦随而改变。人类改造自然环境的同时亦人性之成就，谓之文化，亦曰文明，亦曰人文②。"若以一句话给予概括，那么文化可理解成人类社会的一种选择与积累后所形成的价值体系。人类的文化既来源于前人对于自然环境进行改造的结果，又为后人开辟全新的人类活动提供了促进和限制作用③。

辩证唯物主义所主张的基本观点之一便是"人类在社会当中的所有活动的本质都可以总结为认识世界和改造世界"。若从文化的内涵演进视角进行推论，那么对于人类古往今来一直存在的设计活动恰是一种社会的文化性活动。

---

① 黄元清、林荣泰：《跨文化设计——台湾原住民文化的设计元素与应用》，《工业设计》2006年第2期，第106–110页。
② 张岱年：《张岱年选集》，吉林人民出版社2005年版，第439页。
③ 郑杨硕：《信息交互设计方式的历史演进研究》，武汉理工大学博士学位论文2013年。

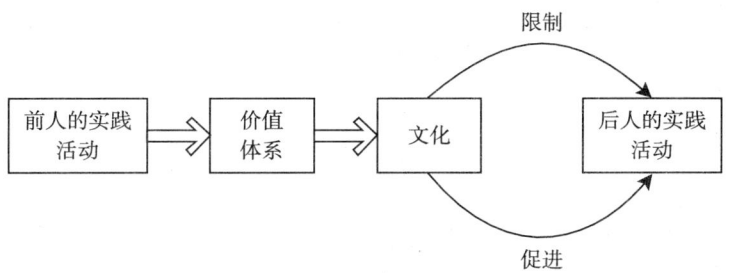

图2 文化的演进历程

设计是一种人类为了寻找与探索更合理的生活方式的造物行为；从设计的角度来解读，文化代表的是"一种生活方式，是一系列的准则和规范，是一种价值观念和意义体系"①。设计体现着人类对于自然世界的认识能力与改造能力，设计活动的主体是人，因此，设计行为可以说是一个主观的过程；但这个主观的活动又处处受到社会经济、文化、政治等客观因素的限制。清华大学美术学院的李砚祖教授在《设计：在科学与艺术之间》中也清晰地指出了设计与文化的互动关系："设计开始从有形转向无形，从物转向非物；从一个强调形式和功能的技术文化转向了一个非物质的和多元再现的人文文化。文化上的增值创造了产品的附加值，设计也成为推动文化发展的动力。"

设计本身就是一种沟通、协调、平衡的艺术，既来源于社会，又服务于社会。在面对"文化"这样一个庞大而宏观的研究命题时，倘若从设计的角度入手，则可以更合理地建构人类发展与社会语境的互动关系，更深入地发掘人类的潜在情感及心理特性，从而更加准确客观地理解"文化"的内涵。随着社会生产水平的日益提高以及建设"和谐社会"、实现可持续发展的迫切需求，设计文化产业的发展对于社会的重要性影响开始显现。

二、从信息社会角度思考设计文化产业的发展路径

信息社会的到来代表着人类文明的全新转型。在信息社会里，各种信息迅速被积累、传播、存储，信息所具有的价值得到了充分的发挥，为人类社会创造了财富并一定程度上改善了人们的生存环境②。信息技术革命带来的革命性影响使得信息成为社会的主要资源与产品，社会也逐步转型为由智能技术为主体来支配其他生产技术，并且依靠各种科技信息知识的传播与整合，最终促进全球经济一体化的"地球村"型社会。但是，信息社会仍属于人类历史长河中的某个历史阶段，并不能被简单地理解为是各种信息技术造就的数字化产品所组成的

---

① 柳冠中：《设计方法论》，高等教育出版社2011年版，第30页。
② 王宏、陈小申：《数字技术与新媒体传播》，中国传媒大学出版社2010年版，第11页。

某种全新环境。从社会学的角度解读，则每一个个体都生存与活动在社会环境里，人类不可能绝对意义地脱离于社会环境而单独存在。人类作为一种代表性的群居生物，具有进行社会交往的需求和本能，这通常可表现为乐于交流信息、表达情感、群体生存的习惯。人的精神需求与文化需求是人际之间进行社会交往的基础，也是形成社会文化的基础与关键。

随着以高新科技技术的研究与应用为主要特征的信息社会的不断发展，社会的文化性语境已经成为对设计行业发展产生巨大影响力的决定性要素，设计行业的发展又会对社会文化产业的进步产生巨大的推动影响。信息社会的生产活动、高新信息技术、制度运转特征等基本组成要素相对于过去的工业社会有了显著的改变，作为上层建筑的人文道德、意识形态、文化理念也相对应地发生了极大变化[1]。

在信息社会中，如何延续文化的传承与发展创新？这需要追溯文化的本源。文化既体现了人类对于物质与精神的需求，又反映了包括生活需求、生活方式、生活观念等诸多与人类相关的要素；社会文化性语境的重要性正随着社会生产力水平的提高不断显现。以原始社会为例，虽然原始社会仅有十分薄弱的社会生产力，人们只能选择以群居方式生存在某个较小的区域；但诸如风俗、宗教、语言、思维方式及生活习惯等产物已经在社会中产生了，这实际上就代表着原始社会群居性文化的体现。到了信息社会，人类最基本的物质生存需求已经不再是问题，人们开始崇尚并追逐精神文化需求的满足，这可以通过推动设计文化产业的不断进步来实现。

信息社会为人类汇聚了海量的信息和知识，各种文化的传播遍布了社会的每一个角落，几乎影响着每一个人。高度发达的信息技术为信息社会的设计文化产业提供了更多的发展空间，这需要不断地发掘时代的文化内涵，在社会发展的角度下把设计发展与人文关怀相融合并统一。人们不断地进入或离开某些社会圈子或环境，也因而在不断地感受不同的文化；可以说，用户与文化的关系经常随着社会情境的更迭而产生变化[2]。在信息化的全新社会语境当中，用户的信息活动及行为由于网络化、数字化媒介的应用与普及，逐渐产生信息交互过程的时空分离，信息行为特点以及由之产生的价值观念也正发生着改变，因此，形成了更加多元化的文化形式与设计可发展空间。产品设计已经由工业社会时期的生产为主导转向了以信息社会时期的用户体验为主导；在保证产品的功能性的基础上，如何通过产品的独特性、情感性、多元性满足用户群体的精神层面需求是当今设计更加关注的目标[3]。

可以说，信息技术革命不仅意味着社会发展节奏和人类社会状态发生了一场巨变，也为人类的存在意义与未来生

---

[1] 杨向荣、姜文君：《传媒时代的文化转型与知识分子的角色转变》，《湖南科技大学学报（社会科学版）》2009年第4期，第29-32页。
[2] 郑杨硕：《信息交互设计方式的历史演进研究》，武汉理工大学博士学位论文2013年。
[3] 张凌浩：《符号学产品设计方法》，中国建筑工业出版社2011年版，第251页。

信息社会语境下的中国设计文化产业发展趋向研究
Research on Chinese Design Cultural Industry Trends in the Context of Information Society

存状态提供了一种全新的阐释思路和平台。在各式各样的信息传播过程当中存在的不仅仅是科学、技术、艺术等信息本身,更蕴含着深层次的人文精神与科学理念。人类是一种处于智慧链顶端的生物,在任何时期都需要人文精神的滋润;设计不仅是连接文化与技术的桥梁,同样也是文化、产品与用户之间的桥梁①。设计师理应在文化层面上保持同理心,勇于探索、创造更优质的信息化产品。需要指出的是,在强大的信息技术条件作用下,各种信息的比特属性所具备的可无限复制性与可传播性导致了许多人对于信息技术的盲目崇拜与追逐,对于社会的文化产业发展是一种舍本逐末的困扰。面对此状况,更需要以具有五千年华夏文明历史的深厚文化积淀为基础,以"中国梦"的时代精神为指引,真正将设计文化产业发展成为社会进步的强大精神动力与智力支持。

三、从文化竞争力角度解析疯狂的"苹果"现象

最近10年来,"苹果"品牌系列的产品可谓风靡了全球的个人电脑、移动电话、随身音乐、平板电脑市场,以狂澜之势迅速走进了中国百姓的家庭并形成了其特有的文化现象。从音乐播放器iPod,到移动电话iPhone,再到智能平板电脑iPad,每款新品都受到"果粉"(苹果产品的忠实拥护者)们疯狂的追逐。"苹果"产品及其包装、营销策略不断激起人们的购买和消费欲望,"苹果"公司获得了巨大的经济利益和市场口碑。那么,"苹果"的成功之道究竟为何,才在全球范围内造成了如此疯狂的"苹果"现象?

从产品设计来说,"苹果"产品的造型设计、结构制造的独特之处已经是举世公认的出色和别具一格,其如此成功的原因在于其独特的设计文化。不可否认的是,"苹果"系列产品有着优异的功能、出色的外形以及非常好的用户口碑,但其独特的设计文化才带来"苹果"系列产品真正的大红大紫。只有真正从文化竞争力的维度来思考"苹果"系列产品设计的成功之道,研究其创新精神以及设计创造力与现代技术如何结合等问题,才可能从实质上对于疯狂的"苹果"现象产生建设性的结论。"苹果"电子产品改变了社会对于数码产品的认知和提升了每个人的生活方式,如果没有一种强大的企业文化理念支撑是不可能做到的。

首先,"苹果"公司的成功与其创始人乔布斯是密不可分的,乔布斯一直是"苹果"公司前行的精神领袖,其高潮迭起的人生经历,炽热而激烈的性情使其最终成为一位极具创新精神的企业领袖。乔布斯是个非常特立独行的人,对工业设计有着很高的天赋与要求,对"苹果"产品提出了许多极富想象力的设计观点,经由技术人员通过技术更迭、科技整合进行实现,并最终成为市场热销的商品。可以说,"苹果"的成功并不是偶然,而是靠着乔布斯敏锐的市场嗅觉与成功的市场策略。乔布斯一生崇尚"大道至简"

---

① 何明泉、蔡子玮:《设计之文化意义初探》,《工业设计》1994年第1期,第32-36页。

的佛教禅宗思想,曾前往印度和日本进行禅修,这段经历以及所带来的人生感悟深深地影响到了"苹果"公司所呈现的产品设计:极简的外观造型设计、信息架构合理而完善的人机界面、丰富多样的 App 应用,可看出"至繁归于至简"的设计理念均得到了强烈体现。"苹果"公司所创造出的产品以最佳的方式将设计灵感与现代技术有机地融为一体,而不仅是简单地设计一款时尚电子产品;借助于佛教禅宗的智慧指引其产品设计,最终形成其独特的产品文化,在用户生理、心理、社会、思想等维度有了很大突破,将"科技、艺术、人文"很好地结合在一起①。

其次,"苹果"公司非常强调设计的重要性,某种程度上可理解成一个提供设计思想与整体设计的输出方,"苹果"公司自身并不生产任何产品。"苹果"产品的外壳和显示器来自韩国,主板和存储器产自日本和中国台湾,最后由中国大陆的富士康组装。多年以来,"苹果"公司只是关注于设计产品而不是制造产品,以及如何在设计理念上引领潮流,这一切均构成了"以设计为核心"的产品文化。此外,从音乐、游戏再到新闻、图书,"苹果"通过 App 电子商店提供了无所不包的应用程序,任何一个人都可以从"苹果"海量的应用程序中找到自己感兴趣的内容;每位用户通过使用"苹果",都能将产品简洁的外观与用户内心情感联系起来。可以说,"苹果"的设计最直接的体现并不仅是产品造型、材质的某个方面,更在于对于良好的用户体验的追逐,在这个过程中使得用户充分感受到了独具魅力的"苹果"文化。

图 3 "苹果"公司设计的一系列电子产品

另外,从设计风格而言,"苹果"公司的产品设计简洁大方,色彩方案鲜活明快,材质选择别具一格,具有引领着时代的创意。虽然崇尚极简的设计风格,但这并未使"苹果"系列产品陷入简单无趣的局面,大多数用户认为苹果拥有"直指人心"的功能、效用和体验。"苹果"产品的造型优美,使用过程让人深

---

① 郑杨硕:《信息交互设计方式的历史演进研究》,武汉理工大学博士论文 2013 年。

感充满乐趣；不仅有着强大独特的功能，同时更成为一种符号化的时尚象征，反映了人们对于高品质生活的一种精神向往。对于无数追求时尚的年轻人来说，选择苹果产品即意味着一种潮流时尚的生活方式，也隐约而强烈地体现着一个人的身份与地位。"果粉"们持之以恒地追逐着最新款的苹果产品，对"苹果"甚至有着一种近乎对宗教的热情，已经在世界范围内形成了一种独特的文化现象。这种现象的道理早已超越了"苹果"本体所承载的产品功能，更多的是出于一种精神上希望从使用"苹果"系列产品从而得到周围人群的肯定与尊重的心理。"苹果"系列产品与其说是拿来用的，还不如说是用以满足用户对于荣耀心理的追逐，更多的是一种精神需求。

"苹果"系列的产品设计的这3层模式解释了疯狂的"苹果"现象的内在道理：首要的是功能性，然后是可用性，最后是愉悦感①；这与本文所提到的文化层次与属性理论有许多相似之处。可以发现，"苹果"的成功不仅来源于产品本身强大的质量、功能和触觉体验，更在于为用户提供了生理愉悦感、社会愉悦感、心理愉悦感、意念愉悦感②，始终将用户体验置于最优先级。苹果产品不断激起人们的欲望，在欲望的不断追求中，让用户获得了多样的生活体验。一言以蔽之，"疯狂的苹果"现象的背后是"苹果"的企业文化、独特的创新价值以及如何体现个人价值及品位的生活方式。

"苹果"系列产品强调创意，追求艺术与高科技的融合；借助于佛教禅宗的智慧指引其产品设计并形成其独有的产品文化，将设计的研究视野从产品的对象性存在最终转到用户心理的需求性上，最终如乔布斯所说："深刻地改变了世界。"从"苹果"的成功中不难看出，在设计文化产业的发展与实践探索的过程中，如果能从文化因素所具备的价值与竞争力的角度展开更深入的分析与探索，寻找社会的诸多核心因素间的关联，始终将社会的文化性与用户心理及体验要素放在核心位置，并将抽象的文化理念融入具体的设计中，最终将创造出能够满足用户的物质与精神需求，并且更具文化价值、更受用户欢迎的产品。通过研究"苹果"系列产品的设计文化所带来的启示，有助于反思我国设计文化产业的发展问题，弥补我国产品设计文化的缺失。如果通过认真地学习与探索，中国的设计文化产业也一定会走向辉煌，"中国创造"的产品设计在未来的世界舞台上必将站稳脚跟！

四、结语

在全世界范围内，文化产业的经济比重和社会影响力都在快速增长着，逐渐成为许多国家的经济支柱性产业。中国作为一个有着3400年以上文字记载历史的文化古国，究竟如何实现党的十七届六中全会提出建设"文化强国"的目

---

① Koskinen、Mattelmaki、Battarbee 等：《移情设计——产品设计中的用户体验》，中国建筑工业出版社 2011 年版，第 17 页。

② 唐纳德：《诺曼情感设计》，中信出版社 2012 年版，第 107 页。

趋 势 TREND

标？在中国正进入工业化与信息化深度融合发展的历史关口，设计无疑被赋予了更多的社会使命。

设计是一种融合着信息生产与信息消费的文化交流形式，既有助于完善人的精神与文化心理结构，又有助于促进社会文明的发展与创造。作为一项传播文化、交流文化、创新文化的社会性活动，设计交融和凝结着丰富的社会文化内涵，传递着设计师们独特的生活体验和思想观念，力图唤醒人类许多共同的生活理想与情感的共鸣，最终创新信息时代语境下的全新社会文化。设计更提供了一种社会文化创新的凝聚力，汇聚不同背景、群体、观点的人们的思想进行协同创新，这必将有助于我国文化产业的发展与振兴，最终实现民族复兴的宏伟蓝图。

Abstract：In this paper, the research background as information society for China's design cultural industry development trend for depth study, focusing on three parts：First, in the design science perspective, the analysis and interpretation of the "culture" concept and content, clarity of design for a huge role in promoting cultural development; Second, in today's information society, how the design cultural industry should heritage and develop innovative, explores its social positioning and future development ideas; Third, crazy "apple" phenomenon for the study, from the perspective of cultural competitiveness to be a profound analysis to explore the "Apple" of success for China's design cultural industry development inspiration.

Keywords：Design Cultural Industry；Information Society；Cultural Competitiveness

当收益递增遭遇行政性市场分割
——文化创意产业发展的中国政治经济学 *

◎ 赵春晓　付敏杰 **

摘　要：当前文化创意产业发展遭遇到的"瓶颈"是上层建筑不能适应经济基础，突出表现在基于外延的行政性市场分割严重阻碍了文化创意产业收益递增内涵特性的发挥。本文从转型和发展两个角度，分析了文化创意产业所具有的收益递增特性及其对于市场规模的强调和长期增长的影响，同时归纳了中国市场条块分割的典型事实，认为这种行政性市场分割已经成为了中国文化创意产业发展的制度障碍。本文建议如下：①转变政府行为，减少资源配置扭曲和行政性市场分割，使其从私人产品供给者转变为公共产品提供者；②深化体制改革，强化市场在文化资源配置中的基础性作用；③放松管制，提高文化企业的自生能力，推动文化市场的包容性发展。

关键词：文化创意产业；政治经济学；收益递增；行政性市场分割；政府转型；自生能力

中国的文化产业发展正面临着前所未有的历史机遇。继中共中央关于促进社会主义文化大繁荣和十七届五中全会决定将文化产业发展成国民经济支柱产业，将中国建设成文化强国之后，文化部又出台了"十二五"文化产业倍增计划，要求使文化部门归口管理的文化产业增加值年均现价增长率高于20%。按照产业发展的基本规律和我国三次产业的发展态势，我国文化产业即将迎来巨

---

* 河北省社科联社会发展课题"提升河北文化产业核心竞争力研究（201203327）"、国家社科基金项目"政府行为与中国经济增长：比较经济发展视角的解读（12CJL027）"，国家社科基金重大招标项目"加快经济结构调整与促进经济自主协调发展研究（12&ZD084）"的阶段性成果。

** 赵春晓（1981~），女，河北石家庄人。教育学硕士，讲师，主要研究领域是城市化与文化产业。付敏杰（1980~），男，经济学博士，财政学博士后，副研究员，主要研究领域为公共部门与经济增长。

大的发展空间。① 由于能耗低、无污染、高人力资本密集度和高技术等特征，文化产业的发展有利于我国经济发展方式转变。②

然而，文化产业长期发展滞后并非偶然，而是存在制度性的根本原因。本文在分析文化创意产业内涵和外延的基础上，认为文化创意产业内涵的核心是收益递增，外延在中国经济发展与经济转型的双重背景下具有明显的区域性市场分割特征。行政性市场分割是文化创意产业发挥规模收益递增特征的制度性障碍，转变政府行为、深化体制改革和放松市场管制，则是促进文化产业发展的有效手段。

一、文化创意产业的内涵：收益递增

文化产业，在有些文献中也称为文化创意产业、创意产业或者创意经济，用以强调创意作为商品和产业发展的基础。文化产业在美国也被称为版权产业。文化创意产业的提法，是随着近几年国家相关政策的出台而不断被强化的，从目前来看文化创意产业并不是一个规范的概念。国家统计局规定的文化产业是指：为社会公众提供文化产品和文化相关产品的生产活动的集合，这个规定只涉及文化创意产业的统计特征，并没有突出文化创意产业的内涵特征。③ 虽然看似混乱，但是一些地方性的规定和分类依据却更能揭示文化创意产业的内涵特征。例如，北京市认为文化创意产业"以创作、创造、创新为根本手段，以文化内容和创意成果为核心价值"。④ 上海市则强调了创意产业以创新思想、技巧和先进技术等知识和智力密集型要素为核心，通过一系列创造活动引起生产和消费的价值增值。广州市认为，文化创意产业是由"文化、创意、科技"三者深度结合形成的产业集群，是各行各业都可以用来提升行业价值、树立行业特色的元素。这些规定都强调了创意、技术和文化之间的关系，而创意又是后两者的核心。

从字面上讲，可以将生产文化创意产品的产业称为文化创意产业。文化创意产品与普通产品的差别，在于其价值构成中对于创意所占比重的强调，从而意味着创意是该产品价值的重要来源。创意产品（商品和服务）的重要特征有3个：一是需要人类的创造性作为投入；二是产品可以为其消费者进行身份标识；三是包含部分或者全部的知识产权。创新是创意产品发展的驱动力，赋予了文

---

① 史丹、夏杰长：《中国服务业发展报告 2012：新兴服务业发展战略研究》，社会科学文献出版社 2012 年版。
② 金元浦：《文化创意产业四题：关于加快转变文化产业发展方式的几点思考》，《求是》2012 年第 8 期。
③ 包括以为直接满足人们的精神需要而进行的创作、制造、传播、展示等文化产品（包括货物和服务）的生产活动，为实现文化产品生产所必需的辅助生产活动，作为文化产品实物载体或制作（使用、传播、展示）工具的文化用品的生产活动（包括制造和销售），以及为实现文化产品生产所需专用设备的生产活动（包括制造和销售）。见国家统计局网站。
④ 来自北京市统计局《北京市文化创意产业分类标准》，北京文化创意网，http://www.bjci.gov.cn/292/2007/06/26/41@1942.htm。

当收益递增遭遇行政性市场分割——文化创意产业发展的中国政治经济学
Increasing Return Meets Administrative Market Segregation: The Political Economy of China's Creative Industry Development

化产业和文化产品的生命力。①

尽管"创意经济"一词是2001年由 John Howkins 提出②的,但是创意(Ideas)对于长期经济表现的影响早已被经济增长界所熟知,也是内生增长理论的核心。③经济学家强调,从沃尔玛手册到流水线作业,都是创新驱动经济发展的例证。创意被一个人使用的同时,并不排斥其他人同时使用。在全球几乎所有的汽车厂和后续的其他制造企业都抄袭了亨利·福特通过流水线作业来大幅度提高企业产量和降低汽车生产成本的创意之后,零售企业正在学习沃尔玛的成本控制方法。任何一家零售企业都可以从山姆·沃顿的沃尔玛手册中学习到沃尔玛零售管理的秘密,从而可以像沃尔玛一样管理企业,但并不妨碍沃尔玛依然成为全球零售业的巨头。实际上,每个设计背后的创意都只需要创造一次,但是却可以被生产者重复使用,直到新创意的出现。④

创意的非竞争性意味着收益递增的出现。⑤正是由于创意初始设计阶段产生的巨大研发固定成本,才使得后续边际生产成本变得微不足道,从而使产品的平均成本随产量而呈现出持续的下降趋势,形成规模收益递增。最明显的例子是微软视窗操作系统,相对于早期巨大的研发费用来说,复制一套微软操作系统的边际成本几乎为零。⑥目前开始流行的3D打印技术,可能会成为创意收益递增性质应用的最新和最极致的形式。只要产品被设计出来一次,只要有生产原料,就能无限次地打印出产品。

收益递增特征对于市场规模有着特殊的强调。规模越大的市场,创意可以应用的范围就越大,创意产品成本中的平均创意成本部分就会越少,同等投入所带来的收益就越多。市场的规模越大,可以支撑的创新活动的范围就越广,从而使得更为基本的创新活动有利可图并得以持续,成为经济发展的持续动力。内生增长理论的一个重要命题是人口规模大的地区拥有更大的经济增长潜力和更高的长期增长率(Rivera-Batiz 和 Romer,1991;Jones,2002),毕竟400万人口中发现一个天才的概率要比400人中发现一个天才的概率高。⑦从事研发

---

① UNCTAD, 2010, The Creative Economy Report 2010, http://www.unctad.org/creative-economy.
② Howkins, John, 2001 The Creative Economy: How people make money from ideas. London, Penguin.
③ Jones, Charles I. "Growth and Ideas" in P. Aghion and S. Durlauf (eds.), Handbook of Economic Growth (Elsevier, 2005) Volume 1B, pp. 1063–1111.
④ 在新经济增长理论中,创意(ideas)和对象(objects)是有严格区分的:创意的本质是一种解释或者秘方,可以被解码为类似于二进制中"0"和"1"的不同组合形式;所有的对象则都是竞争性的,不论其是资本品、劳动、产品、计算机、汽车,或者组成这些产品的原子。见 Romer, P.M. (1990). "Endogenous Technological Change". Journal of Political Economy 98(5), S71–S102; Jones, Charles. I. "Growth: With or Without Scale Effects?" American Economic Review Papers and Proceedings, May 1999, Vol. 89, pp. 139–144.
⑤ Jones, Charles I. and Paul Romer, 2010, "The New Kaldor Facts: Ideas, Institutions, Population, and Human Capital", American Economic Journal: Macroeconomics, January 2010, Vol. 2 (1), pp. 224–245.
⑥ 有了第一份设计成果以后,新生产一套微软视窗操作系统的成本几乎为零,这可以从网络盗版中看出来。
⑦ Rivera-Batiz, L.A., Romer, P.M. (1991). "Economic Integration and Endogenous Growth", Quarterly Journal of Economics 106 (May), 531–555; Jones, Charles I. "Sources of U.S. Economic Growth in a World of Ideas" American Economic Review, March 2002, Vol. 92 (1), pp. 220–239; [美] 琼斯:《经济增长导论》,舒元等校译,北京大学出版社2002年版。

创意的人口比例越高,经济体的长期稳态增长率就越高,这就是文化创意产业对于长期增长的意义,也是新增长理论兴起后国内外研究文化创意产业的原因。

二、文化创意产业的外延:转型、升级与发展

从外延上看,作为一个高度实证的统计概念,各国关于文化产业的规定差别巨大,且具有明显的本地经济特色。各国政策当局依据本国文化产业发展的特色而对其外延做出具体规定,以便实施差别化的产业政策。1998年英国在《创意产业专题报告》中将广告、建筑、艺术与古董、手工艺品、设计、时尚、电影与影像、音乐、表演艺术、出版、软件、电视与广播、视频与电脑游戏13个行业确认为创意产业,构成了DCMS模式。象征性体裁模式第一次将文化创意产业进行了大类划分,区别了核心、外围和边缘文化产业。同心圆模式则将文化创意产业划分为4大类,15个子类,其中包含了文学、图书馆和遗产服务等新内容。世界知识产权组织的WIPO模式重点依据知识产权在不同文化创意产品价值中的不同比重,将文化创意产业划分为核心版权、关联版权和部分版权3大类。

联合国UNCTAD分类标准是目前国际影响最大的分类法,也是理念性最强的分类法,本文对于中国文化创意产业的分析以此为背景。该分类包括了4大类9小类,每个小类又分若干子类,4大类产品包括遗产类、艺术类、媒体类、功能性创意类(见表1),其显著特征是遗产类被划分为一个大类,表征了近年来世界遗产和世界非物质文化遗产对于文化创意产业发展和世界经济增长的重要促进作用。在联合国框架下,遗产类分为文化地址和非物质文化(传统文化表述)两部分,前者包括考古遗址、美术馆、图书馆和展览馆等,后者包括传统艺术和手工艺品、节日、庆典等。联合国分类的第二个特征是对功能性创意的强调,包括设计、新媒体和创意服务3小类,设计部分包括室内设计、图画、时尚、珠宝和玩具,新媒体主要是以数字新技术为基础的软件、视频游戏和数字创意,创意服务则包括建筑、广告、文化与娱乐、创意研究与研发、数字与其他创意等。我国文化产业分类的第一个标准是2004年4月1日国家统计局印发的《文化及相关产业分类》,目前已经更新到2012版本。[①] 其中,包括文化产品生产和文化相关产品生产两大部分、五层十大产业(见表1)。

从中国现有的管理机制出发,可以将中国的文化产业分为3部分。以文化产品生产部分为例,新闻出版发行服务中的主体——新闻业、出版社、报社、期刊社,广播电视电影服务的主体——广播、电视、电影,文化艺术服务中的主体——文艺创作与表演、图书馆、档案馆、博物馆、烈士陵园、纪念馆和科学研究等,具有从政府部门全额拨款或

---

① 《文化及相关产业分类(2012)》,国家统计局网站,http://www.stats.gov.cn/tjbz/t20120731_402823100.htm。

当收益递增遭遇行政性市场分割——文化创意产业发展的中国政治经济学

表1 代表性文化创意产业分类模式

DCMS	象征性体裁	同心圆	WIPO	国家统计局分类	UNCTAD 模式
广告	核心	**核心创意艺术**	**核心版权业**	**文化产品生产**	**遗产类**
建筑	广告、电影	文学、音乐	广告、收藏协会	新闻出版发行服务	1. 文化遗址：考古遗址、美术馆、图书馆、展览馆
艺术与古董	互联网、	表演艺术	电影与影像、音乐	广播电视电影服务	2. 传统文化：艺术与手工艺品、节日、庆典
手工艺品	音乐、出版	可视艺术	表演艺术、出版	文化艺术服务	**艺术类**
设计	电视与广播	**其他核心文化产业**	软件、电视与广播	文化信息传输服务	1. 视觉技术：绘画、雕塑、摄影、古董
时尚	视频电脑游戏	电影	视觉与绘画艺术	文化创意和设计服务	2. 表演艺术：音乐表演、剧院、舞蹈、歌剧、马戏、木偶剧
电影与音像	外围	美术馆与图书馆	**关联性版权产业**	文化休闲娱乐服务	
音乐	创意艺术	**广义文化产业**	空白录制材料	工艺美术品生产	**媒体类**
表演艺术	边缘	遗产服务	消费者电子产品		1. 出版印刷：图书、出版、其他出版物
出版	消费电子产品	出版、录制	乐器、纸张	**文化相关产品生产**	2. 视听：电影、电视、广播、其他广播
软件	时尚、软件	电视与广播	影印机、影印器材	文化产品辅助生产	**功能性创意类**
电视与广播	体育	视频与电脑游戏	**部分产权业**	文化用品生产	1. 设计：室内、图画、时尚、珠宝、玩具
视频与电脑游戏		**相关产业**	建筑、时装、鞋类	文化专用设备生产	2. 新媒体：软件、视频游戏、数字创意
			广告、建筑	设计、时尚、	3. 创意服务：建筑、广告、文化与娱乐、创意研究与研发、数字与其他创意
			设计、时尚	居家产品、玩具	

资料来源：UNCTAD: *Creative Economy Report* 2010 和《中国服务业发展报告2012》，粗体在包含小类的分类模式中表示大类。

者部分拨款事业单位中向市场主体的转变，因而具有明显的转型经济特征。文化信息传输服务、文化创意和设计服务类，基本以数字技术和互联网为载体；主要以技术革新和管理方式创新作为发展的突破口，具有较明显的以新技术为核心的经济发展特征。文化休闲娱乐服务和工艺美术品生产，则具有明显的传统服务业发展升级成为新兴产业过程的特征，属于传统文化和传统生活的现代化。

参照UNCTAD分类标准，可以看得更加明确（见表1）：在遗产类中的文化遗址、媒体类中的出版印刷和视听以及艺术类中表演艺术的部分主体，都属于我国现有的事业单位体制。其原有的资源配置方式基本是以政府指令为核心，资源配置的目标是满足各级政府的需要，而非市场具体所要求的利润最大化。这部分文化产业发展的核心是增强利润动机，从完成政府任务向成熟的、以利润为导向的市场主体转变。遗产类中的传统文化产品、艺术类中的视觉艺术和功能性创意中的设计类，是原有产业的专业化和市场分工深化，属于传统产业升级。功能性创意中的新媒体和创意服务产业的发展，以现代数字技术和互联网等为核心，与全球同类产业的核心技术基本处在同一起跑线上（至少相对其他两种类别如此）。这样就可以把中国的文化产业分为3类：转型经济部分、传统文化升级部分和现代数字技术部分，这种分类的目的是研究不同类别文化产业发展的不同驱动因素。

三、中国经济的典型特征：转轨时期文化产业的行政性市场分割

中国转型过程中的一个典型事实是区域性市场分割。[①] 在中国地方公司制主义（Local State Corpora-tism）体制下，行政分权和财政包干以及地方政府为保护本地税源所采取的地方保护主义和大量国有企业实际意义上的地方所有制，曾经是导致市场分割的主要原因。[②] 为了建立全国统一市场，我国政府连续出台《国务院关于禁止在市场经济活动中实行地区封锁的规定（2001）》、《国务院关于整顿和规范市场经济秩序的决定（2001）》并在20世纪最后几年进行了大规模的整顿市场经济秩序行动。分税制改革后，来自中央财政的巨额转移支付，从一定程度上促进了国内市场的整合，但是这并没有改变区域市场分割的基本格局，因为市场分割更符合地方政府的

---

① 研究市场分割的常见方法是以不同地区代表性经济变量（三次产业结构、制造业产出结构、生产效率、专业化分工程度、资本边际产出等）的地区差异为研究对象的生产法，以引力模型和边界效应来衡量的贸易法，以相对价格、相关分析和协整分析来研究冰川模型的价格法，以各地区间经济波动相关性为核心的经济周期法和问卷调查法等（余东华、刘运，2009）。采用不同方法所测算的市场分割程度及其变化趋势的结果差别很大，即使采用同一种方法结果差别也很大。例如 Young (2000) 分析了 1986~1999 年中国地区间工业投入品和农产品价格的变动情况，发现地区间产品价格差异，得出中国国内市场分割的结论。Fan and Wei (2006) 采用面板单位根方法分析了 1990~2003 年中国 36 个大中城市 93 种商品的市场整合情况，结果发现我国国内市场是整合的。总体来看，这些结果不会影响我们对于中国市场存在区域性分割的判断。见 Young, A., 2000, The Razor's Edge: Distortions and Incremental Reform in the Peoples Republic of China, Quarterly Journal of Economics, 115(4): 1091-1135; Fan, C. Simon and Xiang dong Wei, 2006, The Law of One Price: Evidence From the Transitional Economy of China, The Review of Economics and Statistics, 88(4): 682-97.

② Young, A., 2000, The Razor's Edge: Distortions and Incremental Reform in the Peoples Republic of China, Quarterly Journal of Economics, 115(4): 1091-1135; Oi, Jean C., 1998, The Evolution of Local State Corporatism, Chapter 2 of "Zouping in Transition: The Process of Reform in Rural North China", Harvard University Press; 杨帅、温铁军：《经济波动、财税体制变迁与土地资源的资本化——对中国改革开放以来"三次圈地"相关问题的实证分析》，《管理世界》2010年第4期；沈立人、戴园晨：《我国"诸侯经济"的形成及其弊端和根源》，《经济研究》1990年第3期；皮建才：《中国地方政府间竞争下的区域市场整合》，《经济研究》2008年第3期；付强、乔岳：《政府竞争如何促进了中国经济快速增长：市场分割与经济增长关系再探讨》，《世界经济》2011年第7期；余东华、刘运：《地方保护和市场分割的测度与辨识：基于方法论的文献综述》，《世界经济文汇》2009年第1期。

当收益递增遭遇行政性市场分割——文化创意产业发展的中国政治经济学

理性。尽管国内经济一体化是扩大内需的"必由之路",随着中国加入世界贸易组织导致的市场范围从国内向全球的扩张,地方政府开始采用国际贸易来取代由于行政壁垒所导致的国内市场不足问题,放弃了国内市场的规模效应,从而导致本地市场规模对经济增长的作用明显下降。①

除了常规性质的区域性市场分割外,中国的文化市场还存在更为明确的行政性市场分割。块块分割加条条分割,构成了中国传统上的完整的条块分割,也使文化产业具有了更明显的多头管理特征。除了与一般产业相同的管理部门——财政部、国税局和地税局、发展和改革委员会、工业和信息化部以外,文化产业的第一个主管部门是文化部。除了文化部文化产业司和文化市场司统一管理文化市场外,文化科技司、非物质文化遗产司直接管理着文化产业中的部分转型经济部分和现代数字技术部分。除了文化部以外,新闻出版和广电总局、国家文物局都分别管理着各自范围内的文化产业部门,从而也造成了文化产业的行政性市场分割。目前,"三网融合"所遭遇到的主要阻力,就是来自不同部委的部门利益,而此次文化部的产业倍增计划,并不包括其他部委所管理的部分。

市场分割不利于中国文化产品贸易的发展,主要是基于3个原因:第一,资源职能在一个区域内配置,而不是全国范围内配置。作为全球最大的新兴市场,对中国市场的占领成为全球经济体共同的目标。但是在现有的体制下,一个完整的13亿人口的文化市场,被各种条条块块行政管理体制切割成了狭小的、市场主体难以逾越的分市场,原有的市场规模优势不复存在,中国企业也很难享受到本地市场增长所带来的全部实惠。创意产品中创意的非竞争性和规模收益递增对于市场统一有着明确的强调,即市场规模是促进一个国家可持续增长的根本因素(Rivera-Batiz和Romer,1991;Jone和Romer,2010;陆铭、陈钊,2009),而文化创意产品市场的行政性分割,从根本上制约了中国文化创意产业的长期发展。

第二,资源配置的主体是政府。尽管市场在其中起到了重要作用,但是政府的行政指令依然严重影响着市场配置资源的范围、程度和绩效。在条块分割的文化产业,政府配置资源的特征更加明显。在转型经济部分,由于教科文卫沿袭着计划经济体制的事业单位特征,文化生产单位的首要目标不是满足市场需要,而是要完成政府所布置的任务,市场意识淡薄。当前很多演出团体、出版社、报纸和电视台等正在进行向以市场为导向的企业转制,从目前来看,这些单位很大程度上必须依靠原有的政府部门管理导致的行政性区域垄断才能得以生存。只要原有的管理格局不改变,

---

① 范子英、张军:《财政分权、转移支付与国内市场整合》,《经济研究》2010年第3期;陆铭、陈钊:《分割市场的经济增长:为什么经济开放可能加剧地方保护》,《经济研究》2009年第3期;贾根良:《国内经济一体化:扩大内需战略的必由之路》,《社会科学战线》2012年第2期;黄玖立、李坤望:《出口开放、地区市场规模和经济增长》,《经济研究》2006年第6期。

多头管理的特征就依然存在。文化创意产业的发展对于创意人才的强调，要求必须以市场作为资源配置的载体。不仅转型经济如此，以数字技术为核心的新型现代文化产业也受到了政府的过多干预。动漫企业自生能力极差，这可以从近年来各地蜂拥而起、名目繁多的"动漫产业园"、"动漫之都"和"国际动漫节"中看出来。① 政府管理过多，也会导致公益性文化事业和经营性文化产业难以区分。

第三，从国际贸易的角度来看，虽然文化产品可以属于贸易品，但由于文化产品所包含的创意价值所代表的不同价值观，其贸易程度相对较低。中国文化产品的国际贸易程度尤其低，从而意味着相对于工业品而言，国内市场对文化产品具有更重要的意义。中国文化产品的国际价格低，企业"走出去"的积极性差，导致执行"走出去"任务的主要是国有企业和政府背景的企业，目前"走出去"的大部分企业都是为了完成任务，没有明确的利润导向，也难以在短期内实现利润。在国内文化产品的生产上，政府管制过多导致文化产品的意识形态色彩比较浓厚，多元化的文化市场尚待形成，可以包容不同价值观的文化产业增长格局短期内难以实现。

四、促进文化产业发展的建议

文化创意产业的内涵特征是收益递增，但是文化创意产业发展所面临的中国特征是行政性条块分割，推动文化创意产业发展的措施是很明显的。在国内学者提出的常规性措施，如加大知识产权保护、财税政策优惠、金融支持、推动科技创新、加大人才培养、促进产业链发展和产业间融合等之外，② 还有更为根本的政治经济学手段。没有这些上层建筑的转变，上述政策发挥作用的空间有限。

（1）转变政府行为，减少资源配置扭曲和行政性市场分割，使其从私人产品供给者转变为公共产品提供者。改革开放以来，造成区域市场分割的是中国特有的经济体制，突出表现为地方政府从以国有企业实际控制转变为国有企业破产后通过扭曲生产性资源以追求政府收入现金流的过程。在土地价格低迷、地方政府财政收入主要来自增值税的时代，地方政府竞相通过降低土地价格，甚至采用零地价来招商引资，促进工业发展。待21世纪土地市场和房地产市场复苏后，地方政府开始以招拍挂的形式追求土地出让收入和房地产企业的营业

---

① 近年来，在政府的直接促动下，我国动漫企业发展进入"大跃进"时代。截至2012年11月底，国家认定的国家级动漫企业有4批500家，国家级重点动漫企业34家。各省市认定的本级重点和示范企业加起来超过万家。

② 郭玉军、李华成：《欧美文化产业税收优惠法律制度及其对我国的启示》，《武汉大学学报（哲学社会科学版）》2012年第1期；荆林波、李蕊：《文化产业作为支柱产业发展面临的问题及对策》，《理论视野》2011年第12期；杨志勇：《支持文化大发展大繁荣的财税政策》，《财贸经济》2011年第12期；柳光强：《完善促进文化产业发展的财税政策研究》，《财政研究》2012年第2期；贾康、马衍伟：《税收促进文化产业发展的理论分析与政策建议》，《财政研究》2012年第4期。

当收益递增遭遇行政性市场分割——文化创意产业发展的中国政治经济学
Increasing Return Meets Administrative Market Segregation: The Political Economy of China's Creative Industry Development

税、所得税。这种通过扭曲资源配置来获得收入的形式,既是推动中国经济增长的根本原因,也是造成市场分割的根本因素。缓解市场分割的根本因素,在于地方政府的行为转变。①从计划经济体制改革至今,中国政府的典型特征是私人产品的供给者。②反映在文化创意产业上,政府所支持的文化产品生产单位:电视台、报纸、出版社等,一直都在提供私人产品,而非典型的公共产品。这就决定了政府会站在企业一端,实施地方保护主义和分割市场。随着文化市场的发展和新企业的进入,政府保护国有文化企业的行为可能会严重妨碍市场公平竞争,恶化市场环境。一个典型的例子是卫视垄断,中国的卫星电视台需要受到政府的严格数量控制,并且具有明显的行政色彩:几乎每个省级行政区都有一家上市卫星电视台,也往往仅此一家,从而严格限制了影视产品的播出数量和规模,同时省级卫视的行政垄断也会使用其垄断地位来压低向其提供含产品的下游影视企业、动漫企业产品价格,使得市场竞争环境难以维持。文化创意产业的发展,要求政府从一个私人产品供给者,转变成公共服务提供者和市场规则制定者及行业竞争环境的维护者。

(2) 深化经济体制改革,让市场在文化资源配置中起基础性作用。文化创意产业发展遇到的问题首先是上层建筑不能适应经济发展。现有的事业单位管理体制下,艺术社团、出版社、报纸、广播、电视等部门很难具有市场经营动机,也不会按照市场导向来提供相应的文化产品。现代企业制度与事业单位管理体制之间存在矛盾,国有文化企业明显存在"官商两面、事企难分"的问题,突出表现就是组建过程中的"拉郎配、归大堆、翻牌化"。③从历史上来看,每一次深化经济体制改革都需要首先继续解放思想。在文化创意产业发展中,需要解决所谓经营性文化产业和公益性文化事业的分类问题,这也是文化部在产业倍增计划出台以后面临的棘手问题。从政府财政出资和实施公共管制行为的出发点来看,公共利益是政府行为的落脚点(贾康、马衍伟,2012)。但是,政府财政出资和实施公共管制的对象,国有文化企业和事业单位,是文化市场上私人产品的供给者。笔者认为,产业倍增计划并不包括新闻出版署和广电总局、国家文物局等文化产业的多头管理部分,而似乎仅仅是文化部的想法。文化产业管理格局的实现所需要的经济体制改革,至少深化到了国务院部委的结构改革上。缺乏相应的上层建筑改革,市场在文化资源配置中的基础性作用就不会得到实现,也难以实现中共十八大报告中关于

---

① 有文献认为行政整合是减少市场分割的有效手段(王贤彬、谢小平,2012)。本文认为或许行政整合是减少市场分割的一条有效路径,但是行政整合实施的主体——政府本身就是造成市场分割的主因,所以行政整合内生于政府行为,依靠行政整合难以有效促进区域间市场融合。见皮建才、殷军:《经济全球化背景下的地方政府行为与国内市场分割》,《经济管理》2012年第10期;王贤彬、谢小平:《区域市场的行政整合与经济增长》,《南方经济》2012年第3期。

② 付敏杰:《城市化与中国经济增长》,中国社会科学院研究生院博士学位论文,2011年;付敏杰:《中国有多少结构问题?》,《经济学动态》2013年第5期。

③ 荆林波、李蕊:《文化产业作为支柱产业发展面临的问题及对策》,《理论视野》2011年第12期。

"更大程度更广范围发挥市场在资源配置中的基础性作用"的要求。2013年通过的国务院改革方案将新闻出版署和广电总局合并,在机构改革上已经走出了重要步骤,但是相对于文化产业发展来说,依然是远远不够的。

(3)放松管制,培养文化企业的自生能力,推动文化市场的包容性发展。企业的自生能力是计划经济转型成功与否的核心,即企业能否在一个开放、竞争的市场中,一个有着正常管理水平下可以不需要任何外在扶持、保护就可以生存,并获得市场上可以接受的预期利润率。① 针对政府对于文化市场的过多干预——不仅包括对于以事业单位体制存在的文化产品供给单位的计划指令,还包括对于文化创业园内动漫企业等新兴文化产业的房租减免等措施,妨碍了文化创意企业自生能力的形成。由于文化产品中创意价值必然包含了与原有价值观不同的新因素,所以更具包容性的市场氛围无疑有利于文化产业的发展。这就要求政府减少意识形态垄断和对于文化市场的直接干预,放松文化市场管制,允许体现不同价值观的文化产品包容性发展,从而实现文化产业的大发展、大繁荣。

Abstract: The bottleneck encountered in the development of creative industries is that the superstructure can not meet the need of the economic base, espressed as the contradiction between the administrative market segregation and increasing returns to scale as the characteristics of the creative industries. Based on the two scope of transition and development economy, this paper analyzes the role of scale effects to the dedelopment of creative industries, summarizes the stylized facts of administrative market segregation of the China's economy as the institutional barriers to the long-term development of the creative industries. The policy implication of this paper are: ①government transformation to reduce the resource allocation distortions and administrative market segregation to suppliers of public goods other than private goods; ② deepen the reform of economy system to strengthen the basic role of the market in creative industries allocation; ③deregulation to improve the viability of the firms of creative industries and to promote its inclusive development.

Keywords: Creative Industries; Political Economy; Increasing Return to Scale; Administrative Market Segregation; Government Transformation; Viability

---

① 林毅夫:《自生能力和国企改革》,《经济研究》2001年第12期;林毅夫:《发展战略、自生能力和经济收敛》,《经济学(季刊)》2002年第2期。

从佛法的"禅定"视角探究直觉的本质

◎ 吴 恺*

摘 要：由于话语体系不同，中国古代并没有"直觉"一词，但佛法的"禅定"与"直觉"很相近。西方哲学家对"直觉"的认识，与中国古代圣哲的许多观点不谋而合。在今天，"直觉"一词包含"顿悟"的意思，而禅定又是激发顿悟的良好方式。

关键词：禅定；直觉；西方哲学家；中国古代圣哲

直觉是科学研究中一种独特而有效的思维方法，它以整体、直接地洞察和领悟事物的本质为其特点。在人类几千年的发展历程中，人们不懈地思索直觉，探寻直觉的特征、作用和本质，直觉已成为心理学、美学、思维科学、哲学等共同研究的对象。还有一些学者，如李约瑟、汤川秀树、F.卡普拉、董光璧等，将直觉问题的研究与中国传统文化结合起来，以佛学和老庄玄学的方法论来探究人类的直觉。直觉作为一种非理性思维的方式，与身心修养中的禅定状态有着复杂的区别和联系。

一、西方哲学家对直觉的认识

"直觉"一词来源于古拉丁文"intuitus"，由in和tuitus两部分组成。in的意思是"在里面"，tuitus的意思是"观看"，合成后的"intuitus"一词，便指"凝视"或"聚精会神看"。[①] 古希腊学者柏拉图认为，对理念的直觉就是突然的顿悟。他把直觉与灵感联系在一起，认为对理念的直觉是直接获取知识的方式，是以智慧的长期准备为前提突然迸发出来的。亚里士多德认为，直觉是对原始真理、原始前提的理解，科学知识是从原始真理中推演出来的，故直觉是

---

* 吴恺（1980~），男，湖北云梦人，武汉大学马克思主义学院讲师，博士后，主要研究方向为文化哲学。
① 在本文中，多次出现"直觉"和"直观"二词，由于其词义相近，故假定其意义相同，可以互换。

科学知识的根源。他说道："科学知识和直觉总是真实的；进一步说，除了直觉外，没有任何其他种类的思想比科学知识更加确切，原始前提又是比证明更为可知的，而且一切科学知识都是推论的。"

在欧洲中世纪，宗教神学成为占统治地位的思想，经院哲学家们也对直觉有着独到的见解。奥古斯丁认为，要得到关于上帝的知识，除了需要认识自然外，还要靠"信仰神圣的启示"（即直觉）。托马斯·阿奎那认为，人类实践的最高形式是思索，思索的最高目标是上帝，人生最大的幸福在于认识上帝，而认识上帝的途径有3种——理性、启示和直觉。在这里面，直觉是最能获取"关于上帝的最高级知识"的方式。

随后，唯理论哲学家笛卡尔也指出，几何学中的公理是不需要任何论证的，只靠纯粹直觉就能理解，故直觉是发现公理的过程和活动。斯宾诺莎也把直觉看作理解事物本质的最可靠、最重要的能力，它高于经验和推理。经验论哲学家洛克，将人的知识分为3个等级——"直觉的知识"、"证明的知识"、"感性的知识"，而"直觉的知识"是最高级、最可靠的，"我们全部知识的可靠性和明确性都依靠这种直觉。"

很多德国古典哲学家，也丰富和发展了直觉理论。康德认为，人们对知识的获取包括接受观念（直觉）和借助这些观念来认识对象（概念）两方面。费希特认为，人们只有通过理智的直觉，才能认识自由和绝对，"最高的自我意识是哲学家的自我意识，是理智的直观。"谢林也认为，对哲学的探究就是"一种持续的自我直观活动"，"没有直觉，我们永远不会知道什么是活动"，"没有理智直观，一切哲学也都会是绝对不可理解的。"费尔巴哈也认为，"思维是学派和体系的原则，直观是生活的原则"，只有将直观与思维相结合，"才有生活和真理"。

德国唯意志论哲学家叔本华认为，直觉充满了整个世界，渗透于一切存在物之中，直觉能力是人类活动的本质能力。他还认为，直觉是真理的源泉，通过直觉才能认识绝对真理，直觉不需要抽象概念和理性思维的支配。博格森将"生命之流"看作世界的本原，并认为科学和理性只能获取作为假象的自然知识，而不能认识"生命之流"；只有凭借直觉，才能认识"生命之流"。胡塞尔将生命现象当作超越理性的、只有依靠内省和本质直观才能领悟的对象。他将理性方法看作凝固、僵化、静止的方法，认为机械干瘪的逻辑形式无法描述变幻莫测的生命活动。

从以上哲学家对直觉的论述中，可以看出以下几点：一是将直觉划归为非理性思维，而非逻辑思维。直觉不是分析和推理，不是概念和判断，而是直观地呈现。二是认为直觉的作用往往高于逻辑推理和理性思维，理性思维只能认识现象层面的知识，但直觉可以认识本原性问题，如将直觉看作"公理的前提"、"知识的源泉"等。三是各抒己见、观点不一，如认为直觉是感性的、理性的、超感性的、超理性的，等等。他们在承认直觉相对于理性思维具有更高意义的同时，或认为直觉与理性思维是合一的，或认为直觉与理性思维是分开的。

二、中国古代圣哲对直觉的认识

由于话语体系的不同，中国古代并没有"直觉"一词。如果从意义相近来看，佛法的"禅定"与"直觉"有很多共同之处。马克思主义认为宇宙生命的本体是物质，但物质也属于作用和现象，中国古代圣哲以道、真如、形而上、理等词汇代表宇宙生命的本体。所谓圣贤，就是通过禅定方法契入形而上境界而打开自性智慧的人。由于不同人契入的深浅有所不同，故圣贤的位次也有所差别，正如《金刚经》所说："一切贤圣，皆以无为法而有差别。"这里所说的"无为法"，即是对形而上境界的契入所得之法。《楞严经》一书将菩萨的位次划分为52个等级，也是由此标准而来。禅定是契入形而上境界的唯一方法，任何运用分别心的辩证、辩论、探讨都只能与形而上问题越来越远。《法华经》中记载，当佛陀悟道以后，天神请佛陀说法普度众生，佛陀回答道："止，止，不须说，我法妙难思。"这句话意思是说，还是算了，不用说了，我所得的法太微妙、太不可思议。"不可思议"正是告诉人们，只有通过"不思议"的禅定方法，才能契入形而上境界，这种契入在佛法里称"开悟"、"觉悟"，或"识心达本"。

在西方哲学中，很多哲学家认为直觉的作用高于理性思维，理性思维只能认识现象层面的知识，但直觉可以认识宇宙生命的本体。如果与佛学的观点相对照，西方哲学中的"直觉"或"直观"，是与禅定很相近的概念。因此，中国文化中也有对"直觉"的认识，但这种认识往往配合了一定的修正方法。为什么将"禅定"与"直观"对应起来呢？在佛法中有"止观"的修法，或称"定慧等持"。严格来说，"禅定"主要是"止"，即内心处于专一状态，无烦恼，安宁而和谐。"观"才是直观觉照一切名、色、法（身心现象）的苦、空、无常、无我之本质，亦即智慧的修行法门。但"智慧"是由"禅定"而生，且西方哲学家所讲的"直观"也包含了一种思辨或修正的功夫在内，故将"禅定"与"直观"对应起来，比较确切。

在儒家、道家、墨家的哲学里面，也有对"直观"或"禅定"的认识。如曾子在《大学》中所讲的"知止而后有定，定而后能静，静而后能安，安而后能虑，虑而后能得"的修养功夫，就是"直观"的表现。老子所讲的"涤除玄览，能无疵乎"，也包含了"止观"的含义。"涤除"即是止住心念或禅定的意思，"玄"指形而上问题，"览"是照鉴之意。连起来解读，意思是指：涤除内心的杂念，让心境达到专一的状态，从而去照鉴宇宙生命的本原，这时心境清净如水而没有瑕疵。墨子也将人类认识事物的方法分为"唯五路知"和"不以五路知"两种。"不以五路知"，即不凭借五官而直观地探究世界本原的修正方法。再如孟子所讲的"尽其心者，知其性也，知其性者则知天矣"，也是以"尽心"作为内省和修正的方法，以"直观"的方式去探究世界的本原。除此以外，如邵康节的"观之以心"、"观之以理"，朱熹的"格物致知"，陆九渊、王阳明的"反而思之"、"求理于吾心"，无一不是对"直观"的论述。

三、从身心修养的实践探究禅定的本质与积极意义

"禅定"并非一种神秘莫测的东西，它是对人们心理状态的一种描述。一般来说，人们的心理状态大致可分为以下3种：

第一种是散乱状态。比如，坐火车时无所事事，坐着发呆，内心的思绪此起彼伏，这即是庄子所谓的"坐驰"。

第二种是精诚状态。当人们集中精力做一件事情时，就进入精诚状态，如科学家做研究即是。这种状态有浅有深，有的科学家太过于专注思考，把手表当作鸡蛋煮了，在这种深度精诚的状态下，他的成就也将不可限量。

第三种是禅定状态。这和上面一种状态很相似，其不同之处在于：禅定是从事没有意义的事情、简单重复的事情，这更能让人们身心放松下来，得到休息；精诚地做事是做有意义的事情，是为了成就这件事，此时人的每一个思想都有具体含义。佛像和佛号，本身没有意义，而又蕴含着无量的意义。从事没意义的简单事情，更加容易净化心灵，达到专一的状态，从而开启自性的智慧。以密宗的修法为例，观想一个非常复杂的佛菩萨形象，要做到行、住、坐、卧念念不忘，这相当困难，如观想成了，叫作"升起次第"。接下来的任务是，舍掉这个已经观想成的形象，让内心空空如也，进而达到一种空灵的状态，没有妄想而又智慧明达，这叫"圆满次第"。拿净土宗来说，这一句佛号要从心里念出来，耳根听这一句佛号，听得清清楚楚、明明白白，以此取代所有妄想，从而达到专一的状态，这也是"升起次第"。随着功夫的加深、妄想的减少，这一句佛号也就没有了，心境一片空灵，这是"圆满次第"，或称"念佛三昧"[①]。

禅定的修习之所以是必要的，是因为"禅定状态"优于"散乱状态"。以净土宗行者的实践经验来看，当心中一句佛号连续不断的时候，粗的妄想降伏下来了，细的妄想当然还有很多。这个时候，内心非常安定祥和，且充满了喜悦，所谓"禅悦"、"法喜充满"这些词汇都是真实不虚的。这时，自己的心境是一种活泼灵动的状态，看任何人都是可爱的，都会用心体会对方的需要和感受。如果处于一种散乱状态，要观照一件事物是很难的，一会儿就走神了。进入这种静定的状态以后，观照任何事物都没有障碍。即使从做学问和做事的角度看，精神不专一也很难有所成就，如古人所讲的"置之一处，无事不办"；"用兵之道，存乎一心"；"学问之道无他，求其放心而已矣（即收回散乱的心）"等话语，即是明证。

古代禅师在形容禅定境界时，有一个比喻：一个酒葫芦漂在水面上，当你不停地朝一个方向打它时，它就会不停旋转下去；虽然永远在旋转，但它总漂在水面上。这正表达了禅定状态是动与静的完美结合，虽然心如止水，但又活泼灵动。因此，通过禅定的修习，可以培养人们完美的人格。只要让内心达到

---

① "三昧"即正确的定境、正常的享受的意思。

从佛法的"禅定"视角探究直觉的本质

To Explore the Essence of Intuition from the Perspective of Meditation in Chinese Culture

一种精诚、专一的状态，便可以逐渐培养世间所要求的一切美好，如既谦虚又自信、既执着又随和、既天真又成熟、既自在又有责任心，考虑问题既全面又有大局观、既高尚又务实、既谨慎又轻松、既知足又能进取、既活泼又稳重等。这其中有些人格特质看起来自相矛盾，但正如禅定境界可以将动、静二者完美结合起来一样，看似相互矛盾的人格特质，也可以在个体上并存无碍。

四、从禅定与直觉的关系探究直觉的本质

必须正视一个现实，随着人类历史文化的变迁，很多词汇失去了其本来的含义，且意思越变越浅。譬如"觉悟"、"境界"、"思维"、"真理"、"开心"等词汇，都来自佛学，但与其原初的意义相比，今天的含义变得非常浅显。"觉悟"本指修行人通过甚深禅定契入宇宙生命的本体，打开自性的智慧，体悟到生命回归的感受，今天却仅指对某一道理的领悟。"真理"一词，也来自佛学。佛学里面的"真谛"（或称真如、理等）与"俗谛"（或称假、事等）是相对的。"真谛"指形而上的最高真理，必须通过禅定的方法才能契入；"俗谛"指一切学问、一切思想、一切事物，具体到修持中，便是日常行持的每件事情。因此，"真理"的本意是指形而上问题，今天却被用来代表一切道理和规律。关于"开心"一词，在佛法密宗里有"脉解心开"的说法，净土宗里有"花开见佛"的说法。"开心"的本意是指，一个修行人通过禅定打开了自己的心量，获得了无边的法喜，并打通了气脉，变化了体质，但今天仅被用来指普通的快乐感受。同理可知，"直觉"一词的古今含义也有很大差异，其与佛法中"禅定"的关系也有所不同，分述如下：

（一）从禅定视角探讨西方哲学话语体系中"直觉"的本质

从前面的分析可知，西方哲学家对"直觉"的认识，与中国古代圣哲的许多观点不谋而合，这正如子思在《中庸》里说的，"东方有圣人出焉，西方有圣人出焉，此心同，此理同。"很多西方哲学家认为，探究世界的本原，只能通过直觉，而不能通过理性思维，这与佛陀的观点是相符的。如柏拉图所讲的"理念"、亚里士多德所讲的"原始真理"、奥古斯丁所讲的"上帝"、费希特所讲的"绝对"、博格森所讲的"生命之流"，都是对形而上问题的别称。因此，他们所讲的"直觉"，很类似于佛法中的"禅定"。至于说在西方哲学家中，哪些人从事过类似于"禅定"的修养功夫，今天很难考证。即使有人从事过此类修习，其修正方法也因时代久远而失传了。不可否认的是，西方哲学家中一大半仅仅从事过哲学思辨，如宋朝理学家陈明道所讲的"思入风云变幻中"而已。但不能轻易否定思辨的力量，管子曾说过："思之，思之，又重思之。思之而不通，鬼神将通之；非鬼神之功也，精诚之极也。"凡是人类历史上伟大的思想家，无不具备精诚的美德，故能在精诚的思辨中，不断接近宇宙和生命的本原。中国禅宗的参禅法门，也是利用学人的疑情，精诚地参究"念佛是谁"、"父母未生前本来面目"等

话头,从而达到开悟的目的。这种参究,就是不断地追问,一个一个问题去探究,不断地接近本原。西方哲学家的思辨,也有参话头之意,故中西哲学中有很多近似的结论,有很多观念是可以融通的。

除此之外,很多西方哲学家既强调对本体的认识,也注重对知识的学习,但他们往往把前者看得更重要,并认为知识来源于本体。这与中国哲学中的观点也很类似,如南北朝的禅宗泰斗傅大士,在《法身偈》中说:"有物先天地,无形本寂寥。能为万物主,不逐四时凋。"其中所讲的,就是宇宙和生命的本体(即真如法性)化生万物的道理。按照这个逻辑,知识本身也来源于本体,也由本体化生而来,故对本体的认识应先于知识、高于知识,这是东西方圣哲的共同见解。

(二)从禅定视角探讨当代话语体系中"直觉"的本质

从当代话语体系来看,《美国哲学百科全书》是这样界定直觉的:"直觉"最宽泛的定义是"顿悟"(直接的领悟和理解),它又可具体化为3种含义,即知觉、感觉和神秘直觉。宋锦添先生认为:"直觉作为现代认识论的范畴,是指人们对客观事物的直接领悟和理解。直觉集感性和理性于一身,它既能直接捕捉和感知客观事物的外部现象,又能直接领悟和认识客观事物的内在本质和规律,是由客观事物直接引起的'顿悟式'认识飞跃。直觉使人顿开茅塞,豁然开朗,一下子抓住客观事物的真谛。"周义澄先生认为:"直觉就是直接的觉察。广义地说,直觉是包括直接的认识、情感和意志活动在内的一种心理现象;狭义地说,直觉是人类的一种基本思维方式,它包括直觉的判别、想象和启发,是非逻辑或超逻辑的、借助于模式化'智力图像'的思维,是感性和理性、具体和抽象的辩证统一,是认识过程的飞跃和渐进性的中断。直觉是由于思维的高度活动而形成的对客观事物的一种比较迅速的直接的综合判断。"以上论述,对"直觉"的含义进行了非常明晰的界定,但需要思考的是"顿悟从何而来?它与禅定修习的关系何在?"

人们在生活中几乎都有这样的体会,当自己做一件事情达到精诚状态时,会感觉特别得心应手,既能保持很高的效率,也能保持较高的准确率。此时,内心非常喜悦、轻松,并不感觉做事情很累,又能把事情做得很好。比如,一个泥瓦匠,他每天都在砌墙,只要他专心去做,就几乎接近于一种禅定状态。他做着做着,就会感觉状态非常良好,这一砖头拍下去特别整齐、完美,这就是一种"境界三昧"。不管任何行业,包括很多国家级运动员,都在探寻这种"境界三昧"(或状态)。状态好与不好,往往决定一项重大比赛的胜负,决定他们人生的境遇。但这种状态,他们自己把握不了,往往神经绷得越紧,越在乎得失,就越容易失误。通过禅定的修习,达到一种轻灵的、放松的、不在乎得失而又积极努力的状态,才能在关键时刻有如神助、把握机遇。"顿悟"也是一种状态,它往往产生于乐观、积极、放松、灵动的心境中。反之,越是冥思苦想,就越找不到顿悟的灵感。修习禅定,可以变化人的气质,改善人的心境,增加

从佛法的"禅定"视角探究直觉的本质
To Explore the Essence of Intuition from the Perspective of Meditation in Chinese Culture

顿悟发生的概率。

我们通常以为，人只有起心动念才能思考问题，实际上这是一种错觉。人们明白一个知识或道理，是在念头中断的瞬间，灵光一现而了悟的。精神病人由于沉迷在自己幻想里面无法自拔，妄念从来没有中断过，所以人家对他说什么，他听不懂。人是灵性的生命，若通过禅定达到空灵的境界，虽然没有妄想，但一接触任何学问，马上就可以通达，且具备高超的记忆力。《红楼梦》中的贾宝玉找了本《西厢记》偷着看，后来又给林黛玉看，贾宝玉可以一目十行，林黛玉可以过目不忘。正是因为他们年纪小、内心清净，才具备这样的能力；等他们到了中年，心地污染了，保证也做不到了。禅定是空灵的心境，而顿悟是从这种空灵心境里爆发出的智慧火花。如果希望这种火花经常爆发出来，就需要通过禅定的修习变化气质，提升境界。

总之，佛法中"禅定"与直觉的关系是一个很深奥的课题，不同学者也会对此"仁者见仁，智者见智"。以上观点，是笔者在学习和研究中的一得之见，其中不正确或不完备的地方在所难免，只当抛砖引玉，以待来哲的补充与指教。

Abstract: Because of different discourse system, there is not the term "intuition" in ancient China. But the "meditation" in Chinese culture is very similar with "intuition". The western philosophers' understandings of "intuitive" are similar with many points of the ancient Chinese sages. Today, the term "intuition" contains the means of "epiphany", and meditation is a good way to stimulate epiphany.

Keywords: Meditation; Intuition; Western Philosophers; Ancient Chinese Sages

理论·文化与哲学
THEORY·CULTURE AND PHILOSOPHY

道教内丹三教合一思想对文化发展的启示

◎ 丁常春*

摘　要：道教内丹学主张儒道佛皆性命之学，儒家的"五伦"等道德修养是修仙的必要前提，仙道、佛道都是为了复真性。显然，内丹学虽高唱三教合一，援引儒佛入丹道，但它是站在道教的立场上，来融摄和会佛儒二教思想中与自己相通相近之点。道教吸收儒佛思想没有失去自身的特色，没有被儒佛所同化，而是在保持了自身的特长基础上把儒佛思想改造为己有的思想。内丹三教合一思想为今日如何处理多元文化关系、促进民族文化复兴提供了有益的启示。

关键词：内丹学；三教合一；文化发展

道教内丹学自唐末五代兴起后，其发展的每一步都深受"三教合一"思潮的影响。内丹学在基础理论以及丹法上，吸收了儒、释的思想和修持方法；但内丹家是站在道教立场上，对儒佛采取"拿来主义"，融摄和会儒佛二教思想中与自己相通相近之处。内丹三教合一思想为今日如何处理多元文化关系、促进民族文化复兴提供了有益的启示。

一、内丹三教合一思想

（一）三教皆性命之学

六朝时期，三教中就有人倡导三教合一，着重于儒道佛三教的社会教化作用，即三教在"导民向善"的社会作用上旨归一致。是时，道教开始提倡"三教一致"。隋唐五代时期，"三教融合"全面展开，道教尤以吸收佛教思想、方法为特色，但尚未明确喊出"三教一

---

* 丁常春，四川省社科院民族与宗教所副研究员，中国社科院哲学所博士后。

道教内丹三教合一思想对文化发展的启示

家"、"三教合一"的口号；到北宋，张伯端才从内丹修炼的角度第一次明确打出了"三教合一"的旗帜。① 但宋朝以来，内丹家主张三教合一，着重于三教义理同源，即都源于"道"。如王重阳《金关玉锁诀》曰："三教者不离真道也，喻曰：似一根树生三枝也。"② 意谓：儒道佛三教如道这棵树上所生的三个枝。《重阳全真集》卷一之《孙公问三教》诗云："儒门释户道相通，三教从来一祖风。"③《永学道人》诗曰："心中端正莫生邪，三教搜来做一家。义理显时何有异，妙玄通后更无加。"④《答战公问先释后道》诗亦曰："释道从来是一家，两般形貌理无差。"⑤ 这就是说，儒道佛三教教理相同。

三教义理都源于道，在人即为性命本原。张伯端主张三教皆性命之学。他在《悟真篇》自序中说："老释以性命学，开方便门，教人修种，以逃生死。释氏以空寂为宗，若顿悟圆通，则直超彼岸。如有习漏未尽，则尚徇于有生。老氏以炼养为真，若得其要枢，则立跻圣位；如其未明本性，则犹滞于幻形。其次《周易》有'穷理尽性至命'之辞，《鲁语》有'毋意必固我'之说，此又仲尼极臻乎性命之奥也。然其言之常略而不至于详者，何也？盖欲序正人伦，施仁义礼乐之教，故于无为之道，未尝显言，但以命术寓诸易象，性发混诸微言耳。……岂非教虽分三，道仍归一。奈何后世黄缁之流，各自专门，互相非是，致使三家宗要，迷没邪歧，不能混一而同归矣！"⑥ 这就是说，儒道佛三教皆是性命之学；道佛以性命学教人修炼以逃生死。佛教以空为宗，如果顿悟圆通则直超彼岸；如果有习陋未除尽，则仍轮回于生死；道教以炼养为真，如果得其要枢则即身成仙。儒教虽言穷理尽性以至于命，但鉴于正人伦秩序，施仁义礼乐之教，故微言性命。可见教虽分三，皆是讲性命之道；三教学理，皆出于仙佛圣贤心性实证之"道"。

伍守阳亦认为，儒释道都是关于性命之学，但三教言性命之详略是不同的。儒学为入世法，言性命，其词微。五经之首《易》曰，穷理尽性以至于命。至于人与天地合德、日月合明、四时合序和鬼神合其吉凶的论述，是性命之关键。弟子颜回而下无人能窥其奥秘，直到再传弟子子思，始揭"天命之谓性"于《中庸》之首章。儒学后世门人，皆认为孔子罕言命，以为性与天道不可得而闻。佛学为出世法，言性不言命，言性时其词密。菩萨之下无人能悟之。故佛教徒皆说见性成佛，而"命学"为绝传。而道教与儒释不同，言性必言命，言命必言性。有鉴于此，伍氏站在道教立场上，

---

① 唐大潮《明清之际道教"三教合一"思想论》（宗教文化出版社2000年版）第三章第一节以及卿希泰主编《中国道教思想史》（第三卷，人民出版社2009年版）第483页相关内容。
② 《道藏》第25册，第802页。
③ 《道藏》第25册，第693页。
④ 《道藏》第25册，第696页。
⑤ 《道藏》第25册，第691页。
⑥ 《道藏》第2册，第914页。

认为儒教言性命，言其"影"，不言其"形"；佛教言性命，以性为"形"，以命为"影"；道教之言性命，既言其"影"，又言其"形"，所以说道教的性命学高于儒释两教。①

《性命圭旨》亦主张三教皆性命之学。《性命圭旨》云："故三教圣人，以性命学开方便门，教人熏修，以脱生死。儒家之教，教人顺性命以还造化，其道公；禅宗之教，教人幻性命以超大觉，其义高；老氏之教，教人修性命而得长生，其旨切。教虽分三，其道一也。"②意谓：三教皆是以性命之学作为；儒家教人顺性命以还造化，其道公；禅宗教人空性命以超大觉，其义高；道教教人修性命而得长生，其旨切。教虽分三，其道为一。

刘名瑞还指出，三教所讲性命实质上相同，只是其名称不同而已。道教称为金丹，释教称为舍利子，儒教称为浩然正气，虽然名称上有所不同，但其本质是一样的，即所谓"天人性命原无二，至道归一德自明"③。三教之所以会有差别，是因为学道者根器不同，圣人也要根据学道者的不同而立教。但是，三教后学大都偏离了圣人最初立教的宗旨，陷于门户之见。真修之士，必须要儒释道三教皆通，才能到达"至道"。

（二）道儒关系论

内丹家主张儒家人道是仙道之基。修道之人在修仙道之前，必须先修"人道"——五伦之事，方才可能被传仙道。如伍守阳《天仙正理浅说》说："后来修士，必于人道中先修纯德。人道中者，即五伦之事也。君当忠而忠，亲当孝而孝，兄长当顺而顺，朋友当信而信，谓之纯德。高真上圣皆言传得其人身有功者，当传于有德之人也。"④意谓：修道之人必须于人道之五伦之事中先修纯德；纯德指对君当忠而忠，对亲当孝而孝，对兄长当顺而顺，对朋友当信而信；高真上圣都主张要传道于有此纯德之人。

内丹学还指出，仙道所传授的对象，必须是"全德"、"坚志"之士。如《天仙正理浅说》说："全德者，在世法中能全五伦之德，于道法中又能全五戒。此是君子圣贤人品，便是修仙修佛之根器。坚志者……真实有心亲师同学，具弟子之威仪，执弟子之职事，不违师言，不犯道律，不犯王法，时时切问近思，一有所闻，便求实悟，不肯虚度光阴，不敢虚负圣教，此便是真实坚志者。"⑤意谓："全德"就是指在世法中能全五伦之德，于道法中又能全五戒；"坚志"是指真心实意亲师同学道，具弟子之威仪，执弟子之职事，不违反师言，不触犯道教戒律，不触犯王法，时时切问勤思，一有所闻，便求实悟，不肯虚度光阴，不敢虚负圣教。

可见，内丹学将儒家的"五伦"等道德修养作为修仙的必要前提，强调

---

① 《内金丹》，《藏外道书》第11册，第251页。
② 《藏外道书》第9册，第510页。
③ 《敲□洞章》，《藏外道书》第23册，第240页。
④ 《天仙正理浅说》，《藏外道书》第5册，第854-855页。
⑤ 《天仙正理浅说》，《藏外道书》第5册，第853页。

"人德合天"，这就把"五伦"等世俗道德纳入道教的宗教道德之内，既增加了"五伦"等世俗道德的神圣性，又调和了出世与入世、道与儒之间的矛盾，扩大了道教的生存空间。

内丹学还认为，道与儒的修持功夫也有相同之处。刘名瑞《敲蹻洞章》说："神者，性也……然性之说有二，有天地之性，有气质之性。父母未生以前，即天地之性，万殊一本者也；父母既生之后，即气质之性，一本万殊者也。天地之性善，气质之性恶，善恶混淆，以其禀二五之气，有刚柔缓急之不同耳。所以然者何也？曰：非性之咎，善道之则天地之性可全，气质之性可泯焉。"① 意谓：人性有二：天地之性，气质之性；修性炼命就是将后天气质之恶性泯灭，复归天地之性，这也就是修道之至要。刘氏又指出，寡欲诚意即是修性，摄精还炁即是炼命。如他说："道之为教者，以慈俭不争为行，以宽廉不扰为治，以清静身心而天理明现，以寡欲诚意为之修性，以摄精还炁为之炼命，此之谓至要矣。"②

道与儒之间有何不同呢？内丹学认为道、儒之间的不同在于：儒教着重于全人道——知人，而道教着重于修仙道——知天。如《天仙正理直论》说："若知人而不知天也，不可。何也？凡曰大修行，非止于之此一生之事而已，必要证无上之上。先要知大道所以然之真，而后修得证所以然之妙，始可信心直行到极处。不然何所往而何所证？"③ 可见，道教既要修人道，全五伦之德，更要修仙道而成就天仙；而儒教只着重于修人道，这就是道教与儒教的不同之处。

（三）仙佛关系论

内丹学主张，仙道同佛道。如陈楠说："人若晓得《金刚》、《圆觉》二经，则金丹之义自明，何必分别老释之异同哉！天下无二道，圣人无两心。何况人人具足，个个圆成。"④ 意谓：佛道与仙道，都是修心（性）而悟道。伍守阳说："得生之理者，一阴一阳为一性一命，二者全而为人也。"⑤ "既性命双全，方成得一个人。亦必性命双修，方成得个仙佛。未有二者不全而能成人成仙佛。必以顺之成人者，以逆成仙佛。所以知为仙佛由于为人。"⑥ 可见成仙、成佛之道相同：逆成仙佛，性命双修。

内丹学主张，仙道、佛道都是为了复真性，即所修亦同一真性。伍守阳《仙佛合宗语录》指出，人作为同类，其性命、精炁神等都相同，仙佛二宗之人亦皆相同；故人生来都具有同一真性，仙佛二宗之人所修亦同一真性，成仙成佛都是凭借此一真性。⑦

---

① 《敲蹻洞章》，《藏外道书》第 23 册，第 245-246 页。
② 《敲蹻洞章》，《藏外道书》第 23 册，第 275 页。
③ 《天仙正理直论》，《藏外道书》第 5 册，第 780 页。
④ 《修真辩惑论》，《道藏》第 4 册，第 618 页。
⑤⑥ 《藏外道书》第 5 册，第 834 页。
⑦ 《仙佛合宗语录》，《藏外道书》第 5 册，第 698-699 页。

内丹学亦主张，仙佛修行功夫相同。《仙佛合宗语录》指出，丹道之炼精化炁即等同于佛教戒淫修梵行以出欲界；丹道之转神入定即等同于佛教的四禅灭尽定以出色界；丹道之炼神还虚即等同于佛教的从七地菩萨修上八地等觉菩萨，再加持至九地、十地以及上至十一地等觉菩萨，超出无色界之上。可见，仙道、佛道都通过性命双修而超出三界。①

仙佛之间有何不同呢？伍守阳《伍真人丹道九篇》认为，仙佛之不同只是言语上不同，所讲道理同，即"言异理不异"。对所谓"佛教了性，道教了命"的观点，陆西星《玄肤论》批评说："夫佛无我相，破贪著之见也；道言守母，贵无名之始也。不知性，安知命耶？既知命矣，性可遣矣。故论性而不沦于空，命在其中矣；守母而复归于朴，性在其中矣。是谓了命关于性矣，是谓形神具妙，与道合真也。"②意谓：了命与了性不可分，仙佛二家都是以"性命双修"为达到最终目的。伍守阳还指出，仙宗果位，了证长生。佛宗果位，了证无生。然而了证无生是以了证长生为实旨，了证长生也是以了证无生为始终。③

总言之，内丹学从"性命学"视角提出儒道佛皆性命之学，教虽分三，皆是讲性命之道。内丹学将儒家的"五伦"等道德修养作为修仙的必要前提，强调"人德合天"，从而调和了道与儒的矛盾。内丹学提出仙道、佛道都是为了复真性，还将佛教明心见性等修性法门吸收转变为炼神之法。显然，内丹学虽高唱三教合一，援引儒佛入丹道，但它基本上是站在道教的立场上，来融摄和会佛儒二教思想中与自己相通相近之点，吸取儒佛的长处，丰富发展自身。这正如陈寅恪先生所说："六朝以后之道教，包罗至广，演变至繁，不似儒教之偏重政治社会制度，故思想上容易融贯吸收……其真能于思想史上自成系统，有所创获者，必须一方面吸收输入外来之学说，另一方面不忘本来民族之地位。此二种相反而适相成之态度，乃道教之真精神，新儒家之旧途径，而二千年吾民族与他民族思想接触史之所昭示者也。"④可见，道教内丹三教合一思想集中体现了"道教之真精神"。道教内丹三教合一思想是三教合一思潮在道教修炼理论和方法上的集中体现。道教内丹三教合一思想促进了封建社会三教关系的和谐，适应巩固中央集权专制的社会需要，提供了处理多元文化关系的范例。

二、内丹三教合一思想对文化发展的启示

通过上述对内丹三教合一思想的梳理，可看出它对今天构建社会主义的新文化、处理多元文化关系，提供了以下几点启示。

一是中国特色社会主义文化的构建必须在多元文化互动中才可能发展自身。道教内丹学融摄和会佛儒二教思想中与

---

① 《仙佛合宗语录》，《藏外道书》第5册，第690-691页。
② 《玄肤论》，《藏外道书》第5册，第364页。
③ 《伍真人丹道九篇·自序》，《藏外道书》第5册，第866页。
④ 《冯友兰中国哲学史下册审查报告》，《金明馆丛稿二编》，三联书店2001年版，第284-285页。

道教内丹三教合一思想对文化发展的启示
Taoist Inner Archemy's Thought of the Cultural Merging of Confucianism, Buddhism and Taoism Providing Inspiration for Cultural Development

自己相通相近之点，吸取儒佛的长处，丰富发展了自身。而今全球化时代，多元文化交流交融交锋更加频繁。中国特色社会主义文化面对的不仅仅是儒释道等传统文化，还有基督教、伊斯兰教、印度教、新兴宗教以及西方哲学社会科学、自然科学等外来文化；应在相互对话交流中不断接受异质文化的激发和营养，在多元互动中促进自身的发展完善，不能唯我独尊，排斥他家。当代中国特色社会主义新文化的构建，需要不断吸收儒释道等优秀传统文化的精华，更需要不断吸收西方哲学社会科学、自然科学等外来文化之精华，才能使社会主义新文化得到丰富发展，得到更新。这正如马克思所说，人类自己创造自己的历史，但是他们不是随心所欲地创造，并不是在他们自己选定的条件下创造，而是在直接碰到的、既定的、从过去继承下来的条件下创造。

二是中国特色社会主义文化在吸收他家文化特别是外来的西方优秀文化之时，不能丢失自身独有的内容和特色，更不能照搬外来的西方文化。道教内丹学吸收儒佛思想没有失去自身的特色，没有被儒佛所同化，而是在保持了自身的特长基础上把儒佛思想改造为己有的思想。发展中国特色社会主义新文化必须继承和发扬中华优秀传统文化，因为优秀传统文化是发展中国特色社会主义新文化的深厚基础。但继承和弘扬中华优秀传统文化不能搞文化"复古"，要坚持古为今用，推陈出新，使优秀传统文化不断焕发新活力，成为鼓舞人民前进的精神力量。发展中国特色社会主义新文化必须吸收有益的外来文化，但不能照搬外来的文化，要坚持自身独有的内容和特色。照搬外来的文化，远的例子如玄奘唯识学，被忠实地输入，虽兴盛一时，可不久就消亡了；近的例子如"五四"新文化运动，它企图通过打倒"孔家店"，用"民主"、"科学"等西方文化全面代替故有的中国传统文化，从而建设中国的新文化，结果是"邯郸学步，失其故步"。当代建设中国特色社会主义新文化要坚持自身独有的内容和特色，即必须坚持以马克思主义为指导，坚持社会主义先进文化前进方向；既要有理论自信，同时又不能盲目排外，必须吸收西方自由、民主、科学等外来的优秀文化。

Abstract: Taoist Inner Alchemy thinks Confucianism, Buddhism and Taoism talk about theory of spiritual nature and physical nature. It argues Confucianism ethics is the basis of the Inner Alchemy Theory. It also argues Taoism and Buddhism all return to spiritual nature. Clearly, although it argues for the cultural merging of Confucianism, Buddhism and Taoism, the inner alchemy absorbs the ideas of Confucianism and Buddhism which is similar with its own points from the perspective of Taoism. Taoism, absorbing the ideas of Confucianism and Buddhism, does not lose its own characteristics and has not been assimilated by Confucianism and Buddhism. Taoism transforms the ideas of Confucianism and Buddhism into its own ideas on the basis of its expertise. Taoist Inner Archemy's thought of the cultural merging of Confucianism, Buddhism and Taoism provide useful inspiration which is how to deal with today's multi-cultural relations, the promotion of national cultural renaissance.

Keywords: Inner Archemy; The Cultural Merging of Confucianism, Buddhism and Taoism; Cultural Development

梁启超早期文化思想的营思与反思

◎ 吴宁宁*

摘 要：如何看待中西文化的关系是梁启超早年思考最多的问题。一方面，以"保教尊孔论"为依托，不遗余力地对传统价值进行辩护，树立中国文化的自信心；另一方面，以"中体西用"和"西学中源"说为框架，结合对西方文化的认识和时代发展的需要，对两种学说加以改造和重新解释，提出解决中西文化关系的应因之道。梁启超早期关于中西文化的思考范式鲜明地映射出近代以来中国文化的发展大势，为今天思考中国文化的发展模式提供了反思的平台。

关键词：梁启超；文化思想；中西文化；文化发展

"鸦片战争"之后，伴随着"西风美雨"而来的西方思想大大撞击着近代知识分子的传统道德观念和价值观。对于一个总以自己是文明中心而自豪的中国近代知识分子来说，这样一种来自外部的思想冲击必然会产生令人震惊的效果，且对于西方文化粗略的知识更助长了他们对于本国文化的危机意识。在这种情况下，如何在西方面前树立中国文化的同等地位，为中国文化寻求价值辩护便成为近代知识分子主要的诉求。在近代知识分子看来，中国能够保持固有文化不改变，甚至能够改造西方文化以适应本国文化。这是一种危机下的自我安慰，表现出近代知识分子一种感情平衡的心理，梁启超早期在这方面表现得十分明显。

一、"以保国保种保教为己任"的保教尊孔论

最能够表现出梁启超在危机面前寻求传统价值辩护的是他的保教尊孔论，"尊孔保教"思想的形成，暗示着梁启超

---

* 吴宁宁（1981~），中国社会科学院文化研究中心博士后，主要研究方向：近代文化，文化发展与核心价值观。

心里一种强烈而深刻的文化危机意识。梁启超认为,西方国家发展至今之所以如此强大,一个很重要的因素即在于它们的基督教文明起了十分大的整合作用,因此,中国要想在西方列强支配下的世界格局中作为一个国家生存下来,就必须找到足以整合国家的文化价值,必须在文化价值和信仰上进行一些急剧的变革以增强国家的凝聚力和向心力。在中国文化中,最能满足这个需要的即是孔子的教义,因而保教尊孔便成为攸关的大事。

梁启超最迫切的是恢复孔子思想的最初教义。在他的心目中,只有孔子的教义才是最根本、最有价值的思想,为此他用大量的篇幅介绍孔子教义的价值性和根本性,为孔子正名。他指出:"一当知孔子为教主;二当知六经皆孔子所作;三当知孔子以前有旧教;四当知六经皆孔子改定制度以治百世之书;五当知七十子后学,皆以传教为事;六当知秦汉以后,皆行荀卿之学,为孔教之孽派;七当知孔子口说,皆在传记,汉儒治经,皆以经世;八当知东汉古文经,刘歆所伪造;九当知伪经多摭拾旧教遗文;十当知伪经既出,儒者始不以教主待孔子;十一当知训诂名物,为二千年经学之大蠹,其源皆出于刘歆;十二当知宋学末流,束身自好,有乖孔子兼善天下之义。"①在梁启超看来,今日中国落后,并不是因为孔学讲得太多了,而是因为中国真正的孔学"受教者"日渐减少,再加之"异说流行"促成今天的局面,今日如果不思自保则孔教"亡无日矣"。为此他提出"以宗法孔子为主义""取六经义理、制度、微言大义,一一证以近事新理以发明之"②,使西人之"菲薄吾教者"与陋儒之"自蔑其教者",皆"知孔子之所以为圣也",以清除历史对孔子的歪曲,恢复孔子的真面目,使"孔子垂法万世"③。

在为孔子正名之时,梁启超进一步提出保教的主张。本质上梁启超对定一尊之教是持怀疑态度的,他在《与严幼陵先生书》中,曾说道"教"应保与不应保的矛盾辩证分析,认为"教之一尊未定,百家并作,天下多学术;既已立教,则士人之心思才力,皆为教旨所束缚,不敢作他想,窒闭无新学矣。故庄子束教之言,天下之公言也。此义也,启超习与同志数人私言之,而未敢昌言之"。④也就是说,在梁启超的思想里,其对于保教之言是有所认知的,体认到这种想法是一种不明智的做法,但在历史与价值矛盾中他又不得不做出保教的选择,他指出,"中国今日民智极塞,民情极涣,将欲通之,必先合之。合之之术,必择众人目光心力所最趋注者而举之以为的,则可合。既合之矣,然后因而旁及于所举之的之外,以渐而大,则人易信而事成。"⑤梁启超在这里把设教的目的说得很明白,即希望用保教的名义以合群,进而增强凝聚力,"夫天下无不教而治之民,故天下无教而立之国,

---

① 梁启超:《西学书目表后序》,《梁启超全集》,北京出版社1999年版,第86页。
②③ 梁启超:《湖南时务学堂学约》,《梁启超全集》,北京出版社1999年版,第109页。
④⑤ 梁启超:《与严幼陵先生书》,《梁启超全集》,北京出版社1999年版,第72页。

国受范于教，肉食听命于匹夫，是以彼教之挟国力以相陵，非所畏也，在吾能自立而已。"① 在梁启超看来，保教具有很大的工具性价值，其目的和效用是很大，不仅能够起到整合民心民情、增强国力的作用，更重要的在于通过保教可以在西方国家面前树立一种文化的自信心，满足作为中国人的自信感和尊严感，这在当时看来是任何方式都无法做到的，因此，梁启超提出"以保国保种保教为己任"②的主张，并认为"居今日而不以报国保教为事者，必其入于危亡之故"。③

在梁启超早期的思想中，其大部分言论都是围绕着如何保教而展开的，其时时言不离保教的思想在当时已成为他的一种言论特征。但由于这一思想从本质上看是一种错误，他本人对此也深有认识，以致到后来他公然反对自己曾经的言论，并加以严肃批评。

二、"夫中学，体也；西学，用也"的中体西用论

近代知识分子为了寻求一种文化上的自我调整，以期能够找到与西方相抗衡的东西，不断进行着中西文化嫁接的尝试，中体西用和西学中源说便是这一时期的产物。

"中体西用"的思想最先是由一些洋务派的知识分子提出的，最早的表述则见于1896年4月沈寿康在《万国公报》上发表的《匡时策》，此文说道："夫中西学问，本自互有得失，为华人计，宜以中学为体，西学为用。"④ 两年后，这一思想被洋务派著名的张之洞在其《劝学篇》中加以解释发挥，成为19世纪后半期的时代思潮，影响十分深刻。正如梁启超后来回忆说："'中学为体，西学为用'的口号，为当时维新派的'流行语'"，"而举国以为至言"。⑤

"中体西用"论作为一种文化价值观，它正确阐述了"学西方、谋自强"的指导思想，即学习西方、增强国力，维护封建专制的统治。但这一价值观从本质上看并未脱离固有思想的窠臼，"以中学为主，西学为辅；中学为体，西学为用；中学有未备者，以西学补之，中学其失传者，以西学还之。以中学包罗西学，不能以西学凌驾中学。"⑥ 西学对中学来说，无论如何也不是主要的，而只是中学的一种补充，对西方的学习也仅限于对西艺、西史、西学等对中国没有深刻影响的方面，而避谈西方的政治制度，其反复强调中学的极端重要性目的就在于说明中学是"本"、是"体"。可以说，中体西用的思想是应时而生的，但由于其"在方法上包含任意性解释环节，在价值理想上有利于保存中体（文化传延）"⑦，因此，在近代得以形成主流。

受"中体西用"观的影响，在19

---

①③ 梁启超：《复友人论保教书》，《梁启超全集》，北京出版社1999年版，第150页。
② 梁启超：《论湖南应办之事》，《梁启超全集》，北京出版社1999年版，第178页。
④ 张岱年、程宜山《中国文化论争》，人民大学出版社2006年版，第263页。
⑤ 梁启超：《清代学术概论》，《梁启超全集》，北京出版社1999年版，第3104页。
⑥ 郑师渠编：《中国文化通史（晚清卷）》，北京师范大学出版社2009年版，第23页。
⑦ 陈少峰：《中国伦理学史（下）》，北京大学出版社1996年版，第3页。

理论·文化与哲学
THEORY·CULTURE AND PHILOSOPHY

世纪中后期还出现了一种"西学中源"的时代思潮，作为"中体西用"观的一种补充和论证而产生。这一学说可看作是华夏文化中心观和华夏文化优越意识的反映，是一种"旧瓶装新酒"的巧妙策略。"西学中源"说有着"中体西用"说所不及的长处，它能够在文化引进中破除中西文化对立的界限，西方的思想、文化、政治制度之类的思想都可以在中国"古已有之"的借口下被认同，以一种曲折迂回的阐释来消除国人对西学的偏见，从而同时满足中国文化优越感和传播、学习西方的双重目的，也便于被自我的中国人所接受。

由于自身对西方文化了解并不透彻和深入，西方文化此时带给梁启超的更多是一种危机感，因此，在他的心目中，保护自己本国文化的固有地位成为他第一个本能的反应。"盖当时之人，绝不承认欧美人除能制造能测量能驾驶能操练之外，更有他学问，而在译出西书中求之，亦确无他种学问可见，康有为、梁启超、谭嗣同辈，即生育此种'学问饥荒'之环境中，冥思枯索，欲以构成一种'不中不西即中即西'之新学派。"①"中体西用"论和"西学中源"说恰能满足这个"不中不西即中即西"思想的诉求，梁启超结合时代发展的需要和自己对于西方文化的认识，对两种学说加以改造和重新解释，成为他早期理解中西文化关系的主要方式。

在对待中学与西学的态度上，梁启超对于前人认为只要中学不要西学和要西学舍弃中学的观点都予以了批评和矫正，并提出了自己的体用观点。他说道："今力矫流弊，标举两义：一曰中西并重，观其会通，无得偏废；二曰以西文为学堂之一门，不以西文为学堂之全体。"②梁启超极力要求打破封建旧思想的框架，主张通过兼采中西的途径，建立一个同时含有西学和中学的内涵丰富的新思想，他说道："考东西各国，无论何等学校，断未有尽舍本国之学而徒讲他国之学者，亦未有绝不通本国之学而能通他国之学者。"③无论从对待中西的效果还是目的上看，单取任何一方都不足以发挥二者的作用，最好是中西同时并举，以发挥它们的效用达于中国。在方式的选择上，梁启超继承前人的观点，采用"中体西用"的思想路径，"夫中学，体也；西学，用也。二者相需，缺一不可，体用不备，安能成才？"④也就是说，在中学西学的作用上，中学是根本，西学是辅用，不能拿西学作为全部，而应把西学作为中学的补充，二者的关系就是"舍西学而言中学者，其中学必为无用；舍中学而言西学者，其西学必为无本。无用无本，皆不足以治天下"。⑤可以看出，在对待中学与西学的态度上，梁启超惯用前人的主张，以体用之说代言中学西学，认为学习西方的西艺西政必须以中国固有的掌故之学为本，不能

---

① 梁启超：《清代学术概论》，《梁启超全集》，北京出版社 1999 年版，第 3104 页。
②③④ 梁启超：《代总理衙门奏拟京师大学堂章程》，《〈饮冰室合集〉集外文》，夏晓虹辑，北京大学出版社 2005 年版，第 35 页。
⑤ 梁启超：《西学书目表后序》，《梁启超全集》，北京出版社 1999 年版，第 86 页。

梁启超早期文化思想的营思与反思
Thinking and Reflection of Liang Qichao's Early Cultural Thought

脱离中国的传统学术知识，学习西学不是去取代中学，而是去辅助中学以达到经世致用的效果，是"叩以西人富强之本，制作之精"①，使之"离乎夷狄"而"合于中国"的思想路径，以此表明中学与西学各自不同的地位。

在学习西学的内容上，梁启超的思想已经跳离了之前思想的框架，深入中西更深层次上的区别，与前人相比进行了修正并有了新的界定。以洋务派为代表的知识分子对待西学的态度具有很大工具性目的，其宣称的"中学为体，西学为用"的原则是在不伤国体的前提下，在夷之"长技"、我之"末技"的范围内下点功夫，对西学加以种种限制。但梁启超不同于此，他批评洋务派那种"彝其语，彝其服，彝其举动，彝其议论"，只学其皮毛不务其本质的做法，指出"朝士即有言西法者，不过称其船坚炮利制造精奇而已；所采用者，不过炮械军兵而已，无人知有学者，更无人知有政者"。②在他看来，西方的先进是必须承认的，西方的一切先进思想包括西器、西艺、西学、西法、西政都是中国学习的榜样，中国必须对此加以正视以获得本国上的进步。在《变法通议》、《上南皮张尚书书》、《与林迪臣太守书》、《复刘古愚山长书》等文章中，梁启超屡次都有论及参采中西的方式，即"以六经诸子为经，而以西人公理公法之书辅之，以求治天下之道。以历朝掌故为纬，而以希腊、罗马古史辅之，以求古人治天下之法；以按切当今时势为用，而以各国近事、近政辅之，以求治今日天下所当有事。"③由此可见，梁启超对于西学的态度已经不再局限于早年西艺、西技等简单层面，而是上升到政治法律制度等精神文明层面，他更重视的是学习他们的"法"、"政"、"史"，以"采西人之意，行中国之法；采西人之法，行中国之意"。④ 表现出梁启超对于"中体西用"观的独到认识。

此外，为了进一步使本国文化保护和肯定的心态发挥得最好，梁启超极力发掘出本国文化固有的价值和活力，"这一点从他明显倾向于要在中国文化传统里找到许多近代西方制度和价值观来看表现得最为典型。"⑤ 体现为"西学中源"说的运用和发挥。

梁启超指出，就今日视之，中国与西方虽然存在较大的差异，但其并无本质上的区别，所不同的只在发展的先后，中国从根本上并不比西方低劣。"地球文明之运，今始萌芽耳。譬之有文明百分，今则中国仅有一二分，而西人已有八九分，故常觉其相去甚远，其实西人之治亦犹未也。"⑥ 西方今天的进步是缘于近百年来其民气大伸，政治改革的结果，

---

① ④ 梁启超：《变法通议·学校总论》，《梁启超全集》，北京出版社1999年版，第20页。
② 梁启超：《戊戌政变记》，《梁启超全集》，北京出版社1999年版，第191页。
③ 梁启超：《与林迪臣太守书》，《梁启超全集》，北京出版社1999年版，第145页。
⑤ [美] 张灏：《梁启超与中国思想的过渡（1980~1907）》，江苏人民出版社1993年版，第84页。
⑥ 梁启超：《与严幼陵先生书》，《梁启超全集》，北京出版社1999年版，第72页。

使它能够"幡然而变,不百年间,乃勃然而兴"①,进而比中国率先发展,较早进入了文明。梁启超还进一步表示,西方的某些新政新学其实并非西方自古既有,"而实为西人所改造"②的结果,有的甚至为中国所最先固有,中国文化传统早就提出了许多现代西方的价值观念,如"今之西学,周秦诸之多能道之"③,在梁启超看来,某些方面上,中国的传统文化甚至比西方的文化还要发达,"西人今日所讲求之而未得者,而吾圣人于数千年前发之,其博深切明"④。

为了具有说服力,梁启超列举了大量的例子来加以证明,"今夫六经之微言大义,其远过于彼中之宗风者,事理至赜,末能具言。请言其粗浅者,生众食寡,为疾用舒,理财之术尽矣。百姓足,君孰与不足?富国之策备矣。谷与鱼鳖不可胜食,材木不可胜用,农务、渔务、林木之利辟矣。行旅皆欲出于其途,道路通矣。通功易事,羡补不足,商务兴矣。使于四方,不辱君命,乃谓之士,公法之学行矣。以不教民战,是谓弃之,兵学之原立矣。国人皆曰贤,国人皆曰不可,议院之制成矣。"⑤从这段文字可以看出,梁启超试图从各个方面找到与西方等原的价值,他不但指出西方的理财之术、富国的政策,以及道路、商务等方式在中国早就具有,就连现在成为西方立国本原的公法和政治制度在中国也早已实施,虽然这些论据多具有勉强的成分,甚至有些牵强附会很难让人信服,但却真实地表达出梁启超早年维护传统文化的一种心理。

正因如此,梁启超告诫国人面对西方现在的发达不应就此气馁,应大胆地学习使西方走上富强之道的这些新政新学,并确信这些新学新政对中国同样具有效用,"改而施之西方,与改而施之东方,其情形不殊,盖无疑矣。"⑥中国可以同西方一样应用它们走上文明的道路,梁启超不无自信地说,"中国苟自今日昌明斯义,则数十年其强亦与西国同,在此百年而内进于文明耳。"⑦其实对于这种勉强以西学缘附中学的做法,梁启超对此也曾做过自我解释,他在给严复的信中提到:"启超生平最恶人引中国古事以证西政,谓彼之所长,皆我所有。此实吾国虚骄之结习,初不欲蹈之,然在报中为中等人说法,又往往不自免。"⑧梁启超借此表明自己缘附中学的心理其实是一种权宜之计,具有难言的苦衷和悲怆的心理,是以迎合大众的方式迫不得已接纳西学的做法。⑨但无论出于何种解释,梁启超这一做法的目的却是十分明确的,就是为了面对西方文化威胁之际去维护和保持本国传统文化的价值地位。

---

①②⑥⑦ 梁启超:《变法通议·论不变法之害》,《梁启超全集》,北京出版社1999年版,第13页。
③④⑤ 梁启超:《西学书目表后序》,《梁启超全集》,北京出版社1999年版,第86页。
⑧ 梁启超:《与严幼陵先生书》,《梁启超全集》,北京出版社1999年版,第71页。
⑨ 对于梁启超的这种解释,张灏认为这并不是梁启超的全部解释,见张灏,"梁作这样的断言,有可能是为了便于文化的引进。当然,当严复对他这种评论提出责备时,他解释说这是为了说教的便利。但人们仍怀疑这不是全部的解释。"[美]张灏:《梁启超与中国思想的过渡(1980~1907)》,江苏人民出版社1993年版,第84页。

三、梁启超早期文化思想的反思

在西方文化冲击面前，学习、排拒的双重心态把近代中国带入了一种困境。为了能够在中西文化的交战过程中既能保持住本国固有文化的价值地位，满足文化认同的需要，又能达到学习西方的目的，以梁启超为代表的近代知识分子不断地寻求解决当前危机的因应之道，形成了一种尊重西学又抵触西学的含糊思维方式，进而创造出一种"不中不西，即中即西"的新思想。

梁启超早期文化思想中所体现出的中西文化矛盾的心理可看作是近代以来的一种典型。反观中国文化的发展大势，中西文化之争一直是一种主流思潮，成为中国思想文化发展的主线。从近代早期的"中体西用"说到"五四"时期新文化运动中的"中西文化论战"，到后来的"科玄之战"，以及马克思主义在传播活动中的各种斗争，直至新中国成立以来20世纪70年代后期出现的新儒家学派与全盘西化派之间的论争，甚至是今天以马克思主义为指导思想的中国化马克思主义都体现了这一特点。因此我们可以说，中西文化犹如汇入大河中的条条支流，在汇聚过程中不断交流和碰撞，从而使近代以来中国的思想不断呈现出冲突与融合的局面。

时至今日，我们正仍在努力建设充满活力并具有中国特色的民族文化，西方文化将会是我们绕不开的影像，只有在承认西方文化价值的基础上，以一个开放平和的心态，在维护现有中国传统文化精髓的基础上，充分吸收外来文化的优秀成果，相互补充与互动，才能不断焕发出中国文化的活力与生命力。吸收不等于西方化，学习也不等于全盘化，中国文化的繁荣与发展需要这样一种精神动力与智力支持，进而增强中国文化在当今世界的价值与竞争力，唱响中国文化发展的未来。

Abstract: Liang Qichao put a lot of thought on how to deal with the relationship between Chinese and Western cultures in his early life. On the one hand, based on the "Bao-jiao Zun-kong", to spare no effort to defend the traditional value and establish self-confidence of Chinese culture. On the other hand, took "Zhong-ti Xi-yong" and "Xi-xue Zhong-yuan" as a framework, with his knowledge of the Western culture and the needs of the times, Liang Qichao reframed and reinterpreted the two theories and then putforward approaches to the relationship between Chinese and Western cultures. Liang Qichao's early thinking about Chinese and Western cultures vividly reflects the general trend of the Chinese culture development in modern times, provides a platform for our reflection on the development pattern of Chinese culture today.

Keywords: Liang Qichao; Cultural Thought; Chinese and Western Cultures; Cultural Development

国 际 INTERNATIONAL

"向世界说明中国":文化强国战略的重要之维

◎ 薛秀军 *

摘 要:置于全球化和现代化双重语境下的当代中国,亟须通过"向世界说明中国",宣介自身现代化发展的核心价值、基本理念、根本愿景,并在世界范围内吸纳学习现代生活的普遍元素与有益经验,以整合提升中华文化的凝聚力、影响力、竞争力。在此,"向世界说明中国",既构成中国特色社会主义文化强国战略的重要目标,同时也是推进文化强国战略的重要方式、手段、动力。只有坚持马克思主义历史观,科学把握全球化和现代化进程中文化建设传播规律,切实提升"向世界说明中国"的能力和水平,推进和落实文化强国战略,成就与实现"中国梦",才会获得切实的保障。

关键词:向世界说明中国;中国现代化;文化强国战略

党的十八大报告明确指出,"文化实力和竞争力是国家富强、民族振兴的重要标志。"[①]毋庸置疑,随着过去30多年的快速发展,中国特色社会主义取得了惊人的成就,与此同时,中国与世界的关系发生了深刻的变化。一方面,随着现代化进程的不断推进,现代化发展转型中的各种风险和问题不断凸显,有关中国现代化的发展方向、道路、模式的反思诘问不断涌现,亟须通过广泛的文化自觉以形成进一步深化改革的共识,建构持续推进中国特色社会主义发展的精神动力。另一方面,中国现代化不断向前,深刻地影响了世界现代化的历史进程,引起了世界各国对中国发展的普遍关注,其中,既有艳羡、模仿和真诚的学习,也有失落、恐惧和莫名的担忧,既有无端的敌视与诋毁,也有恶意的诅

---

* 薛秀军(1974~),男,河北承德人,哲学博士,博士后,华侨大学哲学与社会发展学院教授,硕士生导师;厦门大学公共事务学院在职博士后;主要研究方向为历史唯物主义与中国现代化,文化战略与文化政策分析。

① 胡锦涛:《坚定不移沿着中国特色社会主义道路前进 为全面建成小康社会而奋斗》,《人民日报》2012年11月18日。

"向世界说明中国":文化强国战略的重要之维

Introducing China to the World: The Important Dimension on the Strategy of Culture Powerful Nation

咒和谩骂……这些都要求中国必须尽快向世界清晰明确地阐明自身现代化发展的目标、模式、方向、特色、道路,确立和传递中国现代化发展对丰富人类现代文明新内涵、开辟现代文明新道路、建构多元包容性世界的重要意义与价值。由此,"向世界说明中国",在中国现代化与世界现代化密切关联互动中,凸显、建构、传递、传播中国特色社会主义现代化的核心价值、基本理念、根本愿景,打造支撑中国特色社会主义更好更快发展的强大文化自信,不断提升中华文化的国际影响力与竞争力,就成为社会主义文化强国建设不可或缺的重要管径。而也只有在此基础上,筑就和实现中华民族伟大复兴的"中国梦",才能获得更根本的彰显与保障。

一、全球化背景下"向世界说明中国"的必要性与紧迫性

今天,随着全球化的日益深入,随着中国现代化的快速发展,中国特色社会主义正面临着现代化发展"时空压缩"的巨大风险与挑战。此时,能否站在马克思主义历史观的高度,科学把握人类历史规律和中国现代化发展规律,在深刻审视自身发展模式和道路的基础上,"向世界说明中国",明确清晰地向世界阐明和传递自身发展的核心价值、基本理念与根本愿景,对中国特色社会主义而言,就具有了突出的必要性与紧迫性。

资本逐利的本性决定了资本增殖逻辑的无限扩张,这是迄今为止推动全球化最根本的动力。因此,全球化必然突出地表现为经济全球化,表现为资本增殖逻辑的全球扩张以及由此所带来的普遍的交往和广泛的联系。在这一过程中,人类历史开始由地域的、民族的历史转向世界历史,与此同时,各地域、民族的文化也在近距离的接触交往中呈现出更加紧密的相互交流、交融、较量与角力。于是,文化全球化成为必然。虽然,对于如何界定文化全球化至今仍有争议,但是,一个越来越明显的趋势却是,文化全球化并非完全等同于范导其产生的经济全球化同质化发展逻辑所形成的单极化或一元化普遍主义,其也不必然构成"文明的冲突",而是在发展中有可能呈现为表面相互矛盾而事实上相互作用的两个方面:一方面,在各个国家、民族文化的普遍交往、相互融合、竞争和角力中,会逐步形成和建构文化价值、生活理念、社会样态更具有普遍性的广泛共识,这种共识不可能是任何一种在经济和社会发展水平上占有优势的强势文化所完全主导与操控,其必然表现为更具有包容性和容纳力的对人类发展基本价值目标、根本生活理念的最终指向与最低底线的接受与认可;另一方面,则是各个国家、民族文化在与其他国家、民族文化多向交流、互动中,在与"他者"的比较、审视与反思中,对自身文化价值独特性的进一步认可、整合、重构,以及有意识地凸显、弘扬和宣介等。换句话说,文化全球化将更多地表现为更具有普遍性和广泛性的文化共识与丰富多元的文化价值并存共生的统一,其通过各个国家、民族有意识地文化建构、对话、博弈而有可能酝酿呈现出多元包容性发展的基本取向。当然,这种各个国家、民族有意识地文化建构、对话、

博弈首先取决于各个国家、民族在经济发展水平和政治实力上的竞争、博弈与平衡；其次，则取决于各个国家、民族在文化全球化中能否自觉主动地以更为有效的方式进行自我文化整合并有意识地向外传播宣介自身文化价值的核心要素与基本内涵——在这里，向内的文化整合与向外的文化传播事实上是一体的，文化的传承创新与吸收传播本身就是相互促进与相互带动的。而从更深层意义上看，经济全球化与文化全球化内在发展逻辑的差异，实质上正反映着当代世界发展"资本支配"与"人性自觉"、"属物"与"属人"不同发展理念的多向博弈与竞争；当代世界各国文化价值观的冲突与较量，从根本上说正是各国现代化不同目标、理路、方法、模式的竞争角力，是各国现代生活设定的不同内涵、标准、愿景的差异和冲突。由此，在日益深入发展的全球化背景下，在经济全球化与文化全球化的互动博弈中，既要主动融入世界市场，又要加速从传统向现代转型，同时更面临不同文化价值近距离博弈竞争的当代中国，在经济社会进一步发展中，能否准确把握和直面世界文化价值多元化的潮流，自觉整合比较现代社会不同理念、价值的差异并提炼、提升具有广泛共性的现代生活基本元素，在进一步创新和拓展中国特色社会主义现代化发展逻辑中承接与建构传统和现代内在转换的关联互动机制，并通过"向世界说明中国"，清晰明确地传递和表达自身现代化发展的核心价值、基本理念与根本逻辑，充分展现自身追求和形塑的现代生活的内在文化底蕴与独特文化魅力，就显得尤为迫切与必要。

"西方世界垄断的状态已开始转变了。我们这些国家长期以来受帝国主义、殖民主义的侵略和奴役。要真正完全独立，光政治独立不够，还要经济独立、文化独立。现在第三世界的经济独立刚刚提上日程。经济上真正独立恐怕还要几十年的时间，文化方面花的时间更久。"[①] 早在1975年，邓小平就已经意识到，随着发展中国家的发展，发展中国家的文化独立、文化影响力与文化竞争力必将成为推动其进一步发展的重要因素。今天，作为世界上最大的发展中国家，中国经过30多年改革开放，在经济上已经取得了巨大的成就，但是，如果中国永远只能输出产品，而不能向世界贡献自己独特的、能被世界所接受并能深刻影响世界发展的文化价值观，则中国永远不能成为世界性大国；中国今天已经发展起来了，其发展成绩有目共睹，但是，中国是凭借什么发展起来的，其发展的基本经验和核心价值是什么；当代中国正处于现代化和全球化双重语境下的急剧转型中，如何继续打造"改革再出发"的强大精神引擎，如何通过复兴中华文化来引领、推进民族复兴，奠定和增强整个民族的自信心与凝聚力，并以此促进多元包容性世界的建构……这些，都是中国特色社会主义进一步发展亟须回答的重大问题，对这些问题的回答以及能否将其有效地传递给社会大众，并获得他们的广泛认可与支持，在很大程度上将决定着中国特色社会主义

---

① 中共中央文献研究室编：《邓小平年谱（1975~1997）》，中央文献出版社2004年版，第11页。

"向世界说明中国"：文化强国战略的重要之维
Introducing China to the World: The Important Dimension on the Strategy of Culture Powerful Nation

能否持续快速健康的发展。而从另一个角度看，当今中国虽然已经摆脱了"短缺经济"的束缚，并保持了较高的经济增长速度，但与此同时也正面临着更加复杂的风险与挑战，其核心问题从根本上说就是对中国式社会主义现代化发展的目标、模式、思路等都缺乏深度的文化价值层面的探寻与反思——这既表现在"以权力为本位"、"以资本为本位"还是"以民生为本位"，以国家整体实力提升还是以民众个体生活改善为重点的发展理念和发展逻辑的博弈上，也表现在"以物为中心"还是"以人为中心"的现代生活价值尺度和致思理路的斗争上，更表现在不同利益群体的利益分化以及在进一步改革中重新对接、整合的角力上……由此，通过"向世界说明中国"，在推进中华文化传播中有效组织和带动广大民众在中国现代化转型和世界现代化发展中对自我发展选择权利逐步确认、彰显，对自身发展所追求的现代生活理念和现代生活方式自觉设定、规划，并在平等协商的基础上进行整合，达成共识，这将极大地调动广大民众作为社会历史发展主体创造自己既有独立个性又能和谐共融的社会主义现代生活的积极性、主动性与创造性，从而为"改革再出发"、为中国现代化建设提供强大的精神动力、深厚的心理支撑。

今天，随着中国式社会主义现代生活的迅速展开，中国现代化将给世界其他国家和民族的发展、将给世界现代化的整体历史进程带来哪些影响和变化，其是否会对开拓人类现代文明新道路、丰富和提升人类现代文明新内涵产生积极的促进与推动作用……这些，正日益成为各个国家、民族共同关心的话题，也是各个国家、民族最易于从自身发展经验和固有思维模式出发而有意无意地凭空假设、臆造、武断的问题，更是某些别有用心的国家极易诋毁、捏造与污蔑、诬陷的对象。这些，都要求当代中国必须在进一步改革中，不仅要在经济上实现从"引进来"到"走出去"的转变，更要在文化上实现从"输入性"到"输出性"的转变，特别是要通过"向世界说明中国"，不仅输出中国优秀传统文化元素，更要输出支撑和引领中国现代生活的核心价值与基本理念，展示和彰显中国现代化发展的根本愿景与总体规划等。这样做，既有助于促进世界各国民众以更加客观、全面的视野理解中国发展对维护世界和平、推动世界发展的意义与价值，以有效消除中国发展"威胁论"、"崩溃论"、"不确定论"等的影响，降低世界各国对中国发展的恐惧、担忧、敌视，也有助于中华文化在与世界各国文化深入交互、交流中整合强化自身的独立性、包容性、普世性，并更为清晰地彰显和突出自身现代化发展的独特文化定位，增强整个中华民族的向心力、凝聚力，以更好地促进海峡两岸的和平统一，并进一步削弱西方资本主义意识形态对中国发展的支配性与蛊惑力，为构筑中国特色的、社会主义的、现代化的社会制度框架、运作机制、政策体系等提供根本的价值支撑、精神动力与目标导向等。另外，今天中国特色社会主义在改革开放和现代化建设中所取得的成功，在很大程度上已经向世界证明了在西方资本主义现代化发展模式之外，人类有可能走出成本更小、代价更低、痛苦更少，不以损害他国和民族发展机会和人类持久发展所需要的生态资源环境，不以损害本国大多数人发展权利的现代文明新道路。而通过"向世界说明中国"，更好地展示这条道路的独特价值，整合、凸显、宣介中华文化所内含的对人真实需要、对人真正价值满足为核心的文化追求的独特魅力，这对突破资本支配发展、以无限扩张的物欲为根本发展动力和目标的资本主义意识形态对世界多元多样现代化发展道路和模式探索的遮蔽与阻碍，对为其他国家和民族特别是为后发国家和民族提供可借鉴的、更符合本国发展实际同时也更有利于推进世界多元包容性发展的新的现代化方式等，无疑也都具有重要价值和作用。

由此，在全球化背景下，在中国特色社会主义进一步探索发展中，"向世界说明中国"，就具有了整合凸显中国特色社会主义核心价值和基本理念，增强广大民众对改革开放和社会主义现代化建设广泛认同与普遍支持，减少世界上其他国家和民族对中国发展的恐惧与敌视，并为促进世界现代化多元包容性发展提供新的模式与道路的重要价值。这些，对当代中国更好地推进和落实文化强国战略，更加清晰、准确、切实地描绘和实现"中国梦"，无疑也都具有积极的意义和影响。

二、"向世界说明中国"是落实文化强国的重要保障与动力

中国共产党十七届六中全会根据中国特色社会主义发展的现实需要和未来发展的战略规划，明确提出"坚持中国特色社会主义文化发展道路，努力建设文化强国"的基本战略。检视这一战略的核心意图，可以清晰地看到其在很大程度上正是来自于整合、传承、创新、传播中华文化，提升中华文化影响力、凝聚力和竞争力的迫切需要。因此，在这里，"向世界说明中国"实际上已经内含在文化强国战略的本意之中，其既构成文化强国战略的重要目标与任务，同时，也构成为落实和推进文化强国的重要动力、手段和方法。

随着经济全球化和文化全球化日益深入的发展，随着改革开放和中国特色社会主义的不断探索前进，文化建设在社会转型、社会发展中的地位和作用越来越突出。而从历史上看，在中国100多年来现代化的进程中，能否成功实现文化转型并以此引领和支撑社会转型，始终是影响甚至是决定中国现代化发展的重要因素。近代中国，随着西方殖民主义的侵入，被迫开始了痛苦的现代化进程。由于中国现代化肇始所具有的外来强制性和与西方文化价值的天然异质性，中国现代化历程从一开始就内含不同文化间的冲突、较量以及由此所决定的自身文化价值和社会心理在社会转型中的矛盾与斗争——其最先是中国传统文化价值与西方资本主义文化价值的激烈冲撞与博弈，并由此范导出了文化激进主义与文化保守主义或曰文化民族主义以各种形式在中国现代化进程中长时间的不断纠缠、斗争。在这一过程中，中国的先进分子逐步认识到，中国现代化进程既不可能完全依靠中国传统文化引领和支撑社会转型，也不可能"完全

"向世界说明中国":文化强国战略的重要之维
Introducing China to the World: The Important Dimension on the Strategy of Culture Powerful Nation

西化",在照搬西方资本主义现代化核心价值和基本理念的基础上去复制西方资本主义的现代生活样态;此时,俄国十月革命的胜利给正在探索中的中国现代化以重大启示,中国能否在立足和承接传统文化的基础上通过引进马克思主义先进文化而探索出一条东方式的社会主义现代化道路,并以此引领和支撑中国现代社会转型呢?在实际探索和推进这条道路时,以中国共产党为代表的中国先进分子又进一步发现,中国式的社会主义现代化道路在核心价值、基本理念、展开节奏、具体建设手段等不仅与西方现代化道路迥异,而且与被奉为经典的俄国(苏联)社会主义现代化也有很大区别。因此,一味地照抄照搬苏联模式只会使中国陷入绝境,而一味地拒斥学习、了解、借鉴西方资本主义现代化的最新探索与成功经验也会使中国现代化裹足不前,甚至"死路一条"。于是,经过新民主主义革命、社会主义革命、社会主义建设的初步探索以及改革开放的不断创新,中国逐步寻找到了中国特色社会主义现代化的发展道路,并明确这一道路必须是——在世界范围内以大陆为根本依托,联系港澳台,辐射海内外,整合、把握和重新定位中华文化基本内涵与核心价值,并在中国特色社会主义现代化发展历史进程中有意识地努力将优秀传统文化与马克思主义先进文化、民族精神与时代精神、社会主义核心价值体系与现代生活共同理念、本土文化与海外华侨华人文化等进行深度凝练,共同构筑以马克思主义为根本支撑的中华民族的区别于西方现代文明的科学与人文、理性与非理性二元对立,能更好地彰显群体和谐与个性自由的当代中华文化——为根本价值支撑和心理依托的现代化道路。这条现代化道路,在当代和未来的发展中,必须始终注重"向世界说明中国",不断强化自身的文化反思、再造、传承、阐释、创新、传播能力,以文化为纽带去主动把传统与现代、中国与世界、历史与现实紧密地关联在一起,并在这种深层次的文化价值互动、凝聚、整合、重构的基础上引领和推进中国特色社会主义发展。由此,在当代中国,文化的转型、再造、重构、传承、传播就不只是政治宣传的手段,甚至也不只是文化资源的经济开发、利用,不只是文化生产力的片面提升与扩张,而是中国立国、强国,在世界现代化发展进程中占据道义制高点,凸显自身发展话语权,明确自身发展独特价值与重大影响,减少和降低自身发展风险的关键。也正是在这一意义上,提出和实施文化强国战略就成为当代中国必然与必要的选择。

不仅如此,从文化建设的具体管径和推进渠道来看,通过"向世界说明中国",可以在全球化视域中更好地深化和提升中国现代化发展的文化反思与文化自觉能力,并以此建构和树立中国现代化的文化自信,保障和推动文化强国战略。具体而言,一方面,"向世界说明中国",可以主动地加强官方与民间、中国与世界在深化改革、推进发展上的关联互动,使世界各国人民包括广大中国民众能更好地了解中国现代化发展以人为本、促进人的全面发展的核心价值,理解中国特色社会主义科学发展、和谐发展、和平发展的基本理念,明确中国特色社会主义对内构建和谐社会、对外构建和谐世界的根本愿景,从而为在国内凝聚推进中国特色社会主义发展、在社会主义基本制度框架基础上实现中华民族伟大复兴的广泛共识,为在国际宣介推广中国现代化发展对维护世界和平、促进各国各民族发展并谋求建构多元包容性世界的意义服务。另一方面,"向世界说明中国",在向世界传递中华文化核心价值、传播中华文化基本元素、塑造中国良好国际形象并不断提升中华文化国际影响力的同时,也能促使中国特色社会主义以更加开放包容的心态在世界范围内吸收借鉴世界现代化发展的先进经验与典型要素,并将其有效内化整合为中华文化对接、引领、支撑、创设现代生活的整体框架之中,这对提升中华文化的普世性与包容性,对深化和拓展中国现代化发展的基本思路和构想,对有效排除和消解文化价值上的各种"主义"的纷争与纠缠,对塑造中国现代化面向世界的更加宽广包容的视野、更加开放自信的心态等,无疑都具有重要意义和作用。总之,只有自觉地"向世界说明中国",把自身现代化发展主动置于世界现代化发展的历史洪流之中,并以自信开放的心态去虚心接受各个国家、民族,各种力量、声音的质疑、挑战、诘问、诟病,中国现代化才能不断汲取更多更新的发展动力,才能在不断明确和彰显自身发展价值和理念的基础上去调整和校正自身发展的目标、方向、方式、方法,才能努力占据世界发展的道义制高点,并以更加积极的负责任的大国姿态去引领和推进世界发展。并且,也只有"向世界说明中国",主动地在文化交流中加强中国与世界的联系,推进中国与世界的交往,在不同文化价值相互碰撞中激发和增强本民族的文化创造活力,才能更好地推进文化体制改革,才能切实地推进一切文化创造源泉充分涌流,开创"全民族文化创造活力持续迸发、社会文化生活更加丰富多彩、人民基本文化权益得到更好保障、人民思想道德素质和科学文化素质全面提高、中华文化国际影响力不断增强的新局面"。①也只有在此基础上,"坚持社会主义先进文化前进方向,树立高度的文化自觉和文化自信,向着建设社会主义文化强国宏伟目标阔步前进"②才具有了充分的保障;全面建成小康社会,在中华文化复兴的引领和支撑下实现中华民族伟大复兴的"中国梦",才更具有现实性。

三、"向世界说明中国"在推进文化强国中应坚持的原则与方法

"向世界说明中国",更好地推进文化强国战略的贯彻落实,必须坚持马克思主义的基本立场,正确把握全球化和现代化发展转型中文化建设传播的基本规律,在充分激发和调动广大民众自觉发挥社会主义文化建设主体作用的基础上,推进中国特色社会主义文化的大发展、大繁荣。

"向世界说明中国",推进文化强国战略的贯彻落实,关键是要在中国特色

---

①② 胡锦涛:《坚定不移沿着中国特色社会主义道路前进 为全面建成小康社会而奋斗》,《人民日报》2012年11月18日。

"向世界说明中国":文化强国战略的重要之维

Introducing China to the World: The Important Dimension on the Strategy of Culture Powerful Nation

社会主义文化建设中增强文化反思能力,不断强化文化发展对社会发展的引领、纠偏和预见性。为此,必须要首先处理好文化建设与资本增殖的关系。今天,无论是中国还是世界,现代化发展都难以完全摆脱资本增殖逻辑的支配。而随着信息化和知识经济时代的到来,文化产品的生产消费更日益成为资本增殖的主要场域。在此背景下,对中国特色社会主义而言,一方面要借助资本增殖的力量,主动提高文化生产力水平,提升文化产品的开发竞争能力,并借助文化产品的开发和输出,以更好地"向世界说明中国",有效增强和提升中华文化国际影响力;另一方面,也必须看到,资本增殖逻辑所范导和依凭的文化价值观念、社会心理支点与中国特色社会主义文化建设的主导方向与基本理论是相背离甚至是相对立的,因此,在中国就不仅要借助资本增殖逻辑来推动文化建设的发展,更需要借助主动的文化价值建构与传播而对资本增殖逻辑予以必要的规范、引导和限制。正是基于这一考虑,当代中国在文化建设上才特别提出要把文化事业与文化产业相区分,并希望在二者的协调互动中能共同推进文化强国战略的展开实施,共同推动中国特色社会主义文化建设的大发展、大繁荣。其次,"向世界说明中国",推进文化强国战略的贯彻落实,还必须要正确理解和处理物质生产力与文化生产力相互融合、相互推进的互动关系。在知识经济和信息化时代,文化资源的开发利用、文化产品的生产创造既能满足人民群众日益增长的精神文化需求,也能成为推动经济持续发展的新的增长点。然而,文化生产与物质生产毕竟不同,其天然内蕴了政治意识形态导向、社会舆论倾向、社会价值塑造以及生活交往典范等,因此,其必然表现为比物质生产更为复杂的构建引导机制。同时,文化生产本身也必须要以物质生产为前提,没有物质生产提供的丰富物质基础和有效技术支撑,文化生产将难以持续并难以实现质的飞跃。因此,对当代中国而言,在经济社会发展水平尚不发达的前提下,如何面对西方资本主义强大"文化工业"的挑战,如何在推进物质生产力发展的同时更为有效地提升文化生产力水平,就成为中国特色社会主义必须直面也必须要以更高的智慧来加以解决的重大问题。最后,"向世界说明中国",推进文化强国战略的贯彻落实,还要求在社会发展中必须正确把握科技经济硬实力与文化价值软实力彼此支撑与多向渗透的内在关联互动机制。在此,要看到,一个国家、一个民族在现代化发展转型中往往都会与其他国家、民族存在着经济、政治、文化、社会管理运作模式和交往方式等整体的竞争角力,而在这一过程中能否在更加多元开放的环境中实现经济科技硬实力与文化价值软实力彼此更为有效地相互转化、支撑、互动就变得至关重要。因此,能否以"向世界说明中国"为动因,有效带动经济科技和文化价值在现代化建设中的相互整合,则对当代中国文化强国战略的整体推进,对中国现代化发展的整体带动,都必将产生积极的影响和作用。

而从实施方法上看,"向世界说明中国",推进文化强国战略贯彻落实,必然要求在文化建设上正确把握经济全球化与文化全球化的发展趋势，既坚持在文化整合与传播中凸显中华文化的独立性、独特价值和魅力，也要寻找中华文化与世界其他国家、民族文化对接、引领和支撑现代生活的共同契合点，从而不断增强中华文化在世界现代化中更易于被其他异质文化接受与容纳的普世性价值要素；既要努力对外传播中华文化，丰富世界文化的多样性，也要广泛学习吸收外来文化的有益因素，增强中华文化的自我整合、包容、容纳能力，提升中华文化的凝聚力；既要在文化传承中推进中国优秀传统文化与当代中国先进文化的有效衔接，也要在文化传播中努力实现当代中国本土文化与海外华侨华人文化更为紧密的整合对接，以此打造既富有中国特色又具有广泛世界影响，既承接传统又能对接、引领、支撑、创设现代生活的当代中华文化。而在构造"向世界说明中国"的具体推进力量上，则既要发挥政府职能，更要调动民间组织、社会团体和广大民众的积极性，通过广泛讨论，首先形成对中华文化内涵、价值、形象、典型元素和语言表述的基本定位，并在系统反思和审视自身文化位阶，在既注重世界文化发展整体趋势又注重各个国家民族独特文化传承和有效接受方式的基础上，去构建和发展现代传播体系，提高传播能力，以有效推进中华文化跨文化传播。而在打造"向世界说明中国"的具体推进管径和手段上，则既要促进文化和科技的融合，发展新型文化业态，提高文化产业规模化、集约化、专业化水平，也要相信群众、广开言路，形成多向、广泛、通畅、及时的意见表达机制，并注意宏观引导，循序渐进，首先以浅层次的语言、文化产品传播为接入点，通过日常生活方式和经济、科技、教育等成果，经过对中间层次制度与规则、生产方式等的宣介与认知，逐步地、潜移默化地引领和促进更多的人去理解和接纳中华文化更深层次，同时也是更具有根本影响力的核心价值体系。

Abstract: In the dual context of globalization and modernization, Contemporary China urgently needs introducing itself to the world by demonstrating the core value, basic concepts and fundamental vison of modern development, absorbing and learning common elements and useful experience on modern life worldwide to integrate and enhance the cohesion, influence and competitiveness of Chinese culture. At this point, introducing China to the world is the target about the strategy of culture powerful nation of Socialism with Chinese characteristics, but also the important way, means and power to promote the strategy of culture powerful nation. Only by adhering to Marx's conception of history, scientific grasping the propagation law on culture construction, improving the level and ability in introducing China to the world effectively, boosting and implementing the strategy of culture powerful nation, can achieving and realizing Chinese dream obtain practical security.

Keywords: Introducing China to the World; The Modernization of China; The Strategy of Culture Powerful Nation

山鹿素行与中江藤树士道论之比较研究

◎ 张 捷*

摘 要：士道是在日本历史上占据统治地位的武士阶层应该具备的思想文化修养、伦理规范及日常行为准则的总称。士道在江户时期指导着武士的教养，在明治时期引导着志士的维新，在战后时代支撑着日本经济的腾飞。山鹿素行是古学派的先驱，中江藤树是阳明学派的始祖。二者皆处于江户时代初期，在兵学与儒学两条方向上为武士制定了道德与行为规范。

关键词：士道；忠诚；人欲；文武

序 言

日本经过明治维新以后一跃成为亚洲强国，究其原因武士阶层无疑起到了巨大的推动作用。武士道精神并未随着武士阶层的废除而消失，而是成为日本文化的清流与日本民族的精神脊梁，在过去、现在和未来都指导着日本人的言行举止与日常生活。若要了解武士道的本来面貌，还需追溯到江户开幕之初，武士身份世袭，职能由战国时期的执剑者变为江户时代的执政者，统辖农工商三民。士道是在日本历史上占据统治地位的武士阶层应该具备的思想文化修养、伦理规范及日常行为准则的总称。武士阶层是日本国民的精神向导，武士奉行的道德规范和行为准则是普通日本人效法的对象。儒学，特别是朱子学是武士必备的学养。儒学倡导的思想价值、道德准则通过武士的日常行为，对日本社会产生了重要影响。武士阶层作为当时社会的统治阶层，位于士农工商之首，具有树立人格典范、导正社会伦理的职能。武士阶层对社会的影响从江户时代一直延续至幕末。

山鹿素行（1622~1685年）出身浪人之家，是江户时代初期的儒学者、兵

---

* 张捷，中国社会科学院哲学所博士后，主要研究领域为日本近世思想史。

学者，古学派的先驱。9岁拜入大学头林罗山门下学习朱子学，15岁开始在小幡景宪和北条氏长处学习兵学，在广田坦斋处学习神道，此外，还学习歌学等各种各样的学问。因为批判朱子学，45岁被流放到播磨国赤穗藩，教导赤穗藩士。54岁被准许回到江户后教授兵法，影响了吉田松阴等人。山鹿吸收了中国儒家思想的道德观念，将儒家伦理与传统武士道相结合，提倡文武合一的新型士道，对士道精神进行了全面阐述，为武士阶层的存在意义提供了理论依据。其士道论著有《武教全书》、《武家事纪》、《山鹿语类》等书。

中江藤树（1608~1648年）出身下级武士之家，是江户时代初期的唯心主义思想家，日本阳明学派的创始人。11岁读《大学》，16岁学《论语》，对《四书大全》颇有研究，开始信奉朱子学。27岁辞职并脱离武士身份，返乡奉养母亲。士道代表作有《翁问答》，主张儒道即士道，即认为儒家伦理与武士道一致，是同源之水。37岁研读《王阳明全书》，对朱子学产生怀疑，转而倾慕阳明学，成为日本阳明学的首倡者。中江继承阳明的知行合一说，注重学问的实践，高足有熊泽蕃山、渊冈山等人。

与中国文化重视士大夫阶层不同，在日本武士是社会中坚力量。但对于士道的定义，武士伦理的内容和表现方式，其相异点及成因，历来有不同解读。古学与阳明学作为与官学朱子学相对立的两种思潮，用新的理论梳理与比较这些解读，对于理解日本对先进文化的学习与借鉴，明确对外来文化的取舍标准及这些标准的确立过程，理清其在传统文化和现实社会中的来源等，无疑具有重要意义。

一、忠诚观

日本封建社会等级森严，维护阶层间的社会秩序必须依靠伦理纲常。对于武士来说，忠诚是其安身立命的基础，也是自古推崇备至的美德。清朝段玉裁在《说文解字注》中将"忠"的古义定义为"敬也。敬者，肃也。未有尽心而不敬者。此与慎训谨同义。尽心曰忠。"在狭义的上下级关系中，又被引申为诚实、守信和服从等义。

山鹿素行在其著作《山鹿语类》中明确规范武士的职分论，主张武士的职分主要有三，第一为对君主尽忠；第二为修身、慎独；第三为正天下之人伦，将忠诚视为武士之本。关于主从关系，山鹿认为武士身份是先天存在，君臣关系自然天成，出生即可享有俸禄。

> 而及其成人，君臣名分定而始受君恩。凡君臣之恩，云其始时，逢吾辈父母之养育，事君父而得俸禄，自出生处已然沐浴君恩。①

> 人伦之大纲以君臣为大，君臣上下差别之处，非以力成，乃天地自然之仪则也。②

孔子在《论语》八佾篇中提倡"君使

---

① 山鹿素行：《山鹿语类》，《山鹿素行全集》第六卷，岩波书店1942年版，第24页。
② 山鹿素行：《山鹿语类》，《山鹿素行全集》第六卷，岩波书店1942年版，第21-22页。

山鹿素行与中江藤树士道论之比较研究
A Comparative Study of Yamaga Soko and Nakae Toju's Views on the Theory of Shido

臣以礼，臣事君以忠"，认为君臣关系是相对、双方向的，臣下的忠是有前提、条件的。山鹿认为武士应无条件地忠于君主。这与山鹿任职高级武士、俸禄上千石的地位相关。在这种先天的上下关系中，武士对于君主的忠诚应该从一而终。

> 忠臣不事二君，烈女不更二夫，此天地间之常道也。人臣思虑二君怀有二心者，此非臣之道也。故受君之宠禄，君亡而又事他君者，不可云为忠臣之本意也。……然不以死生易其心，不以利害渝其节乃士君子之励也。一度沐浴君恩而又事他君者，有何面目面对天地！①

而对于昏庸的君主，山鹿认为作为臣下武士并不能拒绝对君主命令的服从。

> 主君之恶即使已至夏桀、殷纣，作为臣下亦不可蔑视君上。殷汤、周武虽以明圣治国，犹有未尽善之处。②

在这种君臣关系中，武士尽忠的对象实际上是由君主延伸至武士阶级整体，乃至抽象的民众、国家、国体，以及外在的阶级行为规范。因此，山鹿主张武士应该格物致知，在享有先天管辖农工商的权力同时，对武士所处阶层应怀有责任感，为天下尽职尽忠。山鹿提出的职分论构成了其士道思想。山鹿主张民族主义，认为万代不易的天皇制与尚武传统优于他国，武士作为国民一员先天对天皇无条件效忠。山鹿的勤皇思想基于日本神话，具有宗教性质，是一种精神崇拜，强调对朝廷抱有绝对的忠诚。

关于主从关系，中江藤树认为是一种双方向性的、可选择的相对关系。君臣关系为后天形成，臣子尽忠的对象应是有道明君。对于无道无能的昏庸君主，武士可选择易主。中江认为尽忠的对象不再是外部的身份、职务，而是自己内心的道德规范与价值判断。中江的忠诚，是将先验的"孝"具体行使于家主身上，是武士怀有的等同于绝对良知的"孝"，在对君主的"敬"与"爱"的基础上所体现出来的一种情感。

> 言君子至德。无所不通。是故近而在家。则尽五备之孝。远而在国。则将顺其美。匡救其恶之忠。可变通于事也。③

不变更主君是正确的士道观，但是相反地变更主君也是正确的，这都是因为是否拘泥"迹"的错误所造成的。正确与否关键在于是否心灵纯洁，是否适合情理以及是否符合"时处位"原则，也就是是否正确行"权"。若心灵纯洁高尚又适合情理，不论是否侍奉二君则都是正确的士道做法。④

---

① 山鹿素行：《山鹿语类》，《山鹿素行全集》第六卷，岩波书店1942年版，第107-108页。
② 山鹿素行：《山鹿语类》，《山鹿素行全集》第六卷，岩波书店1942年版，第22页。
③ 中江藤树：《孝经启蒙》，《藤树先生全集》第一册卷之七，岩波书店1940年版，第368页。
④ 中江藤树：《翁问答》，《藤树先生全集》第三册卷之二十四，岩波书店1940年版，第201-202页。

中江理解的君臣关系，明显带有儒家伦理影响的痕迹，认同儒家道德至上，以有道无道来判断对君主的忠诚。除此之外，与中江并非上级武士以及权力核心的地位也有关联。

在这种纵向的君臣关系中，武士对于主君忠诚的来源则基于主君的恩惠，即基于人情。

> 君恩等同于父母之恩，亦是厚恩，要似尽心侍奉父母一样侍奉主君。双亲是生养此身之恩，主君是安身立命之恩。非父母无此身之生，非主君无此身之养。皆保命之恩也。故于双亲于主君，皆为舍命奉公之道理。①

中江主张的理想化君臣关系，是在臣下尽忠的同时，主君使臣亦要遵循礼仪。忠诚是在主君施以仁政、提供武士安身立命的条件下，武士从心底涌出的报恩之心。

二、人欲观

"存天理灭人欲"是理学大家朱熹的主张。这一概念最早出现在《礼记·乐记》中："人化物也者，灭天理而穷人欲者也。于是有悖逆诈伪之心，有淫泆作乱之事。"这里所谓"灭天理而穷人欲者"是指泯灭天理而为所欲为毫无节制的行为。在朱熹看来，"存天理灭人欲"是儒家追求的主要目标。其中"人欲"指的是"私欲、贪欲"，儒家主张通过后天的道德修养功夫，把"气质之性"中恶的杂质，即人欲克去，从而恢复天命之性。

山鹿素行反对朱子学"存天理灭人欲"的观点，他曾说："去人欲者非人，同瓦石耳。"② 在《谪居童问》中，认为圣人亦不禁欲：

> 欲者性之发而感于外之技也。无此心者非人。凡有知识者皆有欲心。尤其人之知过万物，其欲心亦过万物。因此有欲心亦可至圣人矣，更非不好欲心也。欲之过者云惑也。但饮食男女，人之大欲存焉。其欲偶薄、其偶不欲者，宜云气质。此圣人称不欲之故也。然圣人不以欲为惑也。③

由此可知，山鹿素行对人性的看法大体基于自然人性论，不得已之人情，即诚。人欲概念亦如此，是指人类本性的体现，最基础之身体需求。山鹿的伦理观与朱子以"敬"为中心的"克己复礼"的伦理思想不同，对情欲表现了较为宽容的态度。而且，山鹿亦认为人对欲望的满足应有节制。在普遍价值认可的行为规范内，人欲是不应也不可规制的。

但在另一方面，山鹿也不能否认欲望会带来阻碍尽忠尽孝的负面影响。

> 忠孝者相事君父之本，阻碍其者欲之一字也。有使四肢

---

① 中江藤树：《翁问答》，《藤树先生全集》第三册卷之二十四，岩波书店1940年版，第91–92页。
② 山鹿素行：《谪居童问》，《山鹿素行全集》第十二卷，岩波书店1942年版，第172页。
③ 山鹿素行：《谪居童问》，《山鹿素行全集》第十二卷，岩波书店1942年版，第53页。

山鹿素行与中江藤树士道论之比较研究
A Comparative Study of Yamaga Soko and Nakae Toju's Views on the Theory of Shido

安逸之欲，有极奢悦耳目之欲，各自之本乃爱己身己私，自立己盛我之事起也。名利二字虽说相同，名亦自欲出。……况君臣相遇，以利禄奉养之故，若不别在欲间详其斟酌工夫，则陷于利害之内而欠真忠之事多矣。①

山鹿并未将天理与人欲对立起来，认为人的欲望不分公私。亦并未将人的自然属性和社会属性严格区分，显示出对情欲的宽容态度。但是人终究在社会生活中受着行为规范的约束，这就导致山鹿思想中的矛盾，一方面利己是人性的一部分；另一方面亦不能否定欲望的存在。所以，山鹿要求武士格物致知，在具体情况面前斟酌思索。

中江藤树认为欲望分为"性之欲"和"人之欲"，"性之欲"是天命赋予的人性产生的欲望，是正面的，基于中江的性善说。而"人之欲"则是人面对名利地位酒色时产生的贪欲，是负面的。君子应该通过慎独的修行克去"人之欲"，而发挥"性之欲"。

古曰。(曰草果作云)名者实之宾。故君子而无令闻广誉。小人而有令闻广誉者。古来未之有也。而人求名而不诚其意。犹缘木而求鱼也是以欲断名根者。明辨所以得名之实。即其凝滞。(一脱滞字。非是。) 犹热汤之沃雪。所谓点铁成金工程也。②

欲明明德于天下者。性之欲也。名欲高。位欲贵。财欲积。色欲美。形气欲便利。事欲通利。器欲好格者。(格恐有误)人之欲也。克去人欲。而存性之欲者。初学立志之要窦。点铁成金之妙术也。盖性之欲常存。则自反而慎独。正己而不求于人。上不怨天。下不尤人。是以心广体胖。而富贵利达。亦随命分。而无所不通。子曰。学而时习之。不亦说乎。其斯之谓也。如人欲常存。则其未之得也。患得之。既得之。患失之。寤而如此。梦亦忧患之。所谓小人长戚戚是也。③

中江主张武士应该通过慎独来达到学问和人生境界的亨通。中江理解的慎独，是独自一人时亦需谨慎，不离至德要道。与朱子学主张通过"持敬"等外部礼法规范修行的理念不同，中江提倡洁净人心的功夫应从内部着手。中江将慎独视为去私的方法，论述如下。

(慎独) 是格物致知之灵枢，化凡入圣之脉路也。慎者敬而不违之意。独者一念独知之灵明，天性之殊称，孝经所谓膝下爱严，孟子所谓良知是也。④

在中江看来，格物、慎独等，都是良知的异名。是否属于无欲，判断标准

---

① 山鹿素行：《山鹿语类》，《山鹿素行全集》第六卷，岩波书店1942年版，第41-42页。
② 中江藤树：《杂著》，《藤树先生全集》第一册卷之五，岩波书店1940年版，第234页。
③ 中江藤树：《杂著》，《藤树先生全集》第一册卷之五，岩波书店1940年版，第235页。
④ 中江藤树：《杂著》，《藤树先生全集》第一册卷之五，岩波书店1940年版，第29页。

是是否符合天道之神理。

> 身处上位、储存财宝既非人欲亦非无欲，舍弃地位、丢弃财宝既非无欲亦非人欲。只是违背天道之神理即为欲即为妄。符合天道之神理即为无欲即为无妄。符合神理，即使登上天子之位、储存财宝，亦或舍弃地位、丢弃财宝，皆无欲也，无妄也。违背神理，即使舍弃天子之位、丢弃财宝，亦或身居高位、储存财宝，皆欲也，妄也。①

中江认为，"天道之神理"是界定欲、无欲、妄、无妄的评判标准。这一思维终究未能从朱子学的思维方式中脱离出来。而且，在实际行动中，相较义理，中江更重视心对是非善恶的判断："所行之事，无论如何只要其心无欲，洁净精微之神理明净且符合时势，即为无欲、无妄。即使所行合于义理，其心有欲则不可说为无欲。"②

三、文武观

山鹿素行认为文武互相根植，密不可分："武对于文，文武互相根植，无异于阴阳五行之相待相生也。文而不放武，武而不忘文，古之圣人皆然。专文专武皆不可行之道也。文亦有仁义、权谋，武亦有仁义、权谋，仁义、权谋者文武之用也。"③在文武关系的理论释义基础上，山鹿主张治国方面应该文教武备并行："乃武乃文者赞尧之德也。以圣武称汤王，以武功歌文王，以神武不杀赞周易，礼乐、征伐并言者孔夫子之圣戒也。国家常以武备文教并行。"④山鹿的文武合一论代表了江户时代的思维模式。同时山鹿也主张王霸合一，认为王道霸道分别指的是纲纪政令与武备军制，以防突发事件、叛乱反抗等："王道者文物盛而纲纪立，以无为之化为要。方伯受之而布其政，立刑政赏罚，劝善惩恶，以武服而讨不庭。"⑤山鹿的基本观点是提倡文武王霸合一，但他同时也认为文武有先后，孰先孰后的判断标准是时宜与时势，应该"因时代而变其先后之所"⑥。在山鹿看来，日本自古尚武，以武德为本。而幕府习惯于太平盛世、文治礼义，懈怠于武备，忽视了武治。长此以往天下必危。山鹿提倡文武合一，但在当时的社会状况下，更应该施行武治，从衣食住行各方面遵从武礼，推广武教，培养武德，体现了山鹿素行对其所在的武士阶层怀有强烈的责任感。山鹿还强调武家执政的正统性，主张遵循武家礼法。

兵法是武士教养的必修课，作为武学的基础，《孙子兵法》、《吴子兵法》等兵书历来被幕府所重视。相较于儒学者轻视兵法，将"兵者诡道也"诠释为狡诈、

---

① 中江藤树：《翁问答》，《藤树先生全集》第三册卷之二十四，岩波书店1940年版，第254-257页。
② 中江藤树：《翁问答》，《藤树先生全集》第三册卷之二十四，岩波书店1940年版，第257页。
③⑥ 山鹿素行：《谪居童问》，《山鹿素行全集》第十二卷，岩波书店1942年版，第260页。
④ 山鹿素行：《中朝事实》，《山鹿素行全集》第十三卷，岩波书店1942年版，第192-193页。
⑤ 山鹿素行：《山鹿随笔》，《山鹿素行全集》第十一卷，岩波书店1942年版，第578-579页。

山鹿素行与中江藤树士道论之比较研究
A Comparative Study of Yamaga Soko and Nakae Toju's Views on the Theory of Shido

阴谋的论断，山鹿素行对"诡"字有如下释义。

> 诡者权也势也，音与奇同，故与奇相通也。其义为兵者以奇诡制胜之道也。必拘泥于正法陷于一途者不知合变。故虽言以仁义道德调和于内，与民相和，而临战应敌之时，应顺应其势，不以诡道佐外则其兵必败。古之能达仁义道德之人，顺应其时使用权道。不然事物不全也。①

山鹿认为兵法为非常时应敌之手段，不必拘泥于常时的道德规范，兵法与仁义大体无关。

中江藤树也主张文武合一。对此他说："乃是欲行文道的武道，故武道之根乃文也；乃是以武道之威而治的文道，故文道之根乃武也。"②"文乃仁道之异名，武乃义道之异名。仁与义同为人性之一途，文武也同为一途，非分别也。"③但整体来说，文武二者中江较偏重于文。这从他的兵学观中可以看出。

> 是故孙子五事以道为第一，吴子兵法以和为先。言道言和皆仁义之德也。儒门心学之外并无明此德之道，励心学明此德之后学习兵法为宜者明也。欲学兵法者，宜学天下仁者无敌之兵法。④

中江作为儒者，以道德优位的角度看待兵法，认为道德仁义是兵法之本。这与中国传统儒家的兵学观相同。中江理解的文武，分别又分为德行与技艺，德与艺是本与末、体与用的关系。中江认为，仁是文道之本，义是武道之本。武士应从战国时期的战士转换为和平时期的儒士，主修文德但武艺兵法也不可偏废。

中江在道德伦理是非善恶的评判标准上思维方式偏向朱子学，而在实践操作具体方法上则偏向阳明学。比如关于经权，中江认为"权外无道，道外无权。权外无学，学外无权。但其受用有生熟、大小、精粗之差别而已。"⑤将权、道、学看作一体。中江理解的权，是动态的，不受"迹"的约束。相较于理学将经权分开，重经轻权的主张，中江则认为经权皆为道之名目，且皆应符合"时势"、"天道"之礼法。

四、结语

本文通过对比山鹿素行与中江藤树的忠诚观、人欲观及文武观等方面，试从古学派与阳明学派的对比视角分析二者思维方式之不同。

关于忠诚，二者的不同主要来源于各自身份地位的不同。山鹿身为上级武士，享有高官厚禄，忠于所处的武士阶级。山鹿认为君臣关系自然天成，非人力所能改变。武士在享有权利的同时还

---

① 山鹿素行：《孙子谚义》，《山鹿素行全集》第十四卷，岩波书店1942年版，第63页。
② 中江藤树：《文武问答》，《武士道全书》第二卷，井上哲次郎等编，时代社1943年版，第248页。
③ 中江藤树：《翁问答》，《日本思想大系》29，山井涌、山下龙二等编，岩波书店1974年版，第59页。
④ 中江藤树：《翁问答》，《藤树先生全集》第三册卷之二十三，岩波书店1940年版，第127页。
⑤ 中江藤树：《翁问答》，《藤树先生全集》第三册卷之二十三，岩波书店1940年版，第241页。

应履行正人伦的义务，这就需要武士自身修道养德。山鹿认为忠诚的对象，是抽象的职分，延伸至天皇代表的万世一系的国体。这种情感发源于宗教崇拜，带有神秘主义。中江并非上级武士，认可传统的君臣关系，主张武士忠诚的对象应该是有道明君。当"时处位"等具体条件改变时，武士可以易主。中江理解的忠诚，是超越经验的"孝"在具体君主身上的具体表现，源于自然人情，而非外部阶级规范。

关于人欲，二者的不同主要源自对人性认知的不同。山鹿并未对人性进行分解，而是从人的自然属性出发，肯定人欲的存在。但是自然属性的生理欲求与社会属性的行为规范终究会发生冲突，产生矛盾。山鹿也无法辨明这种矛盾的解决方法，另一方面也无法否定人性自私的一面，只是主张武士通过格物致知来斟酌判断。判断的标准是武家礼仪。中江继承阳明的"心即理"，基于性善说认为人之欲应被克去，恢复天命所赋予的天道。对于具体的人之欲则主张通过慎独的方式克去。是否是欲念妄念的衡量标准则是天道之神理，体现了中江思想中宗教性的特点。

关于文武，二者的不同主要来自对文武社会职能的不同理解。二者都主张文武合一，不可偏废。但山鹿认为时势重文轻武，提倡以武治国，重视武家礼法。对于兵学山鹿认为兵法与仁义道德大体不相关，体现了其重结果的实用主义。中江认为时势重武轻文，提倡修己以德，重视儒家的伦理纲常，注重心的指导作用。对于兵学中江认为军事仍受道德仁义指导，立场仍是儒士，体现了其道德至上的德治主义。但是，在实际操作的方式方法上，中江又认为经权合一，应当根据具体情势采取行动。

二者相比，虽然都出身于武士阶级，对武士的日常行为和道德伦理都做了规范，但相较之下山鹿偏重于武人身份，注重外部的行为规范，中江偏重于文人身份，注重内部的道德判断。山鹿主张通过外部的纲纪法令来约束武士的行为，中江主张通过内部的自省来指导武士的言行举止。山鹿着重于武士在政治方面的作为，中江着重于武士在个人修养方面的功夫。山鹿偏重于实用性，中江偏重于实践性。

Abstract: Shido is an umbrella term that covers all standards of thoughts and cultures, ethics and daily behavior for the samurai class, who had hold significant sway in the history of Japan. Shido guided the education of samurai in Edo period, led the restoration of patriot in the Meiji era, and supported the development of Japanese economy after World War Two. In Japan, Yamaga Soko was the pioneer of the Reconstructed school and Nakae Toju was the founder of the Yangming school, both of them were living in the early Edo period and had set the ethics and behavioural specification for the samurai according to the military science and Confucianism.

Keywords: Shido; Loyalty; Human Desire; Civil and Military

中国先秦哲学是西方经济理论的思想源泉

◎ 田书华*

摘　要：亚当·斯密自由经济理论与中国道学理论都主张"无为"、"不管"，而凯恩斯国家干预经济理论与中国儒学则都主张"有为"及"管理"；亚当·斯密的代表作《国富论》受中国道学思想影响较大，而凯恩斯的代表作《就业、利息和货币通论》则受中国儒学的影响较大。可以说，中国道学是亚当·斯密自由经济理论的思想源泉，中国儒学是凯恩斯国家干预经济理论的思想源泉。

关键词：中国哲学；儒学；道学；西方经济理论；思想源泉

一、中国道学是亚当·斯密自由经济理论的思想源泉

（一）中国道学与西方自由经济理论思想是一脉相承的

1. 亚当·斯密的自由经济理论

亚当·斯密（1723~1790年），1723年出生在苏格兰法夫郡的寇克卡迪，是现代经济学的奠基人，在他去世的200多年间一直被誉为经济学界的"至圣先师"，无人不顶礼膜拜。亚当·斯密的代表作《国民财富的性质和原因的研究》（简称《国富论》）出版于1776年，该著作的出版标志着"自由经济理论"的正式创立。

亚当·斯密自由经济理论的核心思想是"自由放任"，主张完全自由地从事经济活动，自由地经营工商业，自由竞争，自由地发展国内和国际贸易，扫除经济上的一切障碍，实行自由放任的经济制度。政府的职责仅仅在于维护国家安全和安宁，投资于某些纯属共同利益的事业，别的什么都不必干了。亚当·斯密认为有"一只看不见的手"在自发地调节着经济的活动，"一只看不见的手"的原理是：自利—理性—利己而不损人—

---

* 田书华，就职于中国银河证券股份有限公司博士后科研工作站。

社会利益的实现—自由放任，即从主观上讲，每个人都有利己心，而这种心态是驱使人们追求最大利益的动力，虽然每个人并不是都想要增加社会财富，但是，在他追求个人利益最大化的同时也增加了社会财富，这种"无心插柳"的效果甚至比想要促进社会利益的效果还要好。这就是"看不见的手"的实质内容。

这种自由经济理论不仅为其追随者所推崇，而且很快被社会所普遍接受，自由竞争市场经济的概念日渐深入人心，自由竞争的市场经济体制无论在理论上还是在实践中，都取得了长足的发展，到18世纪的后25年，自由竞争的各种制度日臻完善，迎来了自由竞争的黄金时代。亚当·斯密的旗帜就是市场经济的象征，它开辟了资本主义世界经济自由主义的新时代。

2. 中国道学与西方自由经济理论思想

道学的代表人物是老子，生于公元前571年至公元前471年。是我国古代伟大的哲学家和思想家，道家学派创始人，其代表作是《道德经》。

道学的核心思想是"无为而治"，认真拜读《道德经》就会发现，道学的无为而治思想与亚当·斯密的自由经济理论是一脉相承的，老子早在2600多年前就提出了自由经济思想，比西方亚当·斯密提出自由经济理论早了2200多年。

老子认为最好的治国之道，就是人们都感觉不到其存在的无为而治。《老子》第十七章曰："太上，不知有之；其次，亲而誉之；其次，畏之；其次，侮之。信不足焉，有不信焉。悠兮，其贵言。功成事遂，百姓皆谓'我自然'。"大意是，最好的统治者，人民并不知道他的存在；其次的统治者，人民亲近他并且称赞他；再次的统治者，人民畏惧他；最后的统治者，人民轻蔑他。统治者的诚信不足，人民才不相信他，最好的统治者是多么悠闲。他很少发号施令，事情办成功了，老百姓说"我们本来就是这样的"。

老子告诫国王，应无为治国。《老子》第三十七章曰："道常无为而无不为。侯王若能守之，万物将自化。"大意是：大道是无为而又无不为的。侯王如果能按照道的原则，无为而治，万民百姓就会自化自富，而得以充分发展。

《老子》第五十七章曰："故圣人云：我无为而民自化，我好静而民自正，我无事而民自富，我无欲而民自朴。"意思是说，圣人统治者只要做到无为而治，则百姓就能自化、自正、自富、自朴；我好静，人民就自然富足；我无欲，人民就自然纯朴。

老子的无为而治，并不是不作为，而是要顺其自然，不乱作为。《老子》第六十章曰："治大国，若烹小鲜，以道莅天下，其鬼不神。非其鬼不神，其神不伤人。非其神不伤人，圣人亦不伤人。夫两不相伤，故德交归焉。"大意是：以无为之道治国，顺其自然，就不会有鬼神类的副作用，即使有副作用，危害也很小。

可见，道学的精髓就是"无为"或"不干预"。因此，从思想理念来说，中国道学与西方自由经济理论思想是一脉相承的。

（二）中国道学与西方自由经济理论的渊源探究

1. 西方"自由放任"（laissez-faire）一词来源于中国

这个观点可以从《不列颠百科全书》对"laissez-faire"（自由放任）的定义而知。

《不列颠百科全书》对"laissez-faire"的定义是："主张政府尽量不干涉个人和社会经济事务的一种政策。此词的起源不明，在1756~1778年盛行于法国。"

我们知道《不列颠百科全书》的编纂是非常严谨的，没有百分之百的把握，百科全书是不会轻易下结论的。《不列颠百科全书》虽然没有明确说出"自由放任"（laissez-faire）本源于中国，但《不列颠百科全书》至少提供了一条关键的线索，那就是在欧洲启蒙运动的中心法国，在启蒙运动这个特定的历史阶段里，法国流行过这个词。另外，《不列颠百科全书》也没有否认后来英语世界流行的laissez-faire这个词是法语，但是《不列颠百科全书》却不能回答它为何在这段时间里开始盛行，它的起源是什么。

为什么"自由放任"突然在1756~1778年开始在法国盛行呢？我们可以了解一下当时的欧洲形势，其实在17~18世纪，中国与欧洲的交往甚为频繁，这时欧洲的传教士经常来往于欧洲（包括法国）和中国，这些传教士除了传播宗教之外，还有一些人专门研究和传播中国的文化和哲学思想，当然，这时中国也有一些人前往欧洲进行交流。

知道这些，就会明白"自由放任"一词突然在1756~1778年开始在法国盛行的原因——是受中国道学的"无为"思想的影响。

2. 西方自由经济理论思想的源泉来自中国的道学

经济学界一般把亚当·斯密看作是自由经济理论的创始人，但是，在斯密的背后是法国的重农经济学派魁奈和杜尔哥，亚当·斯密自由经济理论的产生深受魁奈和杜尔哥重农经济学派的影响，而魁奈和杜尔哥经济理论的产生又深受中国道学的影响。

（1）受中国道学影响，魁奈首次把"无为"译成"自由放任"，并创立了依赖自然法则的重农经济学。从16世纪起，大量中国古代文化典籍通过传教士进入欧洲，到了17世纪，对中国文化的推崇和对中国商品的消费成为时尚，形成遍及欧洲的"中国热"。"中国热"对18世纪欧洲的文艺复兴运动产生了重大影响。魁奈就是在这个时期吸取了老子的"无为"思想，并第一个把"无为"译成"自由放任"，并创立了依赖自然法则的重农经济学。

魁奈的全名是弗朗斯瓦·魁奈（Francois Quesnay，1694~1774年），18世纪法国政治经济学家，重农学派的创始人和领袖。1694年6月4日魁奈出生于巴黎的蒙福尔·拉穆里的梅里村，他的父亲尼古拉·魁奈是个律师。在兄妹13人中魁奈排行第十，因此，幼年魁奈未能受到很好的教育，甚至到11岁时，仍然目不识丁。魁奈13岁时丧父，因想行医，16岁时到一位外科医生处做学徒。不久到巴黎著名雕版术家罗歇福的门下工作5年，同时在附近的大学研究医学，并学习化学、植物学、数学、哲学等。5

年后回乡，在蒙脱开业做外科医生，时年24岁。作为医生，他的声誉日渐提高，很多知名人士亦去就诊。1730年魁奈发表了论文《放血效果的观察》，很受医学界的重视，并因此和当时著名外科医学者佩洛尼等相识，被聘为巴黎外科医学会的常任秘书，因而移居巴黎。1749年，魁奈55岁时，被任为法王路易十五的宠姬朋巴陀侯爵夫人的侍医，住进凡尔赛宫。1752年，因治愈皇太子的痘疮有功，又被任命为路易十五的侍医。由于他在医学上的成绩和治好国王和皇太子疾病的功劳，被国王赐封为贵族。

魁奈从移住凡尔赛宫后，有更多的机会同哲学家和思想家交谈，借以熟悉法国的政治经济情况，这一时期也是欧洲和中国文化交流频繁的时期。这段时间，法王路易十四派遣到中国的5位传教士都拥有"御前数学士"兼科学院院士双重头衔，这些传教士到中国的主要目的其实不是传教，而是研究中国文化。魁奈与这些传教士们同为国王身边的人，关系密切，使其能从同为"御前数学士"的传教士那里收集大量中国资料，从传教士那里吸取了中国文化，特别是老子的"无为"和"自然法则"思想。

1754年（魁奈60岁）后，魁奈才开始研究政治经济学，受中国文化影响，魁奈还通过庞巴杜夫人敦促路易十五于1756年模仿中国古代皇帝，举行了显示重视农业的仪式"籍田大礼"。1758年魁奈把中国道学中的"无为"译为"自由放任"，并受无为等思想的影响，创立了依赖自然法则的重农经济学。

无为而治是中国道家的理论核心，法国重农经济学创始人魁奈将老子的"无为"译为"自由放任"，意思就是政府放手让商人自由进行贸易，以反对政府对贸易的干涉。laissez-faire一词先在法国宫廷、上流社会和欧洲流行一时，后直接被英语采纳，并日益呈现燎原之势。到了19世纪早期和中期，laissez-faire这一词成为了自由市场经济学的同义词。因此，自由放任后来成为西方自由经济的代名词。

1769年，魁奈出版了《中华帝国的专制制度》，该书为他赢得了"欧洲的孔子"的称号，该书的第八章标题即为"中国的法律与作为繁荣政府的基础的自然法则相比较"。魁奈在论文集《重农主义，或最有利于人类的管理的自然体系》中，首次提出"重农主义"概念，为了显示其神圣和权威，居然将出版地点标为"北京"。魁奈后期作品还有《自然权利》，其核心内容是强调天赋人权、人身自由、经济自由等，反对政府干涉控制，这其实就是道家自然法则的社会翻版。并且在当时宣扬重农学派思想观念的刊物《农业、商业、财政杂志》和《公民日志》的文章中，大量引用的不是欧洲的文献而是中国的典籍。

（2）法国重农学派人物杜尔哥的经济自由思想也深受中国文化影响。杜尔哥是重农学派的另一个重要代表人物，按马克思的评价，杜尔哥的理论体系使"重农主义体系发展到最高峰"。

杜尔哥的经济学著作《关于财富的形成和分配的考察》在经济史上有着很高的地位，熊彼特认为它已经提出了一套完整的经济理论体系。这部著作也与中国有着某种关联，1763年两位在法国

中国先秦哲学是西方经济理论的思想源泉
Chinese Philosophy is the Ideological Source of Western Economic Theory

学习神学的青年学成后准备回国,杜尔哥希望他们回国后能够把了解到中国的社会经济情况,写信向他提供相关信息——当时的中国是世界上最强盛的国家,而且其政治经济制度被欧洲的思想家们认为是世界的典范。杜尔哥向两个中国留学生提出了52个问题,这就是杜尔哥的《中国问题集》,其内容主要涉及财富生产和分配。让这两位中国留学生回国后回答,以帮助法国思想家全面掌握中国的经济情况。为了帮助不具备经济学知识的他们理解这些问题,杜尔哥对有关经济学原理作了解释,这些解释就构成了《关于财富的形成和分配的考察》的内容。杜尔哥所提出的问题都与他所掌握的中国经济知识有着不同程度的联系,他是受中国情况的启发,也直接从中国古代文化中汲取了营养才形成了该书。所以说杜尔哥的《关于财富的形成和分配的考察》一书受中国的影响最深,而此书又影响了后来的亚当·斯密。

杜尔哥的经济学观点认为,在市场活动中可能会存在一些损害效率和公正的情况,但这并不意味着就有理由干预市场,市场有自我矫正的能力。对于市场中的欺骗和伤害,期待政府采取措施加以防范,就如同要求政府为所有可能摔倒的儿童都提供床垫一样。那些被欺骗的消费者可以从中学习到经验,不再与行为不端的商人打交道,而商人将会陷入信任危机而受到惩罚。可以看出杜尔哥的这一思想与中国道学的"无为"思想是一致的,这一思想也被认为是后来的哈耶克自发扩展的市场观念的重要来源。

3. 亚当·斯密的自由经济理论直接受重农学派的影响

(1)亚当·斯密首先是一位哲学家。亚当·斯密这位经济学的鼻祖和他的伟大作品《国富论》像一颗最亮的星星,在历史的天空中闪闪发光。因此大家都知道亚当·斯密是一位伟大的经济学家。而令人称赞的是,亚当·斯密不仅仅是一位经济学家,还是一位哲学家。亚当·斯密的第一份工作就是在格拉斯哥大学担任逻辑学教师和道德学教授,其第一本著作就是在1759年出版的哲学著作《道德情操论》,并且该书获得了学术界的极高评价。

1723年亚当·斯密出生于苏格兰,他的父亲是律师、军法官和海关监督,但是却在亚当·斯密出生前几个月去世。在此后的生活中,亚当·斯密一直和母亲相依为命,终身未娶。18岁前,亚当·斯密在家乡的苏格兰上学,之后的6年赴牛津大学求学,在牛津大学阅读了大量书籍。27岁后,亚当·斯密在原来的格拉斯哥大学担任逻辑学和道德学的教授。在1759年,亚当·斯密出版了《道德情操论》,从人类的情感和同情心出发,讨论了善恶、美丑、正义、责任等一系列概念,进而揭示出人类社会赖以维系、和谐发展的秘密。《道德情操论》对于促进人类福利这一更大的社会目的起到了更为基本的作用,是市场经济良性运行不可或缺的"圣经",堪称西方世界的《论语》。

在《道德情操论》中,亚当·斯密用同情的基本原理来阐释正义、仁慈、克己等一切道德情操产生的根源,说明道德评价的性质、原则以及各种美德的特征，并对各种道德哲学学说进行了介绍和评价，进而揭示出人类社会赖以维系、和谐发展的基础，以及人的行为应遵循的一般道德准则。应该说亚当·斯密的哲学著作《道德情操论》是他的经济学著作《国富论》的基础，因为只有读了《道德情操论》才知道"利他"才是问心无愧的"利己"，而只有读了《国富论》才会知道应该怎样"利己"。

（2）亚当·斯密的自由经济理论直接受重农学派魁奈和杜尔哥的影响。亚当·斯密的《国富论》是于1776年3月9日出版问世的。亚当·斯密写作这部巨著直接受到法国重农学派的影响，因为，亚当·斯密是在完成对法国的考察之后写成《国富论》的。

1764年2月至1766年10月，亚当·斯密进行了为期近3年的欧洲大陆之行，1764年7月5日，斯密在图卢兹给休谟（苏格兰哲学家）的信中写道："为了消磨时光，我已开始写一本书（就是《国富论》）"；1765年10~12月，亚当·斯密访问了日内瓦，并多次会见法国著名启蒙思想家伏尔泰，伏尔泰是法国启蒙运动"领头羊"，中国文化的狂热鼓吹者，他的名言是"我们不能像中国一样，真是大不幸"；1765年12月至1766年10月，他在巴黎逗留的10个月收获极大，会见了许多著名的思想家和政治家，如重农主义者魁奈、杜尔哥、奈穆尔、老米拉波等，在巴黎期间，斯密还曾将他正在创作中的《国富论》一书的某些观点，征求过魁奈、杜尔哥等重农主义者的意见。回国后，斯密即开始《国富论》创作，1773年春，他携带初稿前往伦敦，准备交给出版商出版，但是，他在那里看到了许多新的资料，包括1774年以后杜尔哥特地寄给他的被称为"稀世珍本"的《关于课税的备忘录》。为此，他又用了3年对初稿修改和补充。到1776年3月9日，《国富论》这部经济学巨著终于问世。

斯密与魁奈和杜尔哥的多次讨论，以及杜尔哥为其提供的重要材料，对他的研究思路和框架具有重要的帮助，可以说，法国重农学派对斯密自由经济思想产生了一定影响，而法国重农学派又是受中国道学思想的影响而产生的。

另外，亚当·斯密还从两位来自中国的学者那里了解到了司马迁（道学流派）的经济思想，司马迁在《货殖列传·第六十九》的第三段中已明确提出了"供求关系"的经济思想，并用"低流之水"进行比喻，斯密受到启发，将其称为"看不见的手"。

因此可以说，亚当·斯密的自由经济理论的产生是直接或间接受到中国道学思想的影响而产生的。事实上，亚当·斯密的《国富论》确实引用了大量的中国文献。

4. 新自由主义经济理论代表哈耶克将老子视为其思想教父

哈耶克（1899~1992年），是新自由主义的代表人物，奥地利社会经济学家，自发秩序理论创始人，1974年诺贝尔经济学奖得主。

哈耶克是20世纪最重要的自由主义理论家，被尊为当代自由经济的鼻祖。20世纪中叶，凯恩斯等国家干涉主义抬头，哈耶克的自发秩序理论，再次阐明了自由经济的神圣地位。哈耶克因此也成了20世纪自由经济的象征，是自由市

中国先秦哲学是西方经济理论的思想源泉
Chinese Philosophy is the Ideological Source of Western Economic Theory

场的旗帜,享有"斯密第二"的美誉,被尊为当代自由经济的鼻祖。除《自发秩序原理》外,哈耶克还著有《致命的自负》、《通往奴役之路》,表达了他对干涉主义的极度担忧。1960年哈耶克在其《自由秩序原理》中,借用自然科学中的"Spontaneous"一词,提出了"自发的秩序"概念,并把社会秩序分为两类:自生自发秩序和"人造秩序"。1988年哈耶克出版了生命中最后一本著作《致命的自负》,提出了"人类合作的扩展秩序"(也称"扩张秩序"),将其自发秩序理论推到了巅峰。

让哈耶克名垂青史的是他的"自发秩序理论",而这一理论被看作是亚当·斯密自由经济理论的重要发展和补充。而哈耶克本人却认为中国道学经典著作《道德经》中的"无为思想"是对"自发秩序理论"最经典的描述。1966年9月,哈耶克在东京做《自由主义社会秩序诸原则》的演讲,谈到自发秩序理论时,激动地反问道:"难道这一切不正是《老子》第五十七章的一句:'我无为,而民自化,我好静,而民自正'的体现吗?"从这里可以看出老子的"无为思想"对哈耶克的影响是多么大。

二、中国儒学是凯恩斯国家干预经济理论的思想源泉

(一)中国儒学与凯恩斯国家干预经济理论的思想理念是一致的

1. 凯恩斯的国家干预经济理论

凯恩斯(1883~1946年),1883年6月5日生于英格兰的剑桥,是现代西方经济学最有影响的经济学家之一,他创立的宏观经济学与弗洛伊德所创的精神分析法和爱因斯坦发现的相对论一起并称为20世纪人类知识界的三大革命。凯恩斯是20世纪上半叶一位才智横溢的理论创新者,是当时最杰出的政治经济学家,也是布雷顿森林体制的缔造者之一。

20世纪30年代,西方出现了规模空前的经济危机,传统的经济理论无法提出有效地帮助各国政府摆脱困境的对策。1936年凯恩斯出版的《就业、利息和货币通论》中提出国家干预的经济政策,使得国家干预经济的理论系统化。凯恩斯提出了国家干预经济的主张,他主张通过刺激需求来达到充分就业,在社会有效需求不足的条件下,为刺激社会消费需求的增加,他主张政府采用征富济贫的收入分配政策,从而提高社会的边际消费倾向,扩大社会消费需求,从而有利于刺激生产,实现充分就业。凯恩斯学说的出现,标志着西方经济理论的一次革命,即由崇尚自由放任转向政府干预,把政府视为市场制度合理的调节者和干预者已成为主流经济学家的信条。这个过程一直延续到20世纪70年代,对当代西方国家国有经济的产生和发展起到重大的推动作用。

凯恩斯之后,他的追随者进一步发展了国家干预理论,他们认为资本主义经济不会永远处于危机之中,而是经常出现繁荣和萧条交替的现象,因此,在经济政策上就不应该片面实施扩张政策,而应依据社会经济的具体发展状况,实行紧缩与扩张的政策。他们利用IS-LM分析,肯定了货币政策和财政政策的重要地位。另一代表人物詹姆斯·托宾还指

出："宏观经济政策，即货币政策和财政政策要同时实现所规定的社会失业和通货膨胀目标是不可能的"，他认为为了抑制通货膨胀和结构性失业，除了实施积极的需求管理政策外，还要辅以工资指导性政策、收入政策以及劳动政策等。

2. 中国儒学与凯恩斯国家干预经济理论的思想理念

儒学的创始人是孔子，孔子生于公元前551年9月28日，卒于公元前479年4月11日。儒家代表人物为春秋时期的孔子、孟轲、荀况等。

儒学的代表作是《四书五经》。儒学随着历史阶段和服务方式的不同，其形式和理论主张也不尽相同。先秦的原始儒学，两汉的经学，魏晋六朝以玄学形式出现的儒学，宋明的理学，明清时兼有实学特点的儒学，以及近代以来融收了西学之长的新儒学，都在具体形态和思想内容上发生了或多或少的变化。但是，无论其怎么变化，都万变不离其宗，即都以"仁义、礼智、道德"为依归，都把"修身、齐家、治国、平天下"作为其人生哲学的宗旨，都主张积极入世，报效国家。

在经济思想上，儒学主张由国家对社会经济活动进行干预和控制。例如，从儒家早期的代表人物孔子、孟轲、荀况等人来看，孔子希望依靠国家力量实现资源配置的平均状态，认为国家干预的理想状态是顺应人民需求，用少的资源消耗给人民带来大的实惠，体现仁义、公平和效率的"大同"世界的资源配置，即"使老有所终，壮有所用，幼有所长，矜、寡、孤、独、废疾者皆有所养，男有分，女有归"。孟子生动地提出资源的稀缺性与选择问题，"鱼，我所欲也。熊掌，亦我所欲也。二者不可兼得，舍鱼而取熊掌者也"。汉代董仲舒主张"限民名田，以澹不足，塞兼并之路。盐铁皆归于民。去奴婢，除专杀之威。薄赋敛，省徭役，以宽民力，然后可善治也"。荀子认为政府应在资源配置中发挥主要作用，搞好基本设施建设以保护生产，引导人民生产劳动，通过"轻田野之税，平关市之征"等，实现先裕民再富国。再如，始于汉宣帝首设"常平"仓，以避免在年成好时谷贱伤农，又使贫民在灾年时有所依靠，这实际上是国家干预思想的大面积推行。此后，常平仓的设立成为唐、宋、元、明、清历代王朝的通例。设置常平、平准机构，开展国家对贫民的借贷、免除灾区赋税、通过兴办国家工程开展赈灾救灾等，就构成了中国汉代后历代王朝国家干预的基本内容。

实际上，2000年来，尊奉儒学的中国各朝代都在强调"秩序"，都是"管"与"国家干预"的体现。

（二）中国儒学与凯恩斯国家干预经济理论的渊源探究

丹麦著名物理学家尼尔斯·玻尔（诺贝尔物理学奖获得者）曾经讲过："真理有两种，小真理和大真理。一个小真理的对立面是一个谬误，但是，一个大真理的对立面则是另一个真理。"

经济学理论也是这样。亚当·斯密的自由经济理论备受推崇，自由经济理论影响世界整个，因此，世人尊称亚当·斯密为"现代经济学之父"和"自由企业的守护神"；而亚当·斯密自由经济理论的对立面"凯恩斯国家干预经济理论"

中国先秦哲学是西方经济理论的思想源泉
Chinese Philosophy is the Ideological Source of Western Economic Theory

也备受青睐,自20世纪30年代西方经济危机之后,主张政府干预、反对自由放任的凯恩斯国家干预经济理论学说迅速风靡西方经济学界,直到今天还一直被各国政府采用。

亚当·斯密自由经济理论提倡放任自流的经济政策,而凯恩斯提倡国家直接干预经济。他论证了国家直接干预经济的必要性,提出了比较具体的目标;他的这种以财政政策和货币政策为核心的思想后来成为整个宏观经济学的核心,甚至可以说后来的宏观经济学都是建立在凯恩斯的国家干预经济理论基础之上的。凯恩斯是一个伟大的经济学家,他敢于打破旧思想的束缚,承认有非自愿失业的存在,首次提出国家干预经济的主张,对整个宏观经济学的贡献是极大的。

1. 凯恩斯是自由经济学派转为干预学派的

凯恩斯出生于萨伊法则被奉为神灵的时代,认同借助于市场供求力量自动地达到充分就业的状态就能维持资本主义的观点,因此,他一直致力于研究货币理论。因此,凯恩斯原本属于自由经济理论学派,直至20世纪20年代末仍信奉传统的自由贸易理论,认为保护主义对于国内的经济繁荣与就业增长一无可取。甚至1929年同瑞典经济学家俄林就德国赔款问题论战时,还坚持国际收支差额会通过国内外物价水平的变动自动恢复平衡。

1929年经济危机爆发后,他感觉到传统的经济理论不符合现实,必须加以突破。1936年其代表作《就业、利息和货币通论》(The General Theory of Employment, Interest and Money,简称《通论》)出版时,凯恩斯一反过去的立场,转而强调贸易差额对国民收入的影响,相信保护政策如能带来贸易顺差,必将有利于提高投资水平和扩大就业,最终导致经济繁荣。

2. 受中国儒学思想的影响,凯恩斯由自由经济理论学派转为国家干预经济理论学派

凯恩斯本是一名自由经济理论学派人物,是亚当·斯密自由经济理论的追随者,然而,受中国儒学思想的影响,他的经济思想逐步开始变化,最后从自由经济理论学派转为国家干预经济理论学派。

《孔门理财学》是中国学者在西方刊行的第一部中国经济思想名著,也是迄今为止影响最大的一部。

《孔门理财学》是由陈焕章(1880~1933年)的博士毕业论文修改而出版的,陈焕章,字重远,广东高要人。18岁到广州长兴里康有为的"万木草堂"读书,与梁启超为同学。23岁中举人,24岁考中"恩科联捷进士",保和殿复试朝考"钦点内阁中书",入进士馆。后申请出洋留学。光绪三十一年(1905年)奉派为留美学员,先入库克学院学习英语,光绪三十三年(1907年)考入纽约美国哥伦比亚大学经济系学习政治经济学,宣统三年(1911年)获哥伦比亚大学哲学博士学位,其博士毕业论文是《孔门理财学》。

由于陈焕章的博士论文《孔门理财学》确实有与众不同之处,答辩通过以后哥伦比亚大学就破例同意用学校的经费为他出版,而且将这本书收入"历史、经济和公共法律研究"丛书,于是暴得

大名。该书应该是中国人在西方出版的最早一部经济学名著，集中总结阐发了儒家的经济思想，是中国人第一次以西方语言向世界全面展示中国古代儒学思想的重要著作。《孔门理财学》按照西方经济学原理，分别讨论了孔子及其儒家学派的一般经济学说及其在消费、生产、公共财产方面的思想。陈焕章是按照西方经济学的模式来安排《孔门理财学》的结构和体例的。《孔门理财学》曾经在当时的西方经济学界产生较大影响，并受到不少重量级经济学人的关注。

《孔门理财学》出版的第二年，权威的《美国经济评论》上出现了一篇由威斯康星大学的学者罗斯（E.Ross）撰写的书评。文章认为陈焕章打通了中西经济传统，为西方的政治经济学接上了孔子以降的中国伦理学和社会学资源，相互补充，使得《孔门理财学》在浩如烟海的西方政治经济学文献中占据一个独特的位置。

《孔门理财学》也受到凯恩斯的高度关注，为此，凯恩斯还专门为该书写了书评，凯恩斯为《孔门理财学》写的书评于1921年发表在《经济学杂志》（The Economic Journal）上。20世纪初，这本剑桥的经济学杂志是国际上影响最大的经济学学报。凯恩斯当时在剑桥经济学圈中崭露头角，刚刚当上《经济学杂志》的主编。他对此书甚为推崇，认为这本书"基本内容一部分属于中国经济史；一部分是世代相传的诗篇和格言，其所涉话题只与最广义理解的'经济'有关。其章节标题虽为'生产要素'、'分配'、'公共财政'等，但装入这一牵强框架的是大量讨人喜欢的教诲性内容"。认为孔子以后的中国人的经济史研究方法与西方现代经济学家有异曲同工之妙。

20余年之后，凯恩斯写出了自己的《论货币》。凯恩斯的眼光非凡，比如他从《周官》里看到了最早的货币交易制度。他还指出中国学者很早就懂得"格雷欣法则"（劣币驱逐良币）和"货币数量说"。他引用了明初大儒叶子奇在1378年就提出的"价格下降，应当发行纸币；价格上升，应把纸币收回"。为什么凯恩斯推崇这部书？大概是凯恩斯是把经济学与道德伦理相结合的最后一位经济理论大师。

1936年凯恩斯代表作《就业、利息和货币通论》的出版，标志着凯恩斯经济思想彻底底从自由理论转变为国家干预理论。

凯恩斯能为《孔门理财学》写书评，并把该书评发表在世界著名经济学刊物《经济学杂志》（The Economic Journal）上，可见，凯恩斯对孔子（儒家）思想应该有深刻的了解和认识，这不能不对其经济思想产生影响。因此，凯恩斯由自由经济理论学派转为国家干预经济理论学派，中国儒家思想对他的影响应该是一个重要的方面。

3. 凯恩斯国家干预经济理论产生的历史背景

当然凯恩斯经济思想的转变也有当时特定的历史背景。20世纪30年代爆发的世界经济大危机是产生凯恩斯国家干预经济理论的历史原因。作家纳森（R.Nathan）在一部小说的序言中对这场危机是这样描述的，"我所记叙的，是发生在1929~1933年大危机期间的一个真实故事。当时，美国遍地都是失业者。

中国先秦哲学是西方经济理论的思想源泉
Chinese Philosophy is the Ideological Source of Western Economic Theory

没有工作、没有金钱，又无家可归的人充斥着整个社会。失业的人有的流落街头靠卖水果糊口，有的全家都无处安身，只好搬到公园里的违章小屋，靠捡破烂维生"。这就是当年经济危机所带来的结局。

如何摆脱这种危机？按照亚当·斯密的自由经济理论，人们应该深信：危机与萧条不过是由经济活动中的暂时性摩擦带来的混乱现象，只要置之不理，就会自动恢复常态。连危机期间的胡佛总统也仍然信奉"自由经济理论"，胡佛认为要听天由命，并宣称上帝会使美国很快复兴。然而，放任不但没有使严重的萧条得到克服，相反却日益加深。在危机低谷的1933年，德国的失业人数为800万人，而美国则达到1400万人。这一年全世界的失业人数共计5000万人。因此，不管亚当·斯密的经济理论说得如何天花乱坠，现实的经济政策却不得不弃之前行。当时，整个西方资本主义国家都受到经济危机的打击，然而，这时实行计划经济的苏联安然无恙，处身在世界大危机的暴风圈之外。

对于这种资本主义现实，以往的经济学无法承担这一使命。固然曾有马克思经济学预言到这种资本主义的残破局面，但它却无助于现实经济问题的解决。况且，美英等国视马克思为敌人，他们攻击马克思主义和社会主义制度，而不允许任何转向马克思、转向科学社会主义的思潮存在和蔓延，因此，他们不可能照搬当时苏联的模式。

怎么办？如何拯救资本主义？在这种情况下，资本主义亟须一种崭新的经济理论以拯救世界。在这种情况下，凯恩斯《就业、利息和货币通论》一书于1936年应时而生。凯恩斯经济学适应了当时资本主义现实的需要，使英美的大多数经济学家云集其下。凯恩斯国家干预经济理论的意义在于阐明了一个社会的宏观经济中总供给（总产量）的水平是如何决定的，提出了经济活动不能放任自流，国家和政府必须对经济活动要有所作为。

在凯恩斯的《就业、利息和货币通论》里，凯恩斯提出国家利用财政政策和货币政策来调控经济。凯恩斯理论一出，资本主义国家也开始接受他的理论并开始执行"新政"，资本主义从萧条中回归了。凯恩斯主义似乎拯救了资本主义世界。

Abstract: Chinese Daoism is the ideological source of Adam Smith' economic theory, Chinese Confucianism is the ideological source of Keynesian economic theory. Adams Smith's book *The Wealth of Nations* was directly influenced by the French agriculture economic thought and Chinese Daoism, and Keynes' masterpiece *The General Theory of Employment, Interest, and Money* was directly influenced by Chen Huanzhang's doctoral dissertation *The Economic Principles of Confucius and His School*.

Keywords: Chinese Philosophy; Confucianism; Daoism; Western Economic Theory; Ideological Source

综 述 OVERVIEW

中国梦语境下的文化发展
——第二届中国博士后文化发展论坛（2013）会议综述

◎ 何博超 *

摘 要：2013年11月12日，由中国社会科学院、全国博士后管理委员会、中国博士后科学基金会联合主办，中国社会科学院博士后管理委员会、中国社会科学院哲学所博士后流动站、中国社会科学院文化研究中心和周南文化沙龙联合承办的第二届中国博士后文化发展论坛，在湖北省恩施土家族苗族自治州圆满落幕。本届论坛共收到来稿70篇，来自全国17个省市10个一级学科门类的博士后、特邀专家、湖北省发改委、恩施州政府各委办局、部分博士和企业家代表共百余人参加了论坛。历时两天的本届论坛，秉承"推动文化发展问题的多学科学术对话、助力中国文化的发展繁荣"的宗旨，围绕中国梦语境下的文化发展问题，集中探讨了中国文化的亚洲影响与国际竞争力问题、我国文化发展的创新与法治问题、鄂西圈生态文化产业创新发展等议题，展示了不同学科博士后在文化发展问题上的研究成果，展开了文化发展问题的多学科对话，初步形成了博士后文化发展研究的学术支撑网络，并在博士后智力服务地方文化发展方面迈出了可喜的第一步。

关键词：中国梦；博士后；文化发展；论坛；综述

一、本届论坛的特色

在第一届文化发展论坛成功举办的基础之上，本届又凸显出了5个特色：

第一，论坛中心主题为"中国梦语境下的文化发展"，这结合了习近平总书记最新提出的"中国梦"战略构想，同时也呼应了十八届三中全会对于文化问题的深入指示。

第二，对于文化问题的讨论更结合当下现实，更贴近地方文化建设。如果说上届论坛的主题"改革开放30年：中国文化发展的回顾与前瞻"强调了总结

---

* 何博超，中国社会科学院哲学研究所，助理研究员，研究方向为西方古典哲学。

中国梦语境下的文化发展——第二届中国博士后文化发展论坛（2013）会议综述

经验和展望未来，那么这届的主题着眼于具体建设、实际规划和理论现实化，紧密结合了近几年中国文化建设蓬勃发展的趋势。尤为突出的是，论坛还强调了文化对地方经济发展的重要意义，这次论坛本身正是对鄂西圈文化建设的一次智力支援，也是构建博士后服务地方文化发展促进机制的一次新探索和新尝试。在论坛开幕式期间，中国社科院哲学所文化研究中心还与湖北省发展与战略规划办公室、湖北民族学院签署了战略合作意向书。让文化建设理论走入地方并切合实际是这次论坛的主导思想之一。

第三，论坛征文主题更为具体，涵盖了文化建设问题的方方面面，包括："中国价值观与亚洲文化共识"、"中国文化在当今世界的价值与竞争力"、"文化法治化进程及其挑战"、"文化产业发展的现状、问题与对策"等。

第四，论坛提交的论文其学术领域更为多样丰富，涉及哲学、艺术学、经济学、法学、文学、历史学、工学、军事学、管理学、教育学、公共政策学、人类学和民俗学等多个学科和专业方向，论文质量也在一定程度上超过往届。多学科的交汇以及倡导文化多样性是本届论坛的突出特点之一。

第五，论坛规模有所扩大，与会博士后人数超过往届（湖北省发改委、旅游委和广电局的博士后也积极参与了论坛），知识背景和思想交流更为多元和跨学科。在博士后交流之余，还设有3个专家峰会，其主题从宏观到微观，从普遍到地方，涉及了文化建设的新问题和新趋势。

除上述之外，本届论坛还首次设立了"中国博士后文化发展论坛优秀论文奖"，经过全体博士后匿名评分和推选，又通过3位专家对候选人的认真评审，来自淮阴师范学院的博士后牛锦红副教授获得了一等奖，浙江工业大学文化与法制研究中心主任石东坡教授等三位博士后获得了二等奖；中国社科院哲学所文化研究中心宋革新等5位博士后获得了三等奖，中国新闻出版研究院副研究员刘建华等6位博士后获得了提名奖。

鉴于这次会议的问题丰富、议程紧密、精义披纷，本文将择其要点进行综述，先概述论坛峰会中的主要议题，再总结博士后的研究成果。

二、论坛主要议题的研讨

本届论坛分3个主题峰会，分别为"鄂西圈文化产业创新发展"、"中国文化：亚洲影响与国际竞争力"和"文化发展：创新与法制"。峰会分主题演讲和主题对话两个环节：在主题演讲中，由两名专家做主题发言；演讲之后，博士后与专家展开互动和交流，博士后根据自己的体会对专家发言进行评述和提问，同时，对话嘉宾也围绕主题进行讨论。

在第一次峰会中，湖北省发改委常务副主任肖安民进行了"鄂西生态文化旅游圈"的主题演讲，他系统评价了鄂西地区雄厚的文化资源并展望了该地区文化产业良好的发展前景，同时对于鄂西生态文化圈的总体建设给予了丰富而有价值的系统规划。围绕演讲主题，湖北省发展战略规划办公室副主任徐新桥、中国社科院哲学所文化研究中心常务副主任张晓明、中国社科院哲学所伦理学研究室副主任杨通进研究员等人进行了对话。他们从不同方面阐述了文化产业发展问题，徐新桥表示文化发展是恩施州乃至整个鄂西地区的重中之重，文化产业也是诸多产业的龙头之一，同时该产业必须走上可持续、健康的发展道路。张晓明更突出了宏观的理论问题，他还特别指出了中国文化产业存在的不足和缺陷，尤其点明了文化地产的双刃剑性质。杨通进从伦理学和生态发展的角度给中国文化问题提供了不少可供选择的分析。

第二次峰会以思想实验室的形式进行，其中有两场演讲，第一场来自中国社科院哲学所现代西方外国哲学研究室李河研究员，他同时也是中国社科院文化研究中心副主任，其题目为"文明型国家：传统中国的记忆与未来中国的想象——由对外文化影响力引发的思考"。李河的着眼点是将文化纳入国家想象与国家认同的大背景之中，他缜密梳理了中国"传统文明型国家"—"现代民族国家"—"现代文明型国家"的发展趋势，同时对比了东亚其他国家如日韩的国家建构，他更多地从宏观的角度阐述了中国文化的凝聚力、向心力和文化推进的均衡性。他的结论是中国必须完成现代文明型国家的转换，随着中国国力和影响力的日益强大，中国在世界范围内承担的责任和义务要求中国文化完成这样的转型；而随着这种转型的展开，反过来，中国文化和文明将迈上更高的新台阶。

第二场则来自中国社科院哲学所中国哲学研究室李存山研究员，他的主题为"中国文化的'变'与'常'"。其要点有三：第一，诠释了孔子对"因"与"损益"的讨论，"因"即相因继承，是"常"；"损益"即减损和增益，是"变"。第二，从唯物史观和辩证法的角度认同了张岱年的"整"（系统性）与"分"（不同成分的可吸取性），"变"（发展变化的阶段性、时代性）与"常"（继承性、连续性），"异"（民族性）与"同"（时代性）这3点文化观。第三，提出中国文化的"常道"是崇尚道德、以民为本、仁爱精神、忠恕之道、和谐社会。它们连同"正德、利用、厚生"，"自强不息"，"厚德载物"，均是今人要弘扬的优秀传统；在现时代需要减损的应该是"三纲"等落后于时代的内容，而增益的则是自由、民主、人权、法治、科学、市场经济以及不断发展的中国特色马克思主义，今日文化建设的任务就是上述内容的"综合创新"。

这两位研究员的立意一古一今，一个着眼于中国现代性身份的构建，另一个看重传统文化的赓续和绵延，均切中了当今文化发展面临的重大问题。针对两人的报告，来自中国社会科学院哲学所的陈静（中国哲学研究室）、尚杰（现代外国哲学室主任）、孙晶（东方哲学研究室）、陈霞（中国哲学研究室）、王延光（伦理学研究室）、杜国平（逻辑学研究室）几位研究员均以跨学科的交互方式做出了精彩评述。陈静首先立足于阿玛蒂亚·森的文化理论，对比了中西国家文化的认同，从中国哲学研究的体会出发点评了李河的报告；尚杰则突出了中国传统文化的继承和批判；孙晶中肯地批评了文化产业中的个别不足；陈霞鼓励文化的多样性和创新性，她还基于个

中国梦语境下的文化发展——第二届中国博士后文化发展论坛(2013)会议综述

人经验和感受谈到了中西文化的差异;王延光则以生态和环境伦理为关注点,点明了文化发展中的伦理学困境及其解决措施;杜国平更多地着眼中国文化生命力的激活和继承。

第三次峰会强调了文化立法和法制问题。首先由全国人大教科文卫委员会文化室主任朱兵以"文化发展与法制建设"为题进行演讲。他分析了文化发展中法制的功能,强调了文化发展的规则性和法律性,在文化产业繁荣的同时,法律问题已经成为了关键影响因素之一,法制的确立和完善是文化建设的重要推动力和有效保障。接下来,张晓明又做了"寻找新坐标,谋求新发展"的主题演讲,他以"新"为立足点,牢牢抓住了法制、体系、规则的转型问题,不但从观念,而且从制度和体制入手,剖析了文化发展的"瓶颈"和阻力,他还较有远见地规划了健康有序的文化产业模式和运作理路。

主题演讲之后,中国社会科学院哲学所文化研究中心副主任章建刚研究员、中国社会科学院法学所传媒法与信息法研究室主任陈欣欣研究员、福建省社会科学院管宁研究员、中国社会科学院哲学所文化研究中心副主任贾旭东研究员和石东坡教授分别对演讲进行点评。陈欣欣长年关注文化法制问题,他更多地从立法环节、程序、解释入手,探究了文化法制问题的特殊性和阻碍。朱兵、章建刚、管宁更看重法制的实施和操作,他们关注文化法律在执行上如何发挥效力,文化如何能在法律的约束下良好发展。贾旭东当前的研究工作就是文化立法,他较为系统地解释了文化立法的概念、含义和环节,他把文化立法作为了文化产业能否进一步大发展的决定因素。石东坡则对文化法律问题做了总结,指出了文化创新和法制建设的相互协调。

总体来说,峰会关注了文化问题的4个方面,在专家的讨论中,它们得到了突出和深化:第一,中国文化转型的战略意义和方式。第二,文化产业对地方经济的支持和影响力,地方文化建设面临的困难和今后要采取的措施。第三,文化立法和文化法制建设。第四,文化问题研究的多学科和多元性。

三、博士后文化发展研究的成果

与专家峰会的宏观思考不同,博士后论坛的主题凸显了跨学科交叉、微观设计和思想多元化。虽然各组并没有限制单一主题,但是每组仍然体现出了不同而独特的理论指向。本节将逐一评述博士后的研究成果和思想创新,由于提交文章数量较多,故只能摘要而论,重点突出代表文章。[①]

第一组论坛更多地着眼于地方文化产业的建设问题。文章大致分为两类:第一类以文化实践为主,徐新桥、谢世鸿、肖波、高洁从鄂西文化入手,讨论了鄂西文化的创新性、民族融合、环境伦理、民俗文化4个方面,其中徐新桥的《鄂西圈文化融合创新效应实证研究》

---

① 博士后论坛提交论文有一些为多人合作,限于篇幅,本文仅列出第一作者。

探讨了鄂西圈文化产业的创新途径；谢世鸿的《民族文化与旅游：协同发展思考——以湖北省恩施州为例》则立足于恩施州雄厚的文化资源，揭示了文化产业在恩施州的龙头地位；肖波的《鄂西圈打造"绿色幸福村"实证研究》论证了湖北省政府在鄂西地区施行的"风貌自然、功能现代、产业绿色、文明质朴"的"绿色幸福村"理念。吕明军、林菲菲和刘安业分别考察了赣南风水文化、贤良港妈祖民俗和黄国故城文化产业，其中，吕明军的《地域文化景观中的和谐表征——以赣南风水文化为例》以"风水"文化为出发点阐明了赣南地区传统文化对于地区和谐的重要价值，是地域文化研究方面视角比较独特的论文之一。这一类文章都配有细致的个案分析，以地方文化操作和活动为实例，带有浓厚的田野调查和实证味道。第二类强调地方文化建设的理论。高磊的《区域文化资源产业化开放存在的问题及对策分析》论述了区域文化资源的产业化开发所面临的障碍和解决策略；鞠立新的《以遗产为基础的再生计划——怀旧经济》则讨论了文化资源和遗产的再利用和开发问题。

第二组的问题中，有的带有极强的历史性，致力于发掘中国文化的内涵，有的则关注中国当下问题，有的则将视野放到整个东亚文化圈。文章分为3类，第一，以中国传统文化的具体表征为例，如吴中胜、李高荣、董杰、马文友的论文，他们分别从诗性、伦理、食品、武术展开了论述。其中，吴中胜的《诗性智慧：中国文化最根本的民族特色》以中国文化的诗性智慧为核心，阐述了诗性文化的人文关怀、精神境界和生存理念。马文友的《重塑武术文化的当代价值——兼论其对实现中国梦的意义》将武术作为考察对象，剖析了中国武术的文化性和内涵。这两篇文章都抓住了中华民族性的一个方面，从各自的角度总结出了中国文化的某种常性，试图提升中国人的文化自信。第二，从理论入手分析当前中国文化的价值、困境和问题。付秀荣和吴永忠强调了当代中国文化的4个矛盾与自主创新的阻碍，与之相对，董鸿英则分析了中国文化在世界范围内的若干积极价值。樊良树的《"一碗汤的距离"——化解中国式养老难题的路径、方法及其设想》是这一组最有现实关怀的文章，他以空巢和养老问题为出发点，从公共文化角度出发探究了一条解决老年人养老和年轻人就业的新途径。第三，着眼于中国文化对外交流和东亚文化的历史问题。张捷比较了日本儒学者山鹿素行和思想家中江藤树的士道观，从中揭示出了日本文化的根性。刘智豪则探究了我国台湾地区淡水"马偕与牛津学堂"的数字典藏问题，以著名传教士马偕为研究对象，讨论了我国台湾地区教育和宗教问题。

第三组中，大部分文章针对了文化法治问题。石东坡的《试析文化权利宪法规范的实施保障问题——以比较法学视域中的"文化宪法"研究为参照》通过文献细读，对"缘自大陆法系的德国基本法理论的、我国台湾地区的'文化宪法'论著"进行了探究和考察，并试图"为深化文化权利和文化治理的宪政法治问题的认识"提供帮助。文化宪法问题正是文化立法中的重中之重，它决

中国梦语境下的文化发展——第二届中国博士后文化发展论坛（2013）会议综述

定了文化产业的建设，保障了文化的持续发展。

牛锦红的论文《文化法治化中清末民初司法与媒体之关系——"民国第一案"的分析》追溯了清末民初姚荣泽一案的审判过程，分析了司法与媒体的较量和互动，阐述了舆论和大众传播机构在法制建设中不可或缺的功能和地位，以历史档案中的文化法治案例来为当前文化法制建设提供经验和资源，作者的论证严密，立意新颖，材料翔实，文字晓畅，博得了评委会一致好评。

还有一些论文以文化体制问题为主，惠鸣的《文化强国视野中的中国少数民族文化发展战略》较为突出，它侧重了少数民族文化的发展，从体制和文化管理方面论述了少数民族文化的建设问题。曹曦的《中国梦背景下的两岸文化交流探析》探讨了两岸文化传播机制问题，思考了两岸在文化价值方面实现认同和协作的有效渠道；程雪阳的《荷兰文化市场监管的经验及其启示》涉及了荷兰文化市场的管理和运营，对于我国构建文化管理和法律制度尤有借鉴；郭淑芬的《我国文化产业发展现状分析：产业创新系统视角》从专业视角分析了文化产业体制方面的现状和不足，并试图构想出一套可行的发展模式。

与上述关注具体体制问题的文章不同，刘飞的《试论现代中国的国家文化认同》与王建平的《经济全球化视阈下中国文化安全问题的思考》都从宏观制度问题出发，讨论了中国文化的内核以及全球语境中中国文化的发展战略问题。他们都一致认为中国文化立足于全球的基本途径就是在保证文化认同和安全的前提下让文化逐步完成现代性转换和更新。

第四组论文多与文化产业自身的运营和结构有关，也有一部分文章关注了特殊文化产业的发展。文章有以下两类：第一类文章关注各种文化媒体和特殊种类的文化产业。如宋革新的《从视觉呈现之维管窥期刊未来》，作者提出了"有固定名称、内容深度化、技术具有比较优势的定期传播物"会成为"期刊在实践中形成的新定义"，他进一步预言了今后期刊的发展道路和契机。秦宗财的《全媒体时代下我国动漫出版产业的发展策略》则以中国动漫产业为研究对象，分析了日本"大动漫产业观"，从中梳理出了相对完善的动漫发展模式，力图为中国动漫产业的建设提供积极有效的措施。贾品荣的《世界性通讯社的市场行为和绩效分析》论述了世界性通讯社在价格策略、产品策略方面的市场行为，提出了衡量通讯社市场绩效的6条标准：①较好的财政状况；②正的外部性；③传播技术的广泛应用；④节约交易费用；⑤产品的普及性；⑥充分扩展的市场边界。祖春明的《文化体验旅游对民族地区传承与发展传统文化的重要作用——以云南古镇旅游开发为例》细致分析了云南古镇旅游产业的开发利用和再生产的模式，文章通过实地考察探究了民族文化与传统文化相结合的现代产业模式。鲁肖荷的《当前我国特色演出产业发展研究及未来展望》突出了我国"十二五"时期文化产业工作的重点之一"特色文化产业"，该文概述了目前特色演出的发展现状，着重分析了它的发展意义，对该产业的发展前景做出了展望。郑杨硕的《信息社会语境下的中国设计文化产

综 述 OVERVIEW

业发展趋向研究》在设计学视野下考察了文化的概念和内涵；探讨了涉及产业的发展趋势；以"苹果"现象为例试图为中国设计产业提供相关经验。

第二类文章着眼于文化产业的一般结构和运作。如李建柱的《论韩国文化产业振兴背后的政府举措及其对中国培植新经济增长点的启示》考察了韩国20世纪90年代以来的"文化强国战略"，分析了韩国文化产业的整体规划和配套法律法规，系统研究了韩国文化产业链和海外文化市场，揭示了韩国成为文化强国的背后动因和机理，为我国建设文化强国提供了理论经验。张勇的《文化产业的差异性和特殊性论析》具体分析了文化产业的娱乐性、意识形态属性、产品无形性和产品价值特殊性。赵春晓的《当收益递增遭遇行政性市场分割：文化创意产业发展的中国政治经济学》从文化创意产业的规律入手，提出了转变政府行为，减少资源配置扭曲和行政性市场分割；深化体制改革，强化市场在文化资源配置中的基础性作用；放松管制，提高文化企业的自生能力，推动文化市场的包容性发展。与赵春晓相似，韩宝华的《文化创意产业的实践品格》主张文化创意产业是融文化、创意、科技为一体的新型业态，她试图扭转人们对文化产业概念的认识偏差，"从实践视域详细展开对文化创意产业的静态思考"，"尝试建构实践层面的文化创意产业理论框架，引导文化创意产业朝向应然方向发展"。戴俊骋的《北京文化产权交易平台建设刍议》从文化产权交易平台的现状出发，探讨了文化产权本质，剖析了交易平台在定位、定价、定制上遇到的3大问题并提出了相应的建议。何圣捷则讨论了中国电影完片保险的现状和困境。

相比前四组，第五组的文章涉及了西方古典哲学、中国古典哲学、宗教学、美学、教育学、军事学等多个学科，体现了文化多元性的特色，每篇文章都有自己独特的判断和见解。其中，何博超论述了古希腊人才教育文化，意在为中国文化发展中的人才培养提供理论资源。田书华思路相似，但选取中国古代先秦哲学为依据，试图将之与现代经济理论相联系。丁常春则讨论了道教内丹三教合一问题，旨在探究道教文化的发展。吴恺分析了中国古典文化中的禅定问题，揭示了直觉的文化本质。与这几人不同，谢玉亮、李秀春和熊进建构了自己的文化理想，对哲学意义上的文化本身提出了不少观点，文章理论性较强，有一定的现实针对性。比较突出的是蔡晓璐的《审美体验和文化产品》，这篇文章更注重从理论上分析审美体验，讨论了审美体验的直接性、整体性、现在性与唯一性，从美学上为文化产品的设计和创意提供了理论依据。刘建华的《论出版传媒传播中国梦形象的机理与方略》阐述了中国梦指导思想的理论本质，试图以该指导思想为方针对出版传媒的机制进行规划和设计，体现了一些新意。

总体上，这五组讨论提出了不少有价值的研究成果，并且能给出较有水准的解决方案；概言之，问题涉及了4个方面：第一，地方文化建设是将来全国文化产业发展的基本出发点，但是目前地方文化建设还存在着一些不足，探索一条地方文化发展的合理之路是将来研

中国梦语境下的文化发展——第二届中国博士后文化发展论坛（2013）会议综述

究的重点之一。第二，传统文化资源具有可观的利用潜力，传统文化理念的现代性转换是博士后们普遍关注的热点。第三，文化法治化问题已经成为了博士后讨论的焦点之一，这也是今后文化产业、公共文化建设的必要保障，我国在这方面还存在一些缺陷，亟待解决。第四，文化产业本身的构建和运作仍然有很多可以提升的空间，这方面必须借鉴其他文化强国的先进经验，同时结合我国自身的优势，方能走出一条有中国特色的文化产业之路。

Abstract: The 2nd Chinese Postdoctoral Cultural Development, which was held by Chinese Academy of Social Science, Chinese National Post-Doctor Regulatory Commission, and Chinese Post-Doctor Sciential Foundation, was successfully closed in Enshi Tujia and Miao Autonomous Prefecture of Hubei Province in 12th, November, 2013. In this forum, there are 70 papers submitted and about hundreds postdoctors and invited experts who were present in this conference. This Forum, during two days, adhering to the spirit as "promoting conversation betwixt various subjects in cultural development problem, boostering prosperity of Chinese cultural development", discussed around cultural development problem in the context of Chinese Dream and focused upon the issues of the influence on Asia and international conpetitive power of China, of the innovation and legislation in national cultural development, and of the innovative development of ecological cultural industry in E xi. This forum displayed the academic achievements and conversation between various subjects and formed fundamental network used for scholarship concerning the study of postdoctoral cultural development so as to make advances in postdoctoral intellectual service for local cultural development.

Keywords: Chinese Dream; Postdoctor; Cultural Development; Forum; Review

图书在版编目（CIP）数据

文化发展研究.2014年.第2辑/中国社会科学院文化研究中心主编. —北京：经济管理出版社，2014.11
ISBN 978-7-5096-3462-2

Ⅰ.①文… Ⅱ.①中… Ⅲ.①文化发展—研究—中国 Ⅳ.①G12

中国版本图书馆CIP数据核字（2014）第247758号

组稿编辑：宋　娜
责任编辑：宋　娜　刘广钦
责任印制：黄章平
责任校对：张　青

出版发行：经济管理出版社
　　　　　（北京市海淀区北蜂窝8号中雅大厦A座11层　100038）
网　　址：www.E-mp.com.cn
电　　话：（010）51915602
印　　刷：三河市延风印装厂
经　　销：新华书店
开　　本：787mm×1092mm/16
印　　张：12.5
字　　数：249千字
版　　次：2014年11月第1版　2014年11月第1次印刷
书　　号：ISBN 978-7-5096-3462-2
定　　价：88.00元

·版权所有　翻印必究·

凡购本社图书，如有印装错误，由本社读者服务部负责调换。
联系地址：北京阜外月坛北小街2号
电　　话：（010）68022974　　邮编：100836